JN301280

労働法

［第2版］

［編著］
林　和彦

［著］
神尾真知子
新谷　眞人

三和書籍

第2版　まえがき

　本書の初版から3年が経過した。この間、以下のような労働法の改正が行われている。第2版は、これらの改正に対応しようとするものである。

　まず、障害者雇用促進法施行令が改正され（平成24年6月改正、同25年4月1日施行）、民間企業における障害者の雇用率が、これまでの1.8%から2.0%に引き上げられた。また、労働契約法も改正され（平成24年8月3日成立、同25年4月1日施行）、有期労働契約の更新拒否（雇い止め）に関する判例法理が立法化されたほか、有期労働契約が5年を超えて反復継続された場合に、労働者による申込みによって無期雇用への転換が認められることになった。さらに、高年齢者雇用安定法の改正によって（平成24年8月29日成立、同25年4月1日施行）、定年後の継続雇用制度の対象労働者を労使協定によって適用除外する仕組みが廃止され、定年退職後、労働者は希望すれば65歳までの継続雇用が保障されることになった。そして紆余曲折を経た後にようやく成立した改正労働者派遣法は（平成24年3月28日成立、同年10月1日施行）、日雇派遣の原則禁止、いわゆるマージン率の情報公開を派遣元事業主に義務づける規定などが新たに設けられた。

　近年、いわゆる非正規労働者を対象とする法改正が目立っているが、上にかかげた改正も、各法の性格に違いはあるものの、そうした流れに沿うものである。非正規労働者の不安定な雇用上の地位の改善を図ること自体は望ましいことである。しかし、こうした非正規労働者を対象とする法の拡充は、これまで日本の労働市場を規制してきた長期雇用慣行（終身雇用慣行）をますます侵食し、同時に、かかる長期雇用慣行の下にある正社員の雇用上の地位を脆弱にする可能性も否定できない。

　このように、法を生み出す背景やその意義について考えてみることも、労働法を理解するうえで必要かつ有意義なことである。そのために本書が多少とも読者の役に立てば幸いである。

平成25年4月
編著者　林　和彦

初版　まえがき

　本書は，私たち執筆者3人が，「できるだけ通説・判例にしたがったオーソドックスなテキストにしよう」と話し合って書かれた労働法のテキストである．執筆分担については最初に話し合って決めたが，分担部分の項目や構成など細部については，すべて各執筆者に委ねることにした．その方がそれぞれの執筆者の特徴が生かされると考えたからである．

　本書は通説・判例を中心に書かれた書物ではあるが，考えてみると，「通説・判例」とははっきりしない言葉である．ただ本書では「通説・判例」を，ごく一般的に「学界で一般的に認められ，裁判所で受け入れられている説」との理解に立っている．

　ところで通説・判例も一種の社会的観念であるから，社会の変化とともに変化し，発展していく．一例を挙げよう．かつて1960年代後半（昭和40年代前半）の通説・判例には，労働者個人の意思が大きな役割を果たしていた．例えば，出向には労働者個人の合意が必要とされ（日立電子事件・東京地判昭41.3.31），異職種配転にも労働者の合意が求められ（日野自動車事件・東京地判昭42.6.16），さらに時間外労働についても労働者個人の合意が必要とされていた（明治乳業事件・東京地判昭44.5.31）．労働者個人の意思や自由が通説・判例に生きていたのである．これは高度経済成長が生み出した産物であろう．労働者個人の自由を容認するだけの余裕が産業界にあり，それが通説・判例にも反映していたといえる．

　しかし1973（昭和48）年のオイルショック以降，労働者個人の意思を容認するだけの余裕は産業界にも裁判所にもなくなってしまったようにみえる．代わって登場したのが「企業秩序論」であった（国鉄中国支社事件・最一小判昭49.2.28，国鉄札幌駅事件・最三小判昭54.10.13）．もとより企業秩序を維持するものは就業規則である．そこで就業規則に一般的な内容の配転条項や出向条項があり，また残業条項があると，それが労働契約の内容を形成するものと解釈され，配転命令・出向命令に応ずる義務，さらに残業命令に応ずる義務が容易に導かれるようになり，労働者個人の合意は判例から姿を消した．労働者

個人の意思に代わって就業規則（企業秩序）が重視されるようになったのである．これはオイルショック後の低成長経済の所産といえよう．職場の雰囲気はかなり変化したのではなかろうか．

　もっとも平成時代に入ると，例えば，出向義務を導くためには就業規則等の抽象的な出向条項では足りず労働者の処遇上の利益に配慮した具体的な定めが必要であるとしたり（新日本製鐵（日鐵運輸第2）事件・最二小判平15.4.18），残業義務についても抽象的・一般的な残業規定では足りず具体的は残業事由が就業規則等に定められていることを要件とするなど（日立製作所武蔵工場事件・最一小判平3.11.28），通説・判例にも労働者保護の観点からいくぶんの軌道修正がみうけられる．

　このように，通説・判例も決して静止的・固定的なものではない．本書は現在の通説・判例に拠って書かれているが，通説・判例への係わり方は読者によってまちまちであろう．労働法を初めて学ぶ学生や社会人にとっては労働法の通説・判例を理解することがまず目標となろう．労働法によって資格試験に挑戦する学生や司法試験の受験を目指すロースクール生は通説・判例をクリヤーすることが必須となろう．新たな通説・判例の形成を目指す労働法の専門家にとっては，既存の通説・判例は批判的考察の対象となろう．しかし立場は異なっても，現在の通説・判例の理解のうえに立って，今後のあるべき通説・判例をそれぞれに思い描いてみることは，楽しく有意義なことではなかろうか．こうした意味で通説・判例を考える素材として本書が少しでも役立つなら幸いである．

　最後に，本書をこうして公刊することができたのも，三和書籍編集長下村幸一氏と編集関係者のおかげである．私たち著者3人心より感謝申し上げたい．

平成22年4月

編著者　　林　和彦

労働法［第2版］　目次

序章　労働法序説

第1節　労働法の意義 …………………………………………………… 2
　　　1　労働法とは（2）　2　労働法の対象（2）
第2節　労働法を生み出したもの ……………………………………… 3
　　　1　近代社会と民法（3）
第3節　労働法の生成と展開 …………………………………………… 5
　　　1　労働保護法の生成と発展（5）
　　　column　日本の工場法 ……………………………………………… 6
　　　2　労働組合法の生成と発展（7）
第4節　労働法の原理 …………………………………………………… 9
　　　1　市民法の原則の修正（9）　2　労働法の原理（11）
　　　3　生存権の性格と侵食（11）
第5節　日本国憲法と労働法の体系 …………………………………… 12
　　　1　日本国憲法と生存権的基本権の保障（12）
第6節　労働立法の展開 ………………………………………………… 15
　　　1　戦前の労働立法（16）　2　戦後の労働立法（10）
第7節　労働法の要素 …………………………………………………… 24

第1章　労働契約の締結と雇用の成立

第1節　募集と法 …………………………………………………… 28
　　　1　募集と職業紹介（28）　2　募集の法的規制（28）
第2節　労働契約の成立 …………………………………………… 30
　　　1　労働契約の成立（30）
　　　2　労働契約と雇用（雇用契約）との関係（31）
第3節　採用内定と試用 …………………………………………… 32
　　　1　採用内定（32）　2　採用の自由（36）　3　試用（36）
第4節　労働契約締結に関する労基法の規制 …………………… 39
　　　column　身元保証契約 ………………………………………… 43

第2章　労働基準法と労働条件決定のしくみ

第1節　労働基準法のしくみ ……………………………………… 46
　　　1　労働基準法の原理と役割（46）　2　労働基準法の適用範囲（47）
　　　3　労働基準法の原則（50）　4　労働基準監督制度（54）
　　　column　労働基準監督官の現状 ……………………………… 55
第2節　労働条件決定の法的しくみ ……………………………… 55
　　　1　労働契約と権利義務（56）　2　労働契約と権利義務の形成（57）
第3節　就業規則 …………………………………………………… 59
　　　1　就業規則の意義と法的性質（60）
　　　2　就業規則の作成・変更の手続（61）　3　就業規則の効力（62）

第3章　雇用の展開と労働契約

第1節　労働者の配置と異動 …………………………………………………… 66

　　1　労働者の配置（66）　2　配転（66）

　　column　解雇と単身赴任 …………………………………………………… 69

　　3　出向（69）

第2節　労働者の評価制度 ……………………………………………………… 71

第3節　労働条件の変更 ………………………………………………………… 72

　　1　労働条件の不利益変更の意義（72）

　　2　労働契約による労働条件の不利益変更（73）

　　3　就業規則による労働条件の不利益変更（74）

　　4　労働協約による労働条件の不利益変更（76）

第4節　企業変動と労働契約 …………………………………………………… 77

　　1　会社の合併・解散と労働契約（77）　2　事業譲渡と労働契約（79）

　　3　会社分割と労働契約（81）

第5節　懲戒・休職制度 ………………………………………………………… 83

　　1　懲戒制度（83）　2　休職制度（85）

第4章　賃金の保護

第1節　「賃金」の意義 ………………………………………………………… 90

　　1　労基法上の「賃金」（90）　2　「平均賃金」（90）

第2節　賃金の決定方法に関する保護 ………………………………………… 91

　　1　賃金決定の自由と原則（91）　2　違法な賃金差別と救済（92）

　　3　年棒制の法的問題（98）

　　column　年功賃金と年棒制 ………………………………………………… 99

第3節　賃金の額に関する保護 ………………………………………………… 99

　　　　1　最低賃金法（99）　　2　保障給（101）　　3　休業手当（101）
　　　　4　減給の制限（103）　　5　賃金カットの範囲（103）
第4節　賃金の支払い方法の保護 ………………………………………… 104
第5節　未払賃金債権の保護 ……………………………………………… 108
　　　　1　会社の倒産と未払賃金の立替払（108）　　2　賃金の先取特権（109）
　　　　3　死亡・退職時の未払賃金（109）
　　　　4　法人格否認と未払賃金請求（110）
　　　　5　差押えの制限と消滅時効（110）
第6節　賞与・退職金の法的問題 ………………………………………… 111
　　　　1　賞与の法的問題（111）　　2　退職金の法的問題（112）

第5章　労働時間, 休憩, 休日, 年次有給休暇

第1節　法定労働時間と労働時間の概念 ………………………………… 118
　　　　1　法定労働時間（118）　　2　労働時間の概念（118）
第2節　労働時間の算定 …………………………………………………… 120
　　　　1　事業場を異にする場合の労働時間の算定（120）
　　　　2　事業場外のみなし労働時間制（120）
第3節　労働時間の規制緩和 ……………………………………………… 121
　　　　1　変形労働時間制（121）　　2　フレックスタイム制（125）
　　　　3　裁量労働制（128）
第4節　休憩・休日 ………………………………………………………… 131
　　　　1　休憩（131）　　2　休日（132）
第5節　時間外・休日労働 ………………………………………………… 133
　　　　1　時間外・休日労働の意味（133）
　　　　2　時間外・休日労働の要件（134）　　3　割増賃金（138）

第6節　労働時間,休憩,休日の適用除外 …………………………… 140

第7節　年次有給休暇 …………………………………………………… 142

第8節　労働時間等設定改善法 ………………………………………… 147

　　　　column　年休の背景 ………………………………………… 148

第6章　労働災害の予防と補償

第1節　労働災害の防止—労働安全衛生法 ………………………… 150

　　　1　労働安全衛生法の制定（150）　2　安全衛生管理体制（150）

　　　3　安全衛生の基準（153）　4　安衛法の性格と違反の効果（158）

第2節　労働災害の補償—労災保険法 ……………………………… 159

　　　1　労基法と労災保険法（159）　2　労災保険法の適用対象（159）

　　　3　業務災害の認定（160）　4　労災補償給付（163）

　　　5　通勤災害の認定と保険給付（165）

第3節　民事損害賠償と上積み補償 …………………………………… 166

　　　1　労災民事損害賠償訴訟（166）　2　労災上積み補償制度（169）

第7章　雇用における男女平等

第1節　均等法と性差別禁止 …………………………………………… 172

　　　1　均等法制定及び改正の経緯と背景（172）

　　　2　均等法の禁止する性差別（178）

　　　3　婚姻・妊娠・出産等を理由とする不利益取扱いの禁止（185）

　　　4　男女に対するセクシュアル・ハラスメント防止措置義務（186）

　　　5　苦情処理手続（187）

　　　6　性差別とセクシュアル・ハラスメントをめぐる判例（189）

第2節　一般女性保護と母性保護 …………………………………… 191
　　1　一般女性保護の廃止（191）　2　母性保護の充実（195）
　　3　女性保護をめぐる判例（197）
第3節　育児・介護への支援 ………………………………………… 199
　　1　育児・介護休業法の改正と労働者の権利性（199）
　　2　育児への支援（201）　3　介護への支援（208）
　　4　育児・介護休業等を理由とする不利益取扱い，配置に関する配慮（212）
　　5　育児休業をめぐる判例（213）　6　少子化対策と法（214）

第8章　非正規雇用と法

第1節　雇用形態の多様化 …………………………………………… 218
第2節　非正規雇用労働者と労働法の適用 ………………………… 219
第3節　パートタイム労働と法 ……………………………………… 221
　　1　パート労働法の改正（222）　2　パート労働法について（222）
第4節　労働者派遣と法 ……………………………………………… 227
　　1　労働者派遣法の制定と改正（227）　2　労働者派遣の定義（229）
　　3　労働者派遣事業（231）　4　派遣法が禁止していること（232）
　　5　労働者派遣の仕組み（232）　6　派遣先の直接雇用義務（237）
　　7　労働者派遣に関する裁判例（238）

第9章　雇用の終了

第1節　労働者の退職 ………………………………………………… 240
　　1　任意退職と合意解約（240）
　　2　任意退職の自由と退職の時期（240）

第2節　解雇の制限 ··· 241

　　1　解雇の意義と法的制限（241）
　　2　有期雇用の契約更新拒否と無期雇用への転換（247）
　　3　被解雇者の解雇期間中の賃金（249）

第3節　定年制 ·· 250

　　1　定年制の種類（250）　　2　高年齢者雇用確保措置（252）
　　column　失業と基本手当 ································· 254

第10章　個別的労働紛争の解決

第1節　労働紛争の種類 ·· 256

　　1　労働紛争の種類と個別的紛争の増加（256）

第2節　個別的労働紛争の解決手続 ································ 257

　　1　個別労働関係紛争解決促進法等による解決手続（257）
　　2　労働審判手続とその特色（258）
　　column　労働審判手続の運用状況 ····················· 262

第11章　労働基本権の保障

第1節　労働基本権の保障 ··· 264

　　1　労働基本権とは（264）　　2　なぜ労働基本権が必要か（264）
　　3　労働基本権の性格（265）　　4　労働基本権の内容（266）
　　5　労働基本権と使用者の財産権（267）
　　6　労働基本権の主体（268）

第2節　労働基本権の社会的基盤 ·································· 269

　　1　日本型労使関係と企業別組合（269）

2　企業別組合と労働基本権（269）

第3節　労働基本権の制限 ………………………………………… 270

　　　1　労働基本権制限の経過（270）　　2　労働基本権の制限の内容（271）
　　　3　最高裁判例の変遷（273）

第12章　不当労働行為制度

第1節　不当労働行為制度の意義と沿革 ……………………………… 276

　　　1　不当労働行為制度の意義（276）
　　　2　不当労働行為制度の沿革（277）

第2節　不当労働行為制度の性格 …………………………………… 277

　　　1　団結権保障と不当労働行為制度（277）
　　　2　労組法7条の性格（278）

第3節　不当労働行為の類型 ………………………………………… 279

　　　1　不利益取扱い,黄犬契約（279）　　2　団交拒否（281）
　　　3　支配介入,経費援助（283）
　　　4　労働委員会への申立て・証拠提示・発言を理由とする不利益取扱い
　　　　（284）

第4節　不当労働行為制度における「使用者」 ……………………… 284

　　　1　労組法における「使用者」（284）　　2　使用者概念の拡大（285）

第5節　不当労働行為の救済 ………………………………………… 285

　　　1　行政救済と司法救済（285）　　2　行政救済（286）
　　　3　司法救済（287）

第13章　労働組合の組織と活動

第1節　労働組合の意義と組織 …………………………………… 290
　　1　労働組合とは（290）　2　労働組合の組織形態（292）
　　column　労組法上の労働者 …………………………………… 293
第2節　団結権保障と労働組合 …………………………………… 294
　　1　労働組合と団結権（294）　2　労働組合と団体交渉権（294）
　　3　労働組合と争議権（295）
第3節　労働組合結成の自由と資格審査 ………………………… 295
　　1　労働組合の資格審査（295）　2　資格審査の要件（296）
第4節　組合加入・脱退の自由と組織強制 ……………………… 297
　　1　組合加入・脱退の自由（297）　2　ユニオンショップ（297）
第5節　組合員の権利義務 ………………………………………… 299
　　1　組合員の権利（299）　2　組合員の義務（299）
第6節　労働組合の統制権 ………………………………………… 300
　　1　統制権の意義と根拠（300）　2　統制権の限界（300）
　　3　適正手続の保障（301）
第7節　組合活動の法理 …………………………………………… 302
　　1　就業時間中の組合活動（302）　2　組合活動と施設管理権（302）
　　3　情宣活動（303）

第14章　団体交渉と労働協約

第1節　団体交渉の意義と形態 …………………………………… 306
　　1　団体交渉の意義（306）　2　憲法,労組法と団体交渉（306）
　　3　団体交渉の形態（307）

第2節　団体交渉権の性格と内容 ……………………………………… 308
　　1　団体交渉権の性格（308）
　　2　団交応諾義務・誠実交渉義務と団体交渉のルール（308）
　　3　団交拒否の救済（310）

第3節　労使協議制の意義と実情 ……………………………………… 311
　　1　労使協議制の意義（311）　　2　労使協議制の実情（311）
　　column　従業員代表制度 ……………………………………… 312

第4節　労働協約の意義と機能 ………………………………………… 313
　　1　労働協約の意義（313）　　2　わが国の労働協約（313）
　　3　労働協約の機能（313）

第5節　労働協約の締結 ………………………………………………… 314
　　1　労働協約の当事者（314）　　2　労働協約の方式（315）
　　3　労働協約の有効期間（315）

第6節　労働協約の内容と効力 ………………………………………… 316
　　1　労働協約の法的性質と効力（316）　　2　規範的効力（317）
　　3　債務的効力（318）

第7節　一般的拘束力 …………………………………………………… 319
　　1　一般的拘束力の意義（319）　　2　事業場単位の一般的拘束力（319）
　　3　地域単位の一般的拘束力（320）

第8節　労働協約の終了 ………………………………………………… 320
　　1　終了原因（320）　　2　労働協約の余後効（321）

第15章　争議行為と労働争議の調整

第1節　争議権の内容と構成 …………………………………………… 324
　　1　争議権保障の意義（324）　　2　労働争議と争議行為（324）

3　企業別組合と労働争議（325）

第2節　争議行為の正当性 ……………………………………………… 325
　　1　争議目的の正当性（325）　　2　争議手段・態様の正当性（326）

第3節　争議行為と賃金 …………………………………………………… 329
　　1　争議参加者に対する賃金カット（329）
　　2　争議不参加者の賃金請求権（329）

第4節　違法争議行為の責任 ……………………………………………… 330
　　1　刑事責任（330）　　2　民事責任（330）　　3　幹部責任（331）

第5節　争議行為と第三者 ………………………………………………… 331
　　1　労働組合と第三者（331）　2　使用者と第三者（331）

第6節　争議行為の制限と調整 …………………………………………… 332
　　1　法律による争議行為の制限・禁止（332）
　　2　労働争議の調整（333）

索引 ……………………………………………………………………………… 335

序章　　労働法序説

本章のポイント

　他の法律と同じように，労働法も，社会の変化とともに変化し発展する．このような観点から本章では，労働法は，なぜ，どのようにして生み出されたか，とりわけ労働法が生まれる過程で民法を中心とする既存の市民法との間でどのような葛藤があったのかに注目したい．そのことが労働法理解の基礎になるからである．また今日では生存権原理に基づいて労働立法が体系化されているが，戦後の労働立法は20世紀末以降大きな変化にさらされている．それは新しい労働立法の展開といって過言ではない．それはなぜか，またどのような変化が現れているのであろうか．

第1節　労働法の意義

1　労働法とは

　労働法とは，労働一般に関する法ではなく，「従属労働」に関する法といわれている．人は生きていくために原始時代から狩猟・漁労をして労働していたであろう．もちろん今日でもさまざまな労働が行われている．例えば，主婦の家事労働，農家の人が自分の土地を耕す農業労働，開業医のお医者さんの医療労働などなど．しかし労働法はこのような労働のすべてを含む労働一般を対象とする法ではない．労働法は，他人に雇われて働かなければならない労働，あるいは他人の指揮命令に従って働かなければならない労働，すなわちそのような意味で他人に従属して働く「従属労働（abhängige Arbeit）」（「労働の従属性（Abhängigkeit der Arbeit）」ともいう）に関する法である．主婦の家事労働，農家の人の農業労働，開業医のお医者さんの医療労働は，独立的・自営的な労働であって従属労働ではない．したがってこれらは労働法の対象ではない．

　従属労働が社会的に普遍化する（労働者という社会的階層が大量に形成される）のは，歴史的にはそれほど古いことではなく，多くの労働者を一か所に集めてその分業と協業によってモノ（商品）を生産する工場制度が登場する近代市民社会（経済的には資本主義社会）以降のことである．その意味で労働法は近代市民社会（資本主義社会）が生み出した歴史的な産物である．

2　労働法の対象

　従属労働は，通常は個々の労働者とその雇い人である使用者との間で成り立つ．このような個々の労働者と使用者との間の従属労働関係としての社会的人間関係（これを個別的労働関係という）を基礎にしながら，かかる関係を前提として成り立つ使用者と労働者の団体（労働組合）との関係，さらには労働組合と労働組合との関係，あるいは労働組合と組合員たる労働者との関係（これらの諸関係を集団的労働関係という）が成り立つ．労働法は，従属労働をもとにして形成されるこれらの社会関係（人間関係）を対象とする法である．個別

的労働関係を対象とする労働法を個別的労働法，集団的労働関係を対象とする法を集団的労働法（団結法）とよんでいる．労働基準法は個別的労働法の中心であり，集団的労働法の中心的な法律が労働組合法である．

第2節 労働法を生み出したもの

1　近代社会と民法

(1) 近代市民社会と民法の原則

　労働法は，近代社会（近代市民社会）及びそれを法的に支える民法が生み出した法である．近代社会（経済的には資本主義社会）とは，すべてのモノが商品として生産され，また商品として取り引きされる社会，すなわち商品の生産と交換が普遍化した商品社会（市場社会）である．ここでは商品を生産する担い手としての労働者の労働力も商品として取引の対象になる．労働力が商品化することによって誰もが商品所有者として自由・対等な立場を保障される．

　こうした商品社会が形成されるためには2つの社会変革が必要であった．市民革命と産業革命である．イギリスの名誉革命（1688～1689）やフランス革命（1789）にみられるような市民革命（日本では明治維新がこれにあたるかどうか議論がある）によって旧来の身分的秩序社会が打破され，個人の自由・対等を理念とする近代市民社会が形成されていく．さらに他方で，自由・対等な市民が商品の生産と交換を媒介とする経済活動を展開するためには産業革命が必要であった．産業革命（ヨーロッパでは18世紀後半から19世紀前半，日本では日清戦争から日露戦争の時期）によってそれまでの道具に代わって機械によって大量のモノ（商品）を生産する仕組みができあがった．こうして商品の生産と交換の普遍化した商品社会（資本主義社会）が形成されていくのである．

　ところで，商品交換は，そのもっともシンプルな関係としてみれば，「商品所有者」と「商品所有者」がそれぞれ所持する「商品」を市場で「商品交換」する関係である．近代市民社会すなわち資本主義社会はこのような商品交換が無限の連鎖として社会のすみずみにまで行き渡った自立的な経済社会である．

国家はこのような自立的な経済社会に対して，商品交換秩序を乱す行為を排除するにとどまり，原理的には経済社会には不介入の態度をとる．このような国家を「夜警国家」（ラッサール）という．

商品交換の自由かつ円滑な展開を支える法が市民法（近代市民法）であり，その中核をなすのが民法である．民法は，商品交換関係を法的な契約関係（権利義務関係）として捉えるために，「商品所有者」を「人（法人を含む）」として，「商品」を「物」として，さらに「商品交換」を「法律行為（契約）」として構成した（民法第1編総則参照）．こうして民法は商品交換を契約関係として捉えたうえで，商品交換の自由かつ円滑な展開を確保するために4つの原則（市民法の原則）を導入した．①「権利能力の対等性」（誰もが「人」として対等な権利義務の主体として認められる），②「契約自由」（締結の自由，相手方選択の自由，内容決定の自由，方式の自由からなる），③「財産権の絶対性」（物権・債権の法的保障），④「過失責任主義」（契約の相手方または第三者に対して損害を及ぼしても故意または過失がなければいっさい責任を負わないとの原則）である．これらは一言でいえば「自由競争の原理」といえるが，民法はこれらの原則によって商品交換（契約関係）が自由かつ円滑に機能するよう保障しようとした．誰もがこうした民法のもとで手持ちの商品（財貨・サービス）を契約によって交換し必要な物を手に入れて生活することになる．従属労働に従事する労働者も「契約自由」を理念とする民法の「雇用」ないし「雇用契約」によって自己の労働力を賃金と交換して生活することになる．しかし，後述するように，やがてこれが労働法を生み出すことになる．

(2) 社会問題の発生

産業革命の過程（機械を中心とする生産技術を設置した工場（機械制工場制度））で膨大な量のモノ（商品）が生産されるようになると，そのために多数の労働者（従属労働者）が必要となった．彼らは「契約自由」が支配する民法の雇用契約によって雇われた．その結果は自ずと明らかであった．労働力は他の商品と違って，値段（賃金）が安いからといって，売ること（働くこと）を待っているわけにはいかない．労働者は生活がかかっているからである．労働条件は使用者の言いなりに決められることになった．しかも契約にあたって使用者は応募者が気に入らなければ雇わなくてもよいから（雇用契約不締結の自由），失業者が蓄積されることにもなる．つまり「契約自由」とは「使用者の

自由」であり，その結果必然的に低賃金・長時間労働（1日12時間労働はあたりまえ）・失業が増大し，その結果として労働者は疾病の危機にさらされることにもなった．そして雇い入れられた後も労働者はしばしば使用者の権力的支配（専制的労務管理）のもとに置かれていた．このような労働関係を「原生的労働関係」という．それは契約自由を原則とする民法の雇用契約の必然的な帰結であり，欧米先進国のみならず日本でも事情は同じであった．

　資本主義初期の低賃金・長時間労働・失業等は，初めは労働者個人の能力の問題と考えられていた．民法は4つの原則のもとで誰にでも生活していくために，契約を媒介とする経済活動の機会を均等に保障しており，低賃金や失業に苦しむ者がいても，それは個人の能力の問題だというのである．しかしやがて低賃金・長時間労働・失業等は個人の問題ではなく社会の仕組みが生み出した社会問題として認識されるようになってくる．労働法はそこから登場する．

第3節　労働法の生成と展開

1　労働保護法の生成と発展

(1) 工場法の誕生—最初の社会政策

　産業革命から資本主義社会初期に蓄積されてきた低賃金・長時間労働等が社会問題として認識されるようになるにつれ，国家はようやくこれに対する対策を講じることになる．これが最初の社会政策といわれる工場法の制定であった．工場法は女性・年少労働者の労働時間の保護（当初は1日12時間制が普通）や危険有害業務の制限等が主要な内容であった．工場法の早い例としてはイギリスの工場法（1819年），ドイツの工場法（1839年），フランスの工場法（1841年）が挙げられる．日本の工場法は1911（明治44）年に制定され，1916（大正5）年から施行されている．工場法は成人男子労働者には適用されず，彼らはなお契約自由のもとにおかれていた．産業革命によって機械でモノを生産するような仕組みができるにつれて高度の熟練は不要となり，賃金の高い熟練男子労働者は敬遠され，低賃金・不熟練の女性・年少者が使われたからである．

(2) 工場法から労働保護法へ

資本主義初期に成立した工場法は，やがて労働保護法へと発展していくことになる．その過程で労働運動が大きな役割を果たした．労働組合は，一方で，団体交渉によって労働条件の改善を図りながら，他方ではメーデーのルーツともなった8時間労働制要求などの立法要求，労働者の代表者を議会に送るための普通選挙要求運動，さらに労働者政党の設立など積極的に政治運動を行ってきた．こうした労働運動の支援を受けて工場法は労働者保護法として適用対象や内容を拡充させていった．さらに大きな画期は1919年のILO（国際労働機関）の設立とドイツのワイマール憲法による生存権保障であった．ILOは労働条件等の最低基準に関する条約を採択して加盟国に遵守を求めた．またワイマール憲法はこれまで理念や思想にすぎなかった生存権を憲法上の基本的人権として規定した．こうした背景のもとで労働条件保護立法は，それまでの工場法のように女性・年少者を対象とした国家の恩恵的立法の域を超えて憲法の生存権保障を具体化したすべての労働者の権利の法としての労働保護法へと発展していった．

---

column

日本の工場法

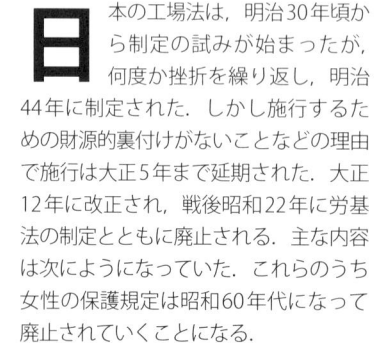

日本の工場法は，明治30年頃から制定の試みが始まったが，何度か挫折を繰り返し，明治44年に制定された．しかし施行するための財源的裏付けがないことなどの理由で施行は大正5年まで延期された．大正12年に改正され，戦後昭和22年に労基法の制定とともに廃止される．主な内容は次にようになっていた．これらのうち女性の保護規定は昭和60年代になって廃止されていくことになる．

適用事業：常時15人（後に10人）以上の職工を有する工場，危険有害の恐れのある工場
- 適用労働者：女子及び15歳（後に16歳）未満の職工
- 労働時間：1日12時間を超えて就業させてはならない
- 深夜業：午後10時から午前4時（後に5時）の時間帯の就業禁止
- 休日：月2回
- 休憩：就業時間6時間を超えるとき30分，10時間を超えるとき1時間を就業時間中に与える
- 危険有害：運転中の機械の清掃，注油，検査，修繕等危険有害業務及び毒薬，劇薬物，爆発・引火性の物質の扱いなど，有害業務の禁止等
- 業務災害：職工の重大な過失によらない負傷・疾病に対する事業主の扶助責任

2　労働組合法の生成と発展

(1) 労働組合の結成

「契約自由」を原理とする民法の雇用契約のもとで生み出される低賃金・長時間労働・失業に対して労働者は何もしないでいたわけではない．労働者は個別的に使用者と交渉していたのでは互いに足をひっぱりあい使用者の言いなりに労働条件を決められることになる．そこで労働者はみんなで話し合って（団結して），労働条件の基準を決め，それを受け入れるよう使用者に要求し（団体交渉），またその基準を下回る条件では働かないという態度（ストライキ）をとるようになる．こうした活動をする労働者の集団が労働組合である．この意味で労働組合とは労働条件を集団的に取引する団体（trade unions）である．

(2) 労働組合の禁圧と法認

労働組合は産業革命期に登場するが，最初は治安対策的観点から特別立法（団結禁止法）によって禁圧されていた．しかし「取引の自由」（契約の自由）が保障される取引社会（資本主義社会）の展開とともに，労働組合も一種の取引団体であることから，やがて団結禁止法はその根拠を失って廃止される（団結禁止法廃止法）．労働組合は特別な禁圧立法からは解放された．これが団結の「自由化」である．しかしこの「自由化」はカッコ付きの「自由化」であって，団結禁止法廃止法は労働組合を特別に禁止する立法を廃止したにすぎず，その後労働組合は一般法たる市民法（刑法や民法）によって評価されることとなった．民法や刑法で評価すれば，労働組合はその存在自体が個人の「取引自由（契約自由）」を制限する不法行為団体とされ，また団体交渉，ストライキなどの行動を起こせば不可避的に刑事上の犯罪（英米法の共謀罪のほか住居侵入罪，威力業務妨害罪など）や民法上の不法行為（英米法の民事共謀，脅迫，契約違反誘致の不法行為など）や債務不履行を構成することになる．それゆえ団結の「自由化」は労働組合の実質的な違法化にほかならなかった．労働組合の合法化の歴史はここから始まる．それは同時に労働組合運動の苦難の歴史の始まりでもあった．しかし，既述のように，やがて労働組合の立法要求運動や労働者への選挙権の拡大，さらに労働者政党の成立にも支援されて，イギリスにみられるように19世紀末から20世紀初頭にかけて労働組合の結成や争議行為等の団体行動に対して刑法や民法の責任追及を排除し（民刑免責），労働組

合の存在とその諸活動を合法化する立法が成立する．

さらに20世紀に入って前記ワイマール憲法（159条）が団結権保障を謳ったことは労働組合法認の画期となった．さらに1930年代にアメリカ（1935年全国労働関係法）で採られ不況対策の一環として団交拒否など使用者の力の濫用を抑制しようとした不当労働行為制度は，労働組合の諸活動に対する干渉行為を法的に禁止するものとして，これまでの刑事・民事の責任を免除する消極的な民刑免責に対して，より積極的な団結活動への国家の助長策でもあった．

こうして20世紀の半ばには，労働組合は民刑免責とともに不当労働行為制度によってその存在と活動が法的に保障されるようになっていった．特に第二次大戦後，多くの国の憲法は団結権・団体交渉権・争議権の労働三権を保障し，さらにILOの活動と相まって労働三権は開発途上国をも含めて広く一般的な承認を受けるようになった．

(3) 労働市場の規制緩和と労働組合

第二次大戦後，多くの先進国は福祉国家を基本課題に掲げ，そのもとで完全雇用政策を推進してきた．それが戦後の経済成長に裏付けられて労働組合は1960年代までは比較的安定した展開をみせた．その過程で労働組合は労働市場への規制力を一段と強めるようになっていた．しかしかかる労働組合が1970年代の二度のオイルショックを契機とした低成長経済への転換をきっかけに経済の成長と企業の効率的経営にとって重荷となり桎梏になるとの考えが強まった．こうして1980年代末以降，多くの先進国（とりわけ英米系諸国）は労働市場の規制緩和政策を推進した．ターゲットとされたのは労働組合であった．その仕方は国によって異なる．立法によって労働組合の組織と活動を規制したり（イギリス），労働組合が享受してきた調停仲裁制度を法律で排除したり（ニュージーランド），労働組合に譲歩交渉を余儀なくさせる（アメリカ）などして，労働組合が有する労働市場への法的・社会的規制力が規制された．その意図は，労働力に付着した法的・社会的な規制を排除して労働市場における契約自由の再活性化をはかろうとするものであった．それは福祉国家の見直しに及ぶ場合もあった．以上の労働組合法の生成と展開については表0.1を参照されたい．

表0.1 労働組合法の生成と展開

時期区分	特　色	法律・政策
19世紀前半まで (産業革命期)	団結禁止法 労働組合は治安妨害団体	イギリス・団結禁止法 (1799.1800) フランス・ルシャプリエ法 (1791) ドイツ・プロイセン工業条例 (1845) 日本・治安警察法 (1890)
19世紀前半〜 19世紀中葉 (産業資本主義)	団結「自由化」 団結禁止法廃止 一般法による規制 (実質違法化)	イギリス・団結禁止法廃止法 (1824・25) ドイツ・ライヒ工業条例 (1869) フランス・1864年法 日本・治安警察法17条撤廃 (1926)
19世紀後半〜 20世紀初頭 (独占資本主義)	団結法認 労働組合法制定	イギリス・労働組合法 (1871) イギリス・共謀罪・財産保護法 (1875) イギリス・労働争議法 (1906) フランス・労働組合法 (1884)
20世紀中期〜 20世紀末 (独占資本主義)	団結権の憲法上の保障 団結権の助成(不当労働行為)	ドイツ・ワイマール憲法159条団結権保障(1919) アメリカ・ワグナー法 (1935) 不当労働行為制度 日本・労働組合法 (1945)
20世紀末〜	労働市場の規制緩和 労働組合の規制力の規制	イギリス・保守党政権下の雇用立法(1980〜1993) アメリカ・レーガン政権下の労働政策、譲歩交渉 ニュージーランド・雇用契約法 (1991)

第4節　労働法の原理

1　市民法の原則の修正

　労働法は，労働保護法であれ労働組合法であれ，いずれも市民法の原則に対する一定の制約ないし修正なくしては成立しない．この意味で労働法の成立・

発展を一言でいうなら「市民法から労働法へ」の展開といってよいであろう．「契約自由」についてみると，例えば，労働保護法が一定の労働条件基準を最低基準として定めると（例えば，「法定労働時間1日8時間」），その基準を下回る労働契約の締結・存続は許されない．また労働組合法が労働組合を合法な団体であることを法認することは，当該労働組合の組合員と使用者が個別的に労働契約上の労働条件について自由に話し合って決めること（契約自由）ができなくなる．このように個人の契約の自由は労働保護法においても労働組合法においても規制を受けることになる．それゆえ労働法とは，民法上の契約自由の規制のもとに成り立つ法と言える．その目的が労働者と使用者との実質的対等の確保にあることはいうまでもない．労働法の形成過程は，換言すれば，契約自由を規制していく過程であるが，現実には労働者にとっては使用者との闘争の過程でもあった．

市民法の原則の制約ないし修正は「契約自由」に限らない．「権利能力の対等性」についても同様である．民法の権利能力者（権利義務の主体）は抽象的な（その意味ですべて対等な）「人（法人を含め）」であるが，労働法の権利義務の主体は「労働者」，「使用者」へといっそう具体的な限定を受ける．もちろん「労働者」，「使用者」も「人」であることに変わりがないから，一般法としての民法の適用を排除するものではない．

民法上の財産権（物権，債権）も一定の規制を受ける．とくに労働組合法の領域で顕著である．例えば，労働法による争議権の保障は使用者の財産権に対する一定の制約を前提にしなければ成り立たない．正当な争議行為については住居侵入・不退去あるいは場合によっては暴行・傷害などの犯罪も違法性が排除されることがあるし，同時にそれについては不法行為責任も排除され，さらに民事上は使用者の労働契約上の権利（労務指揮権）を制限するほか，労働契約違反誘致の不法行為責任の追及も正当な争議権の行使については排除されることになる．

過失責任主義も，労災補償（保険）制度の発展については大きく修正を迫られ，業務災害の補償については実質的に無過失責任主義がとられている．また広義の危険負担（民法536条2項）を貫く過失責任主義も労働保護法の保障手当ないし休業手当においては労働者の生活保障という観点から過失責任主義が修正されている．なお不当労働行為（民法的には団結権・団体交渉権等を侵害

する不法行為）における使用者の不当労働行為意思についても過失責任主義はとられていない．

2 労働法の原理

上のように市民法原則の修正をもたらしたものは何であろうか．それが労働法の原理にほかならない．市民法の原則を貫く原理（理念）は「個人の自由」にあるが，その「個人の自由」を制約し，市民法の原則を修正して労働法を生み出した原理は生存権原理にほかならない．生存権の原理とは，「人はみな人間らしく生きる権利を有する」との理念である．この生存権原理によって市民法の原則に一定の制約と修正を加え，労働法は自らの領域を近代法の中に築いたのである．

生存権原理は19世紀末までは1つの思想であり理念にすぎなかった．その思想や理念が労働立法の制定を促してきた．しかし既述のように1919年ワイマール憲法（151条）によって生存権はもはや単なる思想や理念ではなく基本的人権となった．第二次大戦後は国連の「世界人権宣言（1948年）」を始め多くの国の憲法に謳われ，さらに「国際人権規約（A規約）」（1976年発効）にも規定され20世紀現代憲法の普遍的原理となり，第二次大戦後は広く「福祉国家」の法的バックボーンともなってきた．労働法の解釈・適用にあたっては労働者の生存権保障を常に考えておかなければならない．

3 生存権の性格と侵食

生存権は歴史的な概念であり，その内容は国によって，また時代によって異なる．日本においても第二次大戦直後の生存権と今日の生存権の内容は同じではない．したがってこのような生存権の歴史的な内容を考慮した労働法の解釈・適用が求められる．近年では憲法13条（人間の尊厳）の趣旨を含む生存権の解釈・適用が重要な課題になっている．もっとも生存権といえども，市民法の原則を制約し修正はするが，否定するわけではない．労働者の生存権のために使用者の財産権（物権や債権）が否定されるわけではない．その意味で生存権を原理とする労働法にも限界があり，労働法が保障する労働者の権利と使用者の財産権との適切な調整をはかることが必要になる．

なお，前述のように，20世紀末より市場原理（契約自由）を重視する考え

に基づいて行われた労働市場の規制緩和政策によって労働者の生存権及び労働者・労働組合の権利が侵食される場面が多くなってきている．労働法は労働市場を規制する法の体系であるから，労働市場の規制緩和政策は，原理的には労働法による規制（労働者保護）を除去ないし緩和して，市場原理（契約の自由）の再活性化を図る試みにほかならない．もちろん現実はその通りに展開するわけではないが，しかし労働市場の規制緩和政策は「契約自由」による生存権への大きな挑戦であることはまちがいない．

第5節 日本国憲法と労働法の体系

1 日本国憲法と生存権的基本権の保障

(1) 生存権的基本権の保障

　日本国憲法25条1項は「すべて国民は，健康で文化的な最低限度の生活を営む権利を有する」とし，いわゆる生存権を保障している．労働法もこの規定を理念的基礎にしている．そして「健康で文化的な」生活を営むためには，まず社会保障・社会福祉の実施が不可欠であるとしてこれを保障している（25条2項）．それにとどまらず特に労働者が「健康で文化的な」生活を営むためには働かなければならない．そこで働く権利として，求職者（失業者）には労働権（国は国民に就業の機会を保障し，それができない場合はそれに代わる所得の保障をする）を保障し（27条1項），また現に働いている労働者には「賃金，就業時間，休息その他の勤労条件に関する基準は，法律でこれを定める」（27条2項）として労働（勤労）条件の法律による保護（労働条件の法定）を基本的人権として謳っている．しかし労働者にとっては「健康で文化的な」生活を営むためには，憲法は，さらにいま1つ，団結する権利が不可欠であるとして団結権・団体交渉権・争議権（労働三権）を保障している（28条）．このように「生存権」，「労働権」及び「団結権（労働三権）」は生存権を基礎とした基本的人権であるところから（憲法26条の教育権と併せて）生存権的基本権あるいは社会権といわれている．いずれも近代社会（資本主義社会）が生み出した社会問題に対処するために20世紀憲法に認められた基本的人権で

ある.

労働権(憲法27条)及び労働三権(憲法28条)は労働者にとって特に重要な権利であるところから,学説はこれらの基本的人権を「労働基本権」とよんでいる(判例は労働三権をもって労働基本権とよんでいる).なお最近では生存権に加えて「人間の尊厳」(憲法13条)その他の自由権が労働法の理念として重視されるようになってきている.

(2) 生存権的基本権の性格と労働法

生存権的基本権は,日本国憲法の保障する基本的人権の中にあって最も多く,かつ古い歴史をもつ「自由権」(例えば,思想良心の自由(憲法19条),表現の自由(21条),居住・移転・職業選択の自由(22条)など)とは異なる性格を持っている.自由権は国家の干渉・介入を排除して個人の自由を保障する基本的人権である.言い換えれば国家によって強制されたり禁止されたりすることのない基本的人権であるのに対して,生存権的基本権は,自由権としての性格を基礎にしながらも,それにとどまらず国家に対してそれを具体化することを義務づける積極的な性格を持つ基本的人権である.したがって生存権的基本権を国家が法律や条例で禁止したりすれば自由権と同様に憲法違反の問題が生じるが,しかし他方で国家は法律の制定等により生存権,労働基本権の具体的な保障を実現するための措置をとることを義務づけられている.

労働立法は,このように生存権的基本権,とくに憲法27条(労働権)及び同28条(労働三権ないし広義の団結権)の労働基本権を具体化する国の義務の履行として制定された法律の体系である(図0.1参照).

(3) 生存権的基本権の具体化と労働立法の体系

(イ) 労働基本権の具体化としての労働法

労働法は,憲法25条の生存権保障の理念に基礎づけられた憲法27条及び28条の労働基本権を具体化した法体系である.この意味で労働法は,理念的には,労働基本権の展開の法体系といえる.以下,労働基本権を具体化した労働立法にどんなものがあるか図1を参照しながらみておこう.なお労働法の姉妹法ともいうべき社会保障法は,憲法25条2項の社会保障・社会福祉の権利を具体化して策定された立法である.

(ロ) 雇用保障法

労働法のうち憲法27条1項の労働権を具体化した立法を総称して雇用保障

```
                            ┌ 公的扶助（生活保護）法
         ┌ 憲法25条1項          │ 社会保険（医療・年金）立法
         │  (生存権原理)         │
         │ 同条2項    ─── 社会保障法 ┤ 社会手当立法
         │  (社会保障・社会福祉の権利)  └ 社会福祉立法
         │
         │                            ┌ 雇用対策法
         │                            │ 職業安定法
生                                    │ 雇用保険法
存        │ 憲法27条1項   ─── 雇用保障法  ┤ 職業能力開発促進法
権        │  (労働権)         (労働市場法) │ 労働者派遣法
的        │                            │ 高年齢者雇用安定法
基   ─┤           ┌ 個別的労働法 ┤      └ 障害者雇用促進法
本        │                            
権        │                            ┌ 労働基準法
         │                            │ 労働契約法
         │                            │ 最低賃金法
         │                            │ 賃金の支払確保等に関する法律
         │                            │ 労働安全衛生法
         │ 憲法27条2項   ─── 労働保護法  ┤ 労災保険法
         │  (労働条件法定主義)  (雇用法)   │ 労働契約承継法
         │                            │ パート労働法
         │                            │ 育児介護休業法
         │                            │ 労働時間等設定改善法
         │                            │ 個別労働紛争解決促進法
         │                            └ 労働審判法
         │
         │                            ┌ 労働組合法
         │                            │ 労働関係調整法
         │ 憲法28条     ─── 集団的労働法 ┤ スト規制法
         └  (労働三権・団結権)  (団結法)   │ 特定独立行政法人等労働関係法（特労法）
                                       │ 地方公営企業労働関係法（地公労法）
                                       │ 国家公務員法（国公法）
                                       └ 地方公務員法（地公法）
```

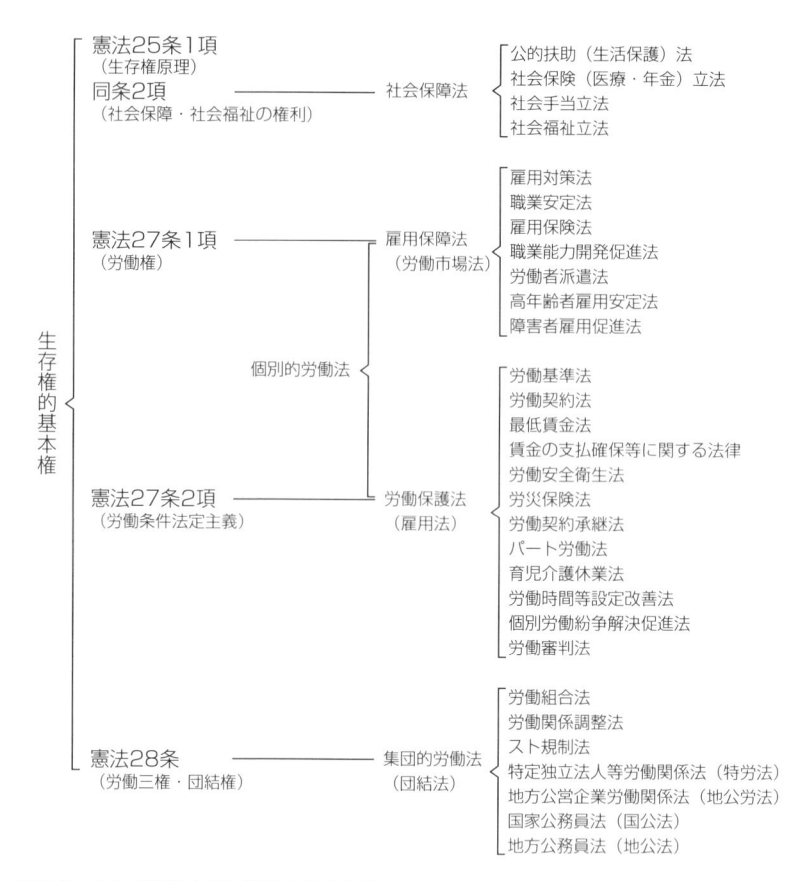

図0.1　生存権的基本権と労働立法の体系

法（労働市場法）という．雇用保障法にはその一般法的性格をもつ雇用対策法のほか，職業紹介に関する規制等を行う職業安定法，失業者に対する所得保障（基本手当）や失業予防のための諸施策を行う雇用保険法，近年増加している労働者派遣を対象とする労働者派遣法，国による職業訓練の根拠となる職業能力開発促進法，高年齢者の雇用確保を目的とする高年齢者雇用安定法，さらに障害者の雇用促進を図る障害者雇用促進法などがある．職業安定法及び雇用保険法（旧失業保険法）は1947（昭和22）年に制定されているが，それらを含めて雇用保障法制は日本の高度成長期の1960年代後半から1970年代に形成された，比較的新しい法分野である．労働者にとっては就職（労働契約を締結）

するまでの過程と退職（労働契約の終了）後に関わりをもつ法領域である．

(ハ) **労働保護法**

憲法27条2項（労働条件の法定）を具体化する立法は総称して労働保護法ないし雇用法という（最近では「雇用法」を労働法と同義で用いることもある）．労働保護法の領域には，労働基準法，労働契約法のほか，最低賃金法，賃金の支払確保等に関する法律（賃確法），労働安全衛生法，労働者災害補償保険法（労災保険法），労働契約承継法，短時間労働者の雇用管理の改善等に関する法律（パート労働法），男女雇用機会均等法，育児介護休業法，労働時間等設定改善法などのほか，個別労働紛争処理に関する法律として個別労働紛争解決促進法及び労働審判法などもこの分野に含まれ，これらの法分野は1985（昭和60）年以降現在まで法律の制定と改正を繰り返しながら内容を拡充し，また多様化している．

(ニ) **団結法**

憲法28条（労働三権ないし広義の団結権）を具体化した法律を集団的労働法ないし団結法という．労働組合法及び労働関係調整法が中心となる．この分野には戦後の1940年代〜1950年代前半にかけて（多くは占領下の時期に）制定・改正され，団結権，団体交渉権，争議権を制限する内容の法律が多い．国家公務員法，地方公務員法，特定独立行政法人等の労働関係に関する法律（特労法＝旧公労法），地方公営企業労働関係法（地公労法）の公務員関係法は，いずれも占領管理法令である昭和23年3月31日の政令201号（その前提となったのが昭和22年7月22日の「マッカーサー書簡」である）にルーツをもつもので争議行為の禁止，団体交渉・団結活動を制限・禁止している．さらにスト規制法（電気事業及び石炭鉱業の争議行為の方法の規制に関する法律）は電気事業と石炭鉱業の主要な争議行為を禁止している．これらの法律は労働基本権のいわば制約の法体系といえる．

第6節　労働立法の展開

本節では，第5節でみた日本の労働立法の展開を概観しておこう．日本の労

働立法が体系的に展開をみせるのは第二次大戦後のことである．しかし戦前，まったく労働立法がなかったわけではない．戦後の労働立法の展開も，戦前における労働立法の形成と挫折の経験をふまえて理解されなければならない．その意味で必要な限りで戦前の労働立法を鳥瞰しておきたい．

1　戦前の労働立法

　戦前の労働立法は，大きくみて労働保護立法の系統と労働組合法（案）関係の2つの流れに分けてみることができる．
(1) 工場法ほか個別的労働立法の形成
(イ) 工場法の生成
　日本の労働保護立法の先駆としては，鉱夫の災害補償に関する保護法令（明治23年工業条例，明治38年鉱業法）があるが，本格的な社会政策立法は工場法であった．日本の産業革命（工場制機械工業の形成）は，日清戦争（明治27〜同28年）と前後して製糸・綿紡績を中心とする軽工業からスタートし，日露戦争（明治37〜同38年）の頃より製鉄，造船，車両など軍需工業を中心とする重工業にも及んで資本主義（産業資本主義）の成立をみることとなった．産業革命の過程は日本においても原生的労働関係（低賃金・長時間労働，権力的労務管理等）の形成過程であり社会問題（労働問題）の発生過程であった．12〜18歳の女子・年少者が1日13〜14時間の労働を強いられることは稀ではなかった．工場法の制定は明治30年頃から計画されていたが明治44年にようやく実現した．同法は常時15人以上の職工を有する工場における女子及び15歳未満の年少者を対象に労働時間の規制（当時は1日12時間制），深夜業（午後10時〜午前4時）の禁止などのほか危険有害業務の就業制限などを規定した．ただし工場法の施行は大正5年まで持ち越された．その後大正12年に改正されるが（工場法につき6頁のコラム参照），改正工場法が戦後の労基法（昭和22年）によって廃止されるとともに，労基法によって承継された．
　なお戦前，成人男子労働者の労働条件保護法はなく，労働条件の決定は法的には「契約自由」の問題であった（民法623〜631条参照）．
(ロ) その他の個別的労働立法
　工場法のほか，個別的労働立法については，職業紹介法（大正10年）が制定され，市町村運営の公共職業紹介所が設置された．また工場法が定めてい

た使用者の「災害扶助責任」を災害の多い土木・建設・交通運輸等に及ぼすため昭和6年に労働者災害扶助法が制定され，同時に土木・建設業については事業主の責任保険制度を導入するため労働者災害責任保険法（昭和6年）が制定された．さらに第一次大戦後の不況下で懸案となっていたが実現しなかった失業保険法に代わるものとして退職積立金及退職手当法（昭和11年）が成立するが，戦時社会政策としての性格の強い立法であった．

(2) 労働組合禁圧立法と労働組合法案の挫折

(イ) 労働組合の誕生と治安警察法

日本で労働組合が初めて結成されたのは明治30年代になってからである．労働組合期成会（明治30年）の指導の下に結成された鉄工組合（明治30年），期成会の影響のもとにできた日鉄矯正会，さらに独自に結成された活版工組合（明治32年）がそれである．これらはアメリカの労働組合にならった職業別組合であった．しかしスタートしたばかりの労働組合は，組合への加入の強制を罰則付きで禁止した治安警察法17条（明治33年）によって消滅した．

(ロ) 治安警察法改正と労働組合の「自由化」

大正時代に入って労働者の相互扶助・親睦団体として友愛会（大正元年）が結成された．友愛会はやがてロシア革命（大正6年），米騒動（大正7年）さらにILOの設立（日本は常任理事国）等を背景に徐々に労働組合としての性格を強め，1919（大正8）年に名称を大日本労働総同盟友愛会と改めた．こうした労働組合運動の高揚を前にして大正時代末期には，治安警察法改正法（大正15年）が成立し，労働組合への加入強制行為を禁止した同法17条（罰則30条）が撤廃され，労働組合は禁圧立法から「自由化」された．しかしそれはストライキなど労働組合の活動に対して生ずる刑事・民事の責任の排除まで容認するものではなく，カッコ付の「自由化」であった．治安警察法17条の撤廃と同時に，労働争議調停法（大正15年）及び暴力行為等処罰法（大正15年）が制定された．前者は三者構成の調停委員会を用意していたが機能せず，後者は争議行為の規制を企図した法律であった．

(ハ) 労働組合法案の経験

大正末期以降，労働組合法制定が大きな課題となった．政府，野党，民間を含めて多数の労働組合法案が公表された．昭和に入り政府法案が数度にわたり議会に上程されるが（昭和元年，昭和2年，昭和6年），結局，成立すること

なく終わった．最後の昭和6年上程の政府法案は衆議院を通過したが，貴族院で審議未了に終わった．成立しなかったとはいえ労働組合法案の経験は戦後の労働組合法制定に生かされていった．

2　戦後の労働立法

　日本の労働立法が本格的な展開をみるのは第二次大戦後のことである．すでに今日まで多くの労働立法の制定・改正が行われている．そのなかにあって昭和60年頃を境にして，それ以前の立法とその後の立法とでは明らかに大きな違いがみられる．昭和60年以降は，それ以前の立法の延長上では捉えることのできない新しい立法の制定・改正が数多くみられる．そこで昭和20年代から昭和60年頃までをひと区切りにして，それまでの労働立法を「戦後労働立法」として捉え，昭和60年以降の現在までの立法を「新たな労働立法」とよんで，それぞれの立法の形成と展開を概観しておこう．

⑴ **戦後労働立法の形成（昭和20年～同20年代末）**
㈦ **戦後労働立法の骨格の形成**

　第二次大戦後の日本の労働立法は，終戦直後の昭和20年末（労組法制定）から同28年（スト規制法制定）にいたる8年間にほぼ形成されたといえよう．その大部分は占領下であり，占領政策が労働立法にも大きな影響を及ぼした．
①終戦直後，占領軍の「五大改革指令」（昭和20年10月）等の民主化政策によって労働組合の結成が促進され，短期間に多くの労働組合（企業別組合）が組織され，左派系のナショナルセンター産別会議（日本産業別労働組合会議，昭和21年8月結成），によって主導されていた．そうしたなかで労働三法が制定された．終戦のわずか4か月後にすべての労働者（一部の公務員を除き）に労働三権を保障した労働組合法（昭和20年12月）が制定され，次いで労働争議調整制度を設けた労働関係調整法（昭和21年9月）が，そして戦前の工場法を廃止して，すべての労働者の労働条件の最低基準を定めた労働基準法（昭和22年4月）が制定された．この間，日本国憲法が昭和21年に公布され（昭和21年11月3日），翌年に施行された（昭和22年5月3日）．
②労基法と同じく昭和22年には，労働三法に加えて主要な労働立法が成立した．国による無料職業紹介事業を設置した職業安定法，戦前には成立しなかった失業保険法，さらに労基法の災害補償を補完する労災保険法（昭22

年）がそれぞれ制定された．こうして昭和22年までに日本の戦後労働立法の骨格が成立した．

(ロ) **労組法・労調法の改正等**

①昭和23年頃から成立直後の戦後労働立法の軌道修正が始まった．その1つは，日本経済の再建に向けた労働組合法改正（昭和24年6月）であった（現行労働組合法の成立）．主な改正点は，①労組法の目的として団体交渉を重視したこと（1条），②不当労働行為の科罰主義から原状回復主義への転換（7条），③労働組合の自主性の強調（2条但書1号），④労働協約の有効期間を3年としたこと（15条1項）などである．改正の趣旨は，終戦直後の労働攻勢に対する経営側の失地回復を企図したもの，換言すれば企業の再建ひいては日本経済の再建を意図したものと考えられた．

②労組法改正に対して労調法の改正は日本の独立をきっかけとした法整備の一環として昭和27年（同年7月第1回国会）に行われた（現行労調法）．改正の焦点は民間労働者の争議行為の制限におかれ，その観点から国民経済の運行を著しく阻害し，または国民生活を著しく危うくする恐れのあるゼネスト的な大規模争議に対して50日間当該争議行為を罰則付で禁止（その間中労委は当該争議行為を優先して処理する）できる緊急調整制度が導入された（35条の2～35条の5，40条）．しかしその後緊急調整制度が活用されたのは同年末の炭坑ストに対してのみであった．

　ちなみに労働者の争議行為の規制は，昭和28年の「スト規制法」（電気事業及び石炭鉱業における争議行為の方法の規制に関する法律）によっても行われた．これは電気供給の停止及び石炭鉱業における鉱物資源の損壊等に係わる争議行為を禁止したものである．

(ハ) **官公労働法の形成**

　終戦直後の労働立法のいま1つの軌道修正は，占領政策の転換（「民主化政策から反共政策へ」）を背景にした公務員に対する労働三権の制限であった．昭和23年7月22日，内閣総理大臣宛のマッカーサー書簡（内容は「全体の奉仕者」を理由とする公務員の労働三権の制限・禁止のほか，公共企業体を設置して労働関係を公務員と別扱いにすることの2点）に基づいて，同年7月31日，政令201号が公布され，公務員の団体交渉・争議行為が罰則つきで禁止された．

　占領管理法令であった政令210号は，以降，順次国内化されていった．まず

国家公務員法が改正（昭和23年12月）され，国家公務員の団結権制限，団体交渉・争議行為の禁止，禁止された争議行為の処罰規定（「あおり罪」）が設けられ，同時に公共企業体労働関係法（公労法）（昭和23年12月）が制定され公共企業体となった専売・国鉄職員の団結権・団交権の制限のほか争議行為が禁止された．昭和25年地方公務員法が制定され，労働三権の制限については国公法と同様の規定が設けられた．さらに昭和27年には公労法が改正され，先の2公社に加えて，1公社（電電公社）・国営5現業職員（郵政，林野，アルコール専売，造幣，印刷）の労働関係が同法の適用下におかれ（公共企業体等労働関係法），同時に地方公営企業労働関係法（地公労法）が制定されて，地方自治体が運営する公営企業職員の労働三権については上記公労法と同じ規定が設けられた．その後これら「官公労働法」におけるストライキ禁止を始め労働基本権の制限が大きな問題となっていった．

(2) **戦後労働立法の展開（昭和30年代～同60年）**

　昭和30年代以降のこの時期は，経済的には高度成長の時期であり，またその後2度のオイルショック（昭和48年，同54年）による調整を経験した時期であった．労働組合運動は，官公労組を中心とする総評（日本労働組合総評議会，昭和25年設立）の主導による戦闘的な労働組合運動が展開された時期であるが，企業内労使関係においては，日本的な雇用慣行の象徴ともいうべき長期（終身）雇用・年功制が，その見直しを伴いながらも，大企業の正社員を中心に定着していく時期であった．こうした状況のなかで戦後労働立法自体は抜本的な見直しや反省を迫られることなく存続した．

(イ) **労働三法の推移**

　労働組合法及び労働関係調整法は，昭和20年代の改正後今日まで大きな改正はみられない．労働基準法も昭和60年頃までは抜本的な改正はない．もっともこの時期，労働基準法は一部の規定が単独立法となるなどの変化がみられる．昭和34年に労基法の「最低賃金」（28条参照）の規定が独立して最低賃金法が制定され，昭和47年に「安全及び衛生」（42条参照）の規定が労働安全衛生法として独立したほか，労基法の「災害補償」（75条以下）の規定は，昭和40年代に労災保険給付の年金化などの改善がなされ（「労災保険の一人歩き」），また同法が労基法と同じく全事業場への全面適用（昭和50年）になって，労基法の「災害補償」の規定は適用されなくなっていった．

㈹ 雇用保障法の形成

既述のように，昭和22年にすでに職業安定法が制定され，昭和33年に職業訓練法が制定されていたが，高度経済成長期の昭和40年代になって雇用保障分野の立法の進展がみられる．昭和41年に雇用政策の一般法たる雇用対策法が制定され，昭和46年に中高年齢者雇用安定法が，そして昭和49年に雇用保険法（失業保険法改正）が制定された．これによって，それまでの労働保護法及び団結法のほかに第三の労働法領域として雇用保障法（労働市場法）の領域が形成されることになった．

㈠ 官公労働法の推移

昭和30年代に入ると，官公労働法における労働三権の制限・禁止はILO87号条約に違反するとして，いくつかの産業別単一労組（単産）や総評によってILO結社の自由委員会に提訴がなされ，昭和32年頃より，いわゆる「ILO闘争」が始まる．その結果，昭和40年にILO87号条約が批准され，それに伴って官公労働法の改正（昭和40年）が行われる．しかし右改正によっても，組合員資格を従業員に限定するいわゆる逆締め付け規定（旧公労法4条3項，旧地公労法5条3項）の削除などの改正はあったが，ストライキ権を始め官公労働者の労働基本権制限に関する抜本的な改正は行われず，引き続き継続審議扱いとなった．だがそれも昭和50年のいわゆる「スト権スト」を転機に官公労働者の労働基本権問題は後景に退き，さらに国鉄など3公社の民営化（昭和60～62年）によって問題は事実上終息していった．

(3) 新しい労働立法の展開（昭和60年以降～現在）

この時期，経済的には1985（昭和60）年の「プラザ合意」による急激な円高とその対応による通貨の過剰流動性が引き金となって異常な資産インフレ（バブル経済）を引き起こし，その崩壊とともに「失われた10年」といわれる長期にわたる不況（「平成不況」）を経験した．アメリカ的な市場原理主義が世界的な規模でいっそう強まるなか，日本の経済にとっては激しい変化と後退の時期であった．

労働市場にも大きな変化が現れた．職場における情報技術の浸透（IT化），女性の職場進出の増加（女性化），パート・派遣労働者・下請社外勤務者など非正規労働者の増加（非正規化），人口の高齢化に伴う従業員の年齢構成の高まり（高齢化），さらに長期的には労働力人口の減少をもたらす出生率の低下

(少子化) などの変化に直面した．これらの変化が長期（終身）雇用・年功制を浸食する要因となっている．それがまた長期（終身）雇用・年功制を享受してきた大企業正社員を主な組織基盤とする企業別組合の基礎を揺るがす要因ともなっている．そのことが，総評に代わって労働組合のナショナルセンターとなった民間労組主体の連合（日本労働組合総連合会，昭和62年結成）に対しても大きな課題を投げかけている．

　こうした厳しい経済環境や労働市場の変容に対応して，以下のように，戦後労働立法とは質的にも量的にも異なる新しい労働立法の制定・改正が行われてきている．もっとも労働組合法の抜本的改正はないが，そのこと自体後述するように，日本の労働組合に対する一定の政策的評価の現れであり，近年の日本の労働立法の特色の1つにあげられよう．

(イ) **規制緩和立法**

　昭和60年以降の新しい労働立法として，まず労働市場の規制緩和を企図した立法があげられる．これは労働市場（特に供給側の労働力）に付着した法的・社会的な規制を緩和して柔軟な労働力を形成しようとするものである（労働の柔軟化）．その目的は，企業の労働コストを下げ，労働力の効率的な活用を促し，競争力を高めようとするものであるが，同時にそれは，日本の企業内労使関係（内部労働市場）を規制してきた長期（終身）雇用・年功制への挑戦でもあった．

　規制緩和立法の例として労基法改正があげられる．女性保護規定を緩和した昭和60年改正，変形労働時間制等を導入して法定労働時間の規制緩和を行った昭和62年改正，さらに女性の保護規定を撤廃した平成10年改正等がある．また労働者派遣法の制定（昭和60年）も規制緩和立法の例である．同法は制定後，対象業務をネガティブリスト方式にした平成12年改正，製造業への派遣を容認し派遣期間を原則1年から3年にした平成15年改正など頻繁な改正がみられるが，労働者派遣法自体，長期（終身）雇用・年功制を浸食する立法であることはいうまでもない．これまで長期（終身）雇用・年功制の見直しは労使当事者の問題とされてきたが，労働者派遣法は国の政策をして日本的雇用慣行の是正を企図したものであった．その点ではパート労働法の制定（平成5年）及び同法改正（平成19年）も，一方ではパート労働者の保護を企図するものではあるが，他方ではパート雇用を促す立法である点では長期（終身）雇用・

年功制の縮減を図る立法であり，労働者派遣法と同様，日本的な意味での労働市場の規制緩和立法である．

なお労働市場の規制緩和立法については，諸外国では労働市場を規制する労働組合への立法的対応が大きな問題となるが（例えば，イギリス，ニュージーランド），日本では20世紀末以降も労働組合法など集団的労働法の抜本的改正がないのは，日本の企業別組合は労働市場を規制する機能が小さく，むしろ市場順応性が高いとの評価の現れといえよう．

㊁ **雇用における機会均等立法**

新しい労働立法の制定・改正として雇用における機会均等の促進があげられる．男女雇用機会均等法（昭和60年）の制定がこれである．同法は制定後，法の掲げるすべての形態の差別を禁止した改正（平成9年），及び男女双方に対する差別を禁止し（性差別禁止法へ），禁止される差別形態を拡大する改正（平成19年）がなされている．ちなみに雇用平等政策は前記の労働市場の規制緩和政策とは両立するものであり，むしろ労働市場の規制緩和を実施するためには雇用平等の充実が前提とされなければならない．

㊂ **職業と家庭の両立支援**

職業と家庭の両立（ワークライフバランス）支援に関する立法も新しい傾向を示す立法である．これに関する立法は育児休業法制定（平成3年）からスタートし，その後介護休業制度が導入されて育児介護休業法（平成7年）と名を改め，さらにその後たびたび改正されて育児休業及び介護休業の内容を拡充してきている．最近では少子化（出生率の低下）対策として次世代育成支援対策推進法（平成15年）が制定され，職業と家庭の両立支援とともに育児介護休業法の拡充を促す役割を果たしている．

㊃ **労働契約法・個別労働紛争処理法**

近年における労使関係及び人事労務管理の個別化傾向を背景にして平成19年に労働契約法が制定された．今後個別的労働法の重要な立法となろう．また労働契約法と前後して個別的労働紛争が増加していることに対応するため，都道府県労働局による個別的労使紛争の解決を援助する個別労働関係紛争解決促進法（平成13年）が制定され，さらに各地方裁判所に設置された労働審判委員会による迅速，簡便で実効性を備えた労働審判手続を定めた労働審判法（平成16年）が制定された．

第7節 労働法の要素

　労働法は，すでに述べたように，個々の労働者と使用者の社会的関係（個別的労使関係），及びそれを基礎として成り立つ労働組合と使用者，労働組合と組合員（非・他組合員）あるいは労働組合と労働組合の諸関係（集団的労使関係）を対象とする法である．これらの社会的諸関係を法的に規制する法が労働法であり，それを構成する要素は，大きくみて，法令のほか，就業規則や労働協約などのいわゆる社会的自主法，労働契約及び判例・通達などからなっている．社会的自主法が法の要素として重要な役割を果たしているのが労働法の特徴といえる．

(1) 法令

　すでにみたように日本国憲法の保障する労働基本権（憲法27条，28条）を具体化した多くの労働立法がある（詳しくは本章第5節1（3）「生存権的基本権の具体化と労働立法の体系」参照）．憲法27条1項（労働権）を具体化した立法として雇用対策法のほか職安法，職業能力開発促進法，雇用保険法，労働者派遣法等がある．同27条2項（労働条件の法定）を具体化した立法として労基法，最賃法，労働安全衛生法，労災保険法，労働契約法，男女雇用機会均等法，パート労働法等多くの立法がある．また憲法28条を具体的に保障しようとしたのが労働組合法である．

　これら法律は憲法に反することはできない．また労働法に関係する条約のうち批准された条約（ILO条約，国連採択の条約、人権規約など）は国内法として効力を有する．法律は条約に反することはできないが，条約は憲法に反することができないと考えられる．

　立法に委任されて制定される命令（政令，省令）も労働法の要素となる．特に労働基準法など個別的労働法の分野では命令は重要な役割を果たしている．

　また法律に従って、特定の国家組織内部で効力を有する規則も法の要素である．労働法の領域では中央労働委員会が定める労働委員会規則がある．不当労働行為救済手続きや労働争議の調整手続きについて詳細は労働委員会規則に定められている．

(2) 社会的自主法
(イ) 就業規則
　使用者が，労働者の労働条件及び服務規律について定めた文書が就業規則である．労働契約の内容（労働条件）を個々の労働者と使用者が直接話し合って決めることは，パート，アルバイトなどの一部を除いて一般的ではない．労働契約の内容は実際には就業規則によって決められることが多い．労基法は就業規則の作成・変更に対して行政官庁（労基署長）による一定の手続的規制を定めて後見的監督を加えている（89条，90条，106条）．また労働契約法は作成・変更された就業規則が労働契約の内容を形成する要件について定めをしている（7条，10条）．これら労基法，労契法の定める要件を満たすことによって就業規則は労働者の労働条件を決定するうえで重要な役割を果たしている．

(ロ) 労働協約
　使用者と労働組合が団体交渉をして締結した協定が労働協約である．労働協約は労働者（組合員）の労働条件の基準の設定に重要な役割を有している．労働組合法は，当事者が文書で作成し，署名または記名押印することによって労働協約としての効力を認めている（14条）．また労働協約は，それを締結した労働組合の組合員のみならず，一定の要件のもとで非組合員の労働契約にも効力を及ぼし（17条），その労働条件に対して規制を加えている．労働協約は就業規則のように，使用者が一方的に作成した文書ではなく，団体交渉を媒介していることから，労働者にとって就業規則よりも高い労働条件を確保することが期待される．

(ハ) 労使協定
　当該事業場の従業員の過半数を代表する者（過半数を代表する労働組合があればその労働組合）と使用者が結んだ書面の協定を労使協定とよんでいる．労働協約と違って労働組合の存しない事業場でも締結できる．労使協定は，主に労基法の定める法定基準の適用除外を認める（罰則の適用除外）ものであり，労使協定自体が労働契約の権利義務を形成することは稀である．

(ニ) 労使慣行
　労使慣行が労働契約の内容を形成することもある．労使慣行の意義については一致した見解はないが，判例は，労使慣行が「事実たる慣習」（民法92条）の要件を満たすことによって労働契約の内容になると解している．

(ホ) **労働組合規約**

　労働組合の内部運営に関する基準や手続きを定めた規約も労働法を構成する要素の1つである．これは労働組合と組合員との権利義務関係を定める要素となる．労働組合と組合員の間に争いが生じたときには規約が問題処理の規準となる．

(3) **労働契約**

　労働法が対象とする上記のような社会的諸関係の中で最も基礎的な関係が個々の労働者と使用者の関係（個別的労使関係）である．これを法的関係（権利と義務の関係）として基礎づけるのが労働契約である．労働組合を一方の当事者とする集団的労使関係も，直接間接，労働契約関係を前提として成り立っている．その意味では労働契約は労働法の「コーナーストーン（礎石）」といえる．かつて労働法の形成が十分でなかった時期には労働契約上の権利義務（大部分は労働条件に関するもの）の決定は契約自由の支配に委ねられ，事実上，使用者によって一方的に決定されていた．現在では労働契約の内容は，労働立法のほか就業規則，労働協約など労働契約以外の要素により規制され，形成されることが多い．

(4) **判例・通達**

　判例は，紛争当事者間の問題処理にとって最も重要な規律であり，労働法の重要な要素である．もっとも日本では同一事件については下級審は上級審の判断に従わなければならないが（裁判所法4条），しかし同種の事案について後の裁判所は先の判例には拘束されない．その点では判例は裁判規範ではないが，実際には先例が後の裁判所に大きな影響を及ぼすことがある．

　行政庁が法律の解釈・適用の規準を下級機関に示す通達は，裁判所を拘束するものではないが（裁判規範ではない），しかし労基法関係の通達は実際には当事者の法解釈上の指針となることが少なくない．

第1章 労働契約の締結と雇用の成立

本章のポイント

　労働者は，労働契約を締結して、労働基準法を初めとする労働法という観念の世界に入っていくことになる．労働契約の締結は、通常は，使用者による労働者の募集から始まる．募集に関する労働法の規制にはどんなものがあるだろうか．募集に続いて労働契約の締結はどのように行われるのだろうか．とりわけ新規学校卒業者の場合，採用内定，試用を経験することが多いが，その過程で労働契約はどのように成立していくのだろうか．

第1節 募集と法

1 募集と職業紹介

　労働者と使用者が労働契約を締結するためには，両者の出会いが必要である．その出会いは使用者による労働者の募集から始まる．使用者による募集活動は，新聞，雑誌，就職情報誌，チラシなどを通して，また最近はインターネットを活用したりして行われるほか，自社の従業員を通して直接行うこともある．こうした使用者自身による直接募集は自由に行うことができる．しかし自己の従業員以外の者を通して募集活動を行う場合には（委託募集），厚生労働大臣の許可が必要である（職安法36条）．

　一方，使用者は募集のほかに職業紹介を活用することもある．職業紹介には，国の機関である公共職業安定所（ハローワーク）が行う無料職業紹介（職安法8条，17条以下）のほか，学校等が行う無料職業紹介（33条の2），あるいは民間業者が行う有料職業紹介（30条）がある．このうち有料職業紹介は，紹介の対象業務に設けられていた制限が規制緩和によってごく一部を除いて撤廃されたことから最近ではこれを活用する使用者が増えている．

2 募集の法的規制

　募集から採用にいたる過程は，使用者にとっては「採用の自由」（労働者を雇うか雇わないかの自由，すなわち労働契約を結ぶか結ばないかの自由）が支配する過程である．しかし「採用の自由」にも職安法その他の法律によって以下のような規制がある．

(1) **労働条件の明示**
(イ) **募集時の労働条件明示義務**

　使用者は，労働者の募集に当たって，求職者に対して労働条件を明示しなければならない（職安法5条の3）．これは労働者（応募者）にも労働契約を締結するにあたって相手を選択する自由を保障しようとするのが主な目的である．明示する事項は，業務の内容，労働契約の期間，就業の場所，始業及び終業の時刻・残業の有無・休憩時間・休日などの労働時間に関する事項，賃金の額，

健康保険・厚生年金保険・労災保険・雇用保険の適用に関する事項となっている（職安則4条の2）．明示される事項が虚偽または誇大な内容であってはならない（平12.12.25厚労省告示141号）．なお採用時には労働基準法及びパート労働法が労働条件保護を目的に使用者に労働条件明示を義務づけている（労基法15条，パート労働法6条）．

(ロ) **労働条件の食い違いと救済**

　使用者が募集時に求人票に明示した賃金額等が，入社後実際に支給されないか，または支給された金額と食い違っていた場合には，求人票記載の金額の請求または差額を請求することができるであろうか．判例のなかには契約の解釈によって求人票記載の賃金等の額が労働契約の内容となっていたとするものもあるが（株式会社丸一商店事件・大阪地判平10.10.30労判750号29頁），多くは求人票は労働契約締結の誘引であってこれが直ちに労働契約の内容になるものではないとしている．しかし求人票記載の賃金等と同等の処遇を受けることができるものと信じさせるような記載や説明がなされ，その結果入社した労働者に損害を及ぼす場合には，労基法15条1項の労働条件明示義務に違反するほか，当該使用者は労働契約締結過程における信義則違反として不法行為による損害賠償責任を負う場合がある（日新火災海上保険事件・東京高判平12.4.19労判787号35頁）．

(2) **個人情報保護**

　使用者は，労働者の募集にあたり求職者の提供する個人情報をその業務の目的の範囲内で収集，保管，使用しなければならない（職安法5条の4）．特に人種，民族，社会的身分，門地，本籍，出生地その他社会的差別の原因となる事項，思想・信条，労働組合への加入状況に関する情報を収集してはならない（上掲厚労省告示）．労働者募集に関するこのような求職者情報の保護は，平成17年4月から施行されている個人情報保護法を具体化したものと考えることができる．

(3) **雇用の機会均等**

(イ) **募集・採用時の年齢制限の禁止**

　使用者は，労働者の募集・採用にあたって，原則として年齢を問うてはならない（雇用対策法10条）．この年齢制限の禁止は，公共職業安定所への求人申込みのときだけでなく，民間の職業紹介事業所や新聞広告，事業主が自ら募

集・採用を行う際にも適用される.

(ロ) **募集・採用の男女差別の禁止**

使用者は，労働者の募集及び採用あたって，男女ともに均等な機会を提供しなければならない（男女雇用機会均等法5条）．例えば，臨時・パート労働者の募集・採用にあたって「男性のみ」，「女性のみ」としたり，求人票に「男性歓迎」，「女性向きの仕事」などとすることはできない（平18.10.11厚労省告示614号）．

(ハ) **障害者の雇用義務**

使用者は，その雇用する全従業員のうち一定割合（障害者雇用率）の障害者を雇用することを義務づけられている（障害者雇用促進法43条）．民間企業の場合，障害者雇用率は，平成25年4月1日より2.0％（国・地方公共団体は2.3％）となっている（同法施行令9条）．これにより50人以上の従業員を雇用する民間企業は1人以上の障害者を雇用しなければならない．ここでいう障害者は身体障害者，知的障害者をいい，現状では，精神障害者は含まれないが，精神障害者を雇用した場合には障害者雇用率にカウントされる．

第2節 労働契約の成立

1 労働契約の成立

労働契約は，「労働者が使用者に使用されて労働し，使用者がこれに対して賃金を支払うことについて，労働者及び使用者が合意することによって成立する」（労契法6条）．したがって労働者が使用者に「使用されて労働」すること，使用者がこれに対して「賃金を支払うこと」について「合意」があれば労働契約は成立する．この意味で労働契約とは「労働」と「賃金」との交換契約（双務・有償契約）であり，また労働者と使用者の合意のみによって成立する諾成契約である．それゆえ労働契約の成立にとって契約書や誓約書などの要式は法的には必要な要件ではない．

2　労働契約と雇用（雇用契約）との関係

　労働契約法は，労働契約の成立について上記のように規定しているが，民法は「雇用は，当事者の一方が相手方に対して労働に従事することを約し，相手方がこれに対してその報酬を与えることによって，その効力を生ずる」（民法623条）としている．そこで「労働契約」と「雇用（雇用契約）」との関係が問題となる．

　労働契約法にいう労働契約も，民法の雇用（雇用契約）も，ともに「労働（労務）」と「賃金（報酬）」との交換契約であり，いずれも当事者の「合意」によって成立する諾成契約である点で違いはない．すなわち両者とも契約類型自体に差異があるわけではない．しかし労働契約と雇用（雇用契約）ではその理念ないし原理は基本的に異なると考えられる．労働契約は，「従属労働」（使用者のもとで労働しなければ生活できないという意味での「経済的従属性」，及び使用者の指揮命令の下で労働に従事するという意味での「法的従属性」の両者を含む）を直視して，その是正を図るべく労働者と使用者の実質的対等性の確保を企図して，そのための根拠として生存権の理念を自覚しているが，民法の雇用ないし雇用契約は，抽象的・形式的に対等な当事者たる「人」と「人」との間の契約としてとらえられ，その理念は私的自治の表明としての個人の自由（契約自由）にあり，「従属労働」も生存権理念も関知しない．その意味で両者は理念的・原理的には異なる．しかし契約の解釈・適用の問題としては，労働契約法上の労働契約と民法の雇用ないし雇用契約を特に区別する必要はない．労働契約法は民法の雇用の規定を一般法とする特別法と考えられるから，雇用ないし雇用契約といえども，それは特別法たる労働契約法上の労働契約を意味すると考えられるからである．なお労働基準法（第2章）及び労働組合法（第13章）も「労働契約」という文言を使っているが労働契約法上の「労働契約」と同義である．

第3節 採用内定と試用

1 採用内定

(1) 採用内定の意義と問題点

 労働契約は，既述のように，諾成契約であるから当事者の合意のみによって（一方の申込みと他方の承諾）成立するが，いつ，どのように成立するのであろうか．この問題はこれまで新規学校卒業者の採用内定をめぐって議論されてきた．新規学卒者を毎年4月に定期採用する日本の企業は，応募者が卒業する数か月前に採用内定を行うのが一般的な慣行になっている．これは大企業の正社員を中心とする長期雇用慣行のもとで新規学卒者を企業の基幹労働力として位置づけ有能な新卒者を早期に確保しようとする企業間の人材獲得競争によって形成されてきたものといわれている．このような採用内定が法的に問題になるのは，使用者が何らかの理由で採用内定を取り消す場合である．内定を取り消された応募者（学生）はどのような法的救済が可能であろうか．これが採用内定をめぐる主要な法律問題である．それは労働契約の成立時期ないし採用内定の法的性質の問題として論じられてきた．

(2) 採用内定と労働契約の成立時期

 新規大学卒を例にとると，労働契約の成立過程は各企業によって異なるものの，一般的には図1.1のようになっている．すなわち企業による募集が労働契約の締結を誘う誘引，これに対する応募者（学生）の応募・面接・試験などの行動が労働契約の申込み，そして採用内定の通知が使用者による承諾と考えられている．したがって採用内定通知の到達によって労働契約が成立するとされている（採用内定承諾説）．もっとも使用者による採用内定の通知が労働契約の申込み，これに対する応募者からの誓約書の提出等の行為を承諾とみて，この時点で労働契約が成立するとの考えもある（内定通知申込説）．いずれにしても採用内定時に労働契約が成立するとみるのが一般的な理解である（労働契約説）．

 かつては採用内定をもって労働契約締結の一過程にすぎないとする説（労働契約締結過程説），あるいは採用内定は特別の事情がなければ卒業の上あらた

めて労働契約を締結すべき旨の予約とする説（予約説）などもみられたが（非労働契約説），今日では労働契約説が通説・判例の立場である．

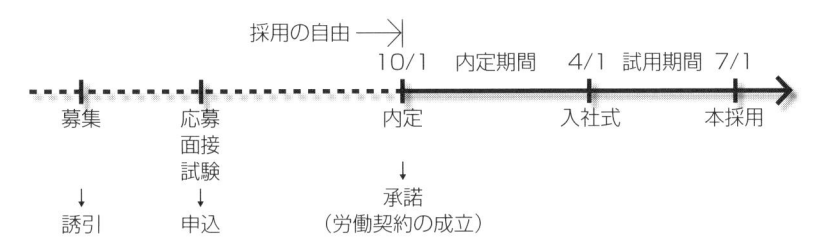

```
                    採用の自由 ──→
                          10/1    内定期間    4/1  試用期間  7/1
    ┝━━━━━━━┿━━━━━━━┿━━━━━━━━━━━┿━━━━━━━┿━━━━━━→
    募集        応募         内定              入社式      本採用
                面接
                試験
     ↓           ↓           ↓
    誘引        申込        承諾
                        （労働契約の成立）
```

[図1.1]　労働契約の成立過程：採用内定と試用（新規大学卒の場合）

　なお，採用内定は10月1日とする企業が多く，それ以前の「内定」は内々定とよばれている．この内々定の法的性質について，通説はこれを「労働契約締結過程の一段階」，「採用の見込み」あるいは労働契約締結（内定）を「暗示する行為」として内定とは区別し，いずれも労働契約の成立を否認している．判例も，内々定による労働契約の成立は否定する．したがって内々定取消の無効を主張して従業員たる地位確認の訴えは認められないが，しかし，使用者による内々定取消の時期が内定時期（10月1日）に近づくにつれて，労働契約締結への期待権が法的保護に値する程度に高まり，かかる時期（例えば9月末）における内々定取消は信義則に反して不法行為を構成し損害賠償（慰謝料）請求の対象になるとしている（コーセーアールイー（第2）事件福岡高判平23.3.10労判1020号82頁）．

(3) 採用内定中の労働契約の法的性質

　採用内定によって労働契約は成立する（応募者は学生であるとともに当該企業の従業員たる地位を得る）としても，内定中は応募者は学生であり，いまだ就労しているわけではないから，本採用以降の通常の正社員の労働契約関係とは自ずと異なる．そこで内定中の労働契約の法的性質が問題となる．この点については2つの考え方がある．1つは，内定者が卒業できないことその他の正当な事由がある場合には当該労働契約を解約する旨の解約権が使用者に留保され，かつ入社日を就労の始期とする附款のついた労働契約として構成する解約権留保付・就労始期付労働契約説である（大日本印刷事件・最二小判

昭54.7.20労判323号19頁)．いま1つは，使用者による解約権の留保に加えて，入社日をもって労働契約の効力発生の始期として構成する解約権留保付・効力始期付労働契約説である（電電公社近畿電通局事件・最二小判昭55.5.30労判342号16頁)．

　後者の効力始期付労働契約説では，採用内定によって労働契約は成立するものの，効力の始期（通常は入社日）が到来するまでは労働契約の権利義務は労働義務（賃金支払義務）を含めて発生しないこととなる．前者の就労始期付労働契約説では，採用内定によって労働契約の効力は発生するとみる点で後者と異なる．しかし就労始期付労働契約説の場合も，労働契約の効力は発生するものの，就労（労働）の始期（通常は入社日）が到来するまでは労働契約の主要な義務である労働義務が発生しないので（したがって賃金支払義務も発生しない)，いずれの説であっても実質的な差異はない．

(4) 採用内定の取消と法的救済

　採用内定によって労働契約が成立するとみる立場（労働契約説）では，使用者による採用内定取消は解雇（使用者による労働契約の解約）として扱われる．解雇に対しては解雇権制限の法理（解雇権濫用論）が適用になるから，「客観的にみて合理性の認められる社会通念上相当な理由」がなければ，採用内定の取消は無効とされる（労働契約法16条)．判例は，「採用内定の取消事由は，採用内定当時知ることができず，また知ることが期待できないような事実であって，これを理由として採用内定を取消すことが解約権留保の趣旨，目的に照らして客観的に合理的と認められ社会通念上相当として是認することができるものに限られる」（前掲大日本印刷事件・最大判）としている．ちなみに内定者が卒業できなかったことは内定取消の正当な事由となる．

　なお内定者による内定辞退は，労働者による労働契約の解約であるから，法的には退職として扱われる．労働者には「退職の自由」（民法627条1項）があり，これは労働法においても基本的に制限はない．したがって退職は原則として自由であり，また「退職の自由」は公序性を有すると考えられるから，その実質的制限（例えば，「貴社への入社を誓約します」旨の誓約書の提出）には法的な効力は認められないと解される．

(5) 内定中の法律関係

　採用内定によって労働契約が成立するとした場合，内定者と使用者との内定

中の法律関係（権利義務関係）はどのように考えられるであろうか．この問題は内定者が学生であっていまだ職業生活に入っていないから，一般的・抽象的に論ずるのではなく，両者が接触する場面において権利義務の内容を具体的に考察すべきである．内定者たる学生と会社が現実に接触を持つのは，会社から各種の書類や近況報告あるいはリポートの提出を求められるような場合や内定者に対する実習・入社前教育（集合研修）が行われる場合である．

　書類・リポート等の提出については，それが研修目的というよりも内定者の入社意思の確認を目的とするものである場合には，内定によって労働契約が成立し従業員たる地位が認められる以上，その提出は労働契約上の義務と解される．入社前の研修・教育については，それが在宅研修であれ，集合研修であれ，研修・教育自体が労働義務の内容をなすものであるから，既述のように解約権留保付・就労始期付労働契約説であれ，解約権留保付・効力始期付労働契約説であれ，いずれも内定中に労働義務が発生しないから，内定者の労働契約上の義務として研修・教育を受ける義務は認められない．内定中の研修には内定者の個別的合意が必要である（宣伝会議事件・東京地判平17.1.28労判890号5頁）．

(6) 公務員の採用内定

　公務員の採用過程についても民間企業とそれほど違いはない．国家公務員については，人事院による採用試験（第一次，第二次試験）に合格して採用候補者名簿に記載された者が各省庁をまわって就職活動を行い，その結果各省庁から内々定が出され，次いで10月に採用内定通知が出される．地方公務員については人事委員会による採用試験（第一次，第二次試験）が行われ合格者には10月以降に採用内定通知が出される．しかし民間と違って公務員の場合には採用内定によって公務員としての勤務関係が成立するものではなく，そのための準備手続きにとどまるものとされている．公務員の勤務関係は公法関係であって，民間労使のように対等な当事者間の合意によって法律関係を形成する私法関係ではなく，したがって応募者が公務員たる地位を得るためには行政庁による任用のための明確な意思表示がなければならないと考えられているからである（東京都建設局事件・最一小判昭57.5.27労判338号11頁，名古屋市水道局事件・最一小判昭56.6.4労判367号57頁）．この任用の意思表示は4月以降になされる辞令交付によるとされている．こうして公務員の場合には採用内

定によって公務員の勤務関係は形成されないから，行政庁による内定取消に対して応募者は不法行為を理由に損害賠償請求の訴えを提起することはできても（国家賠償法1条），公務員たる地位の確認を求める訴えは認められない．

2　採用の自由

　採用内定によって労働契約が成立するとすれば，採用内定時までは使用者の採用の自由（雇用の自由）が認められる．採用の自由とは，使用者が労働者を雇うか雇わないか，雇うとすれば誰を，また何人雇うかの自由をいう．これは法的には使用者が労働契約について有する契約自由に根拠を有する．

　かつて判例は，使用者は経済活動の一環として契約締結の自由（雇用の自由）を有することから，思想，信条を理由として雇入れを拒んでもこれを目して違法とすることはできず，労働者の採否にあたり労働者の思想・信条を調査し，本人からそれに関する事項の申告を求めることも法律上禁止された違法行為ではないとしていた（三菱樹脂事件・最大判昭48.12.12労判189号17頁）．しかし今日では思想・信条の自由（憲法19条）は私的社会においても公序（民法90条）を構成し，思想・信条を理由とする使用者の雇入れ拒否は違法（不法行為）であると考えられるだけでなく，個人情報保護法の施行（平成17年4月1日施行）を背景に労働者の募集に当たっては使用者は，労働者の思想・信条のような個人的情報は，業務の目的に必要不可欠で，収集目的を示し，かつ本人から収集する場合以外は許されないとされている（職安法5条の4，平11.11.17厚労省告示141号）．

3　試　用

(1) 試用の意義と法的性質

　使用者は，労働者の入社後，労働者の職業上の能力，業務への適格性あるいは勤務態度等からみて従業員としての適格性を判断するために一定の期間（3〜6か月が多い）を設けることがある．この期間を試用ないし試用期間という．従業員としての「適格性」が認められれば本採用され正社員として確定的に雇用関係に入るが，適格性を欠くと評価されたときには本採用を拒否されることがある．

　このような試用の法的性質については，かつては労働契約関係そのものでは

なく労働者の熟練を評価して採用・不採用を決定するための実験を目的とする期間の定めのある特別の労務供給契約であると主張する説（特別契約説ないし実験説）があったが，しかし今日では既にみたように，採用内定によって労働契約関係が成立するとされていることから，試用も労働契約関係であることはいうまでもない．もっともその場合も，採用内定中の労働契約関係は，本採用後の通常の正社員の労働契約関係とまったく同じというわけではなく，試用の法的性質については，試用期間中に従業員としての適格性につき否定的評価がなされるときのために解約権が留保された期間の定めのない労働契約であるとする解約権留保付労働契約説が通説・判例の立場である（前掲三菱樹脂事件・最大判昭48.12.12）.

民間企業の試用に相当するものとして公務員には法律にもとづく6か月以上の条件付採用期間が設けられている（国公法59条1項，地公法22条1項）．この条件付採用期間を良好な成績で遂行したときは正式採用公務員となる．条件付採用中の公務員については正式採用公務員に認められた身分保障（国公法75条，地公法27条2項）が緩和されるものと考えられる（国公法81条1項，地公法29条の2第2項）．条件付採用の法的性質については，民間企業の試用の法的性質に準じて解約権留保付公務員関係と解することができよう．

(2) 本採用拒否と救済

解約権留保付労働契約説によれば，試用期間の満了によって留保解約権の消滅あるいは不行使により期間の定めなき労働契約に移行する反面，試用期間中もしくは試用期間満了時に従業員としての適格性を欠くとの理由で本採用が拒否される場合には，それは使用者による留保解約権の行使（解雇）として解雇権濫用論の適用を受けることになる（労働契約法16条）．判例も本採用拒否は，「解約権留保の趣旨，目的に照らして，客観的に合理的な理由が存し社会通念上相当として是認されうる場合にのみ許される」（前掲三菱樹脂事件・最大判）としている．ここにいう解約権留保の趣旨・目的とは，新規学卒者の採否を決定する時には，その者の資質・性格・能力その他従業員としての適格性の有無に関する判定資料が十分でないために後日の調査や観察に基づく最終的決定を留保しておくところにあるという．そして右最高裁判例は留保解約権の行使としての本採用拒否は，通常の解雇よりも「広い範囲における解雇の自由が認められてしかるべきもの」としている．

なお民間労働者の本採用拒否（解雇）は，公務員については条件付採用公務員に対する正式採用拒否（免職処分）がこれに相当する．この場合免職処分を受けた条件付採用職員は処分の違法を主張して処分取消訴訟を提起することができる．判例も公務員の職務に必要な適格性を欠く職員に対する分限処分は，「純然たる自由裁量ではなく，その判断が合理性をもつものとして許容される限度をこえた不当なものであるときは，裁量権の行使を誤った違法なものというべきであり，右の分限処分がこのような違法性を有するかどうかについては，裁判所の審査に服する」（堂島職安事件・最三小判昭49.12.17判時768号103頁，新宿郵便局事件・最二小判昭60.5.20労判452号4頁）としている．

(3) 労働契約の期間と試用期間

　従業員の適格性を判断するために設けられた試用期間の途中または終了時の本採用拒否が解雇として解雇権濫用論の制限に服するとすれば，従業員としての適格性を判断するために，最初から期間の定めのない労働契約（正社員の労働契約）を締結しないで，まず期間の定めのある労働契約（有期契約）を締結し，右期間中に従業員としての適格性を判断し，適格性が認められれば期間満了後に改めて期間の定めのない労働契約を締結し，適格性を欠くと判断されたときは労働契約の期間満了を理由に当該従業員に辞めてもらうことはできないだろうか．判例によれば，使用者が労働者を採用するにあたり雇用契約に期間を設けた場合に，かかる期間の「趣旨・目的が労働者の適性を評価・判断するためのものであるときは，右期間の満了により右雇用契約が当然に終了する旨の合意が当事者間に成立しているなど特段の事情が認められる場合を除き，右期間は契約の存続期間ではなく，試用期間である」（神戸弘陵学園・事件最三小判平2.6.5労判564号7頁）としている．

(4) 試用期間中の法律関係

　試用期間中の労働契約関係は，本採用後の通常の労働契約関係と基本的に差異はない．試用中の労働者の労働義務の履行も本採用後の労働者と特に異なるものではない．また試用中の労働者には通常の労働者と同様に労基法が適用になる（21条4号を除く）ほか，就業規則の適用についても本採用後の通常の労働者と同様に考えられる．もっとも労働協約の適用については，試用中の労働者は非組合員とされることが一般的であり，拡張適用（労組法17条）の問題はあるものの，原則として労働協約の適用はないと考えられる．

第4節　労働契約締結に関する労基法の規制

　労基法は労働契約の締結に関連していくつかの規制を加えている．それは戦前にしばしばみられた当事者の自由意思を制約する前近代的な慣行を除去して当事者の自由意思を確保するとともに，労働条件の保護と当事者の実質的対等性を確保しようとするものである．

(1) 労働契約の期間

　労働契約は，他の契約と同様に契約期間を定めることも，定めないこともできる．期間を定めるときは，原則として3年を超えてはならない（労基法14条1項）．民法では雇用契約の最長期間は5年とされているが（民法626条1項），長期の契約期間は労働者の自由を拘束するおそれがあるとして労基法は当初1年としていた．その後労働者の自由を拘束する可能性は小さくなったとして最長契約期間を3年とした（2003年労基法改正）．3年を超える期間を定めたときは3年に短縮される（労基法13条）．

　最長契約期間3年の例外として，建設工事現場などでは一定の事業の完了に必要な期間（3年を超える期間）を労働契約の期間とすることができる（労基法14条1項）．また職業能力開発促進法に基づく職業訓練を受ける労働者について必要がある場合は最長3年の契約期間につき例外が認められる（70条）．さらに，①厚生労働大臣が定める基準に該当する「高度な専門的知識等」（例えば，医師，一級建築士，税理士，薬剤師，システムアナリスト，機械・電気技術者，建設・土木技術者，システムエンジニアなど．平15.10.22厚労省告示356号）を有する者との労働契約，及び②満60歳以上の者と労働契約を締結する場合には，いずれも最長5年の契約期間が認められる（14条1項1～2号）．この場合には契約期間の更新は認められない．

　なお期間の定めのある労働契約（有期労働契約）の締結・満了時における紛争を未然に防止するために，厚生労働大臣は，必要な事項を定めることができる（14条2項）．これに基づいて大臣は，「告示」によって使用者は有期労働契約の締結に際し，期間満了後における当該契約の「更新の有無」，「更新する場合，しない場合の基準」，またそれらを変更する場合は「変更の内容」（同告

示1条）を明示すること，また使用者は有期労働契約（3回以上更新し，または1年を超えて継続勤務している者に対して）を更新しないときは期間満了日の30日前までにその旨の予告をすること（同2条）などの基準を定めている（「有期労働契約の締結，更新及び雇止めに関する基準」（平20.1.23厚労省告示12号）．この基準は，それ自体私法的効力を有しないが法的判断に当たって考慮される要素となる．

(2) 労働条件の明示義務

使用者は，労働契約の締結に際し，労働者に対して賃金，労働時間その他の労働条件を明示しなければならない（労基法15条1項）．明示すべき労働条件は以下の事項である．

①労働契約の期間に関する事項，②就業の場所及び従事すべき業務に関する事項，③始業・終業の時刻，所定労働時間を超える労働の有無，休憩時間，休日，休暇ならびに交替制勤務に関する事項，④賃金（退職手当，賞与の臨時手当を除く）の決定・計算及び支払方法・賃金の締切り・支払の時期ならびに昇給に関する事項，⑤退職に関する事項（解雇に関する事項を含む），⑥退職手当に関する事項，⑦臨時手当・賞与・最低賃金に関する事項，⑧食費・作業用品に関する事項，⑨安全衛生に関する事項，⑩職業訓練に関する事項，⑪災害補償・業務外傷病扶助に関する事項，⑫表彰・制裁に関する事項，⑬休職に関する事項（労基法15条1項前段）．

明示の方法として，口頭，書面の交付その他が考えられるが，上の①～⑤の事項（⑤の昇給に関する事項を除く）については書面による交付が求められる（労基法15条1項後段，労基則5条2項，3項）．明示された労働条件が事実と異なるときは労働者は即時に労働契約を解除することができる（労基法15条2項）．この場合労働者が解除の日から14日以内に帰郷するときは使用者は必要な旅費を負担しなければならない（同条3項）．

パート労働法（「短時間労働者の雇用管理の改善等に関する法律」）は，パート労働者（短時間労働者）に対して文書による労働条件の明示事項として，上の①～⑤のほかに，㋑昇給の有無，㋺賞与の有無，㋩退職金の有無の3つ（特定事項）を加えている（パート労働法6条，同規則2条）．またパート労働法は上の①～⑤及び㋑㋺㋩以外の事項について文書明示を努力義務としている．

労働契約法は，労働者及び使用者は，労働契約の内容（労働条件）につい

て，できる限り書面により確認するものとしている（労契法4条2項）．

(3) 賠償予定の禁止

労基法は，使用者は，労働契約の不履行について違約金を定め，または損害賠償を予定する契約をしてはならないとしている（16条，119条）．戦前，わが国では契約期間中に労働者が退職（逃亡）することを防ぐために予め違約金の支払いを約束させたり，労働者の職務懈怠や非行によって使用者の財産を毀損した場合に労働者が支払うべき賠償額を予定させるなど，労働者の債務不履行を理由に一定の金額の支払いを予め約束させることが行われ，民法もこれを認めてきた（民法420条）．しかしこのような契約は，損害の有無，損害額，労働者の帰責事由の証明を要することなく予定された賠償額の支払いを求めるものであり，その支払いのために労働者は労働を強制される結果となる．労基法はこうした弊害を排除しようとした．ここで禁止されるのは，労働契約上の債務不履行の場合の「違約金契約」，及び債務不履行・不法行為の場合に労働者が損害賠償を行うことを予め約束する「賠償予定の契約」であり，実際に労働者による労働契約上の債務不履行や不法行為がなされたときに使用者が行う損害賠償請求を排除するものではない．

今日では，会社の費用で留学をした労働者が，帰国後一定期間経ずして退職した場合は，会社が負担した留学費用を返還する旨の契約が，労基法16条に違反するかどうかが問題にされている．判例は，留学に業務性があり会社の業務命令として行われたとみられるときは，帰国後一定期間を経ずして退職したときは留学費用を返還する旨の当該契約は労基法16条に違反するとしている（富士重工業（留学費用返還請求）事件・東京地判平10.3.17労判734号15頁，新日本証券事件・東京地判平10.9.25労判746号7頁）．しかし留学に業務性がなく労働者の自主的な勉学に対して会社がこれに費用を貸与し一定期間勤務したときは留学費用の返還を免除したものとみられるときは，当該留学費用返還の契約は労基法16条違反でないという（長谷工コーポレーション事件・東京地判平9.5.26労判717号14頁，野村證券（留学費用返還請求）事件・東京地判平14.4.16労判827号40頁，明治生命保険（留学費用返還請求）事件・東京地判平16.1.26労判872号46頁）．

(4) 前借金相殺の禁止

使用者は，労働者の前借金その他労働することを条件とする前貸の債権と賃

金を相殺することを禁止されている（労基法17条、119条）．「前借金」とは，労働者が得べき賃金から差し引くことを予定して労働契約締結時またはその後に使用者が労働者に貸し付ける金銭をいう．「労働することを条件とする前貸の債権」も前借金と同様の趣旨をもった使用者による貸付金をいうが，使用者による貸付金と労働関係が密接な関係にあって労働者の身分的拘束をもたらすものをいう．労基法がこのような「前借金」ないし「労働することを条件とする前貸の債権」と賃金との相殺を禁止したのは，相殺によって全額返済が終わるまで労働の継続を強制され，ひいては労働者の生活が脅かされることになるからである．もっとも労基法が禁止しているのは前借金と賃金との相殺であって，前借金それ自体を禁止したものではないし，さらに使用者による貸付金自体を禁止しているわけでもない．貸付金の返済と賃金の支払いを別個に処理すれば問題はない．

現代的な問題としては，住宅資金や生活資金貸付制度のある会社で，貸付金の返済を賃金から差し引いて行う場合が考えられる．この場合も貸付金の返済が労働することを条件にしているかどうかによって労基法17条違反の有無が判断される（昭63.3.14基発150号参照）．なお，労基法17条は前借金のような「労働することを条件とする前貸の債権」と賃金との相殺を禁止したものであり，それ以外の金銭債権と賃金との相殺は労基法24条1項（全額払いの原則）により原則として禁止されている．

(5) 強制貯金

労基法は，使用者が労働者に対して労働契約の締結・存続の条件として銀行等の第三者と貯蓄の契約をさせ，または貯蓄金を管理する契約をすることを禁止している（労基法18条1項）．例えば，使用者自らが労働者の預金を受け入れて管理したり（社内預金），労働者の預金を労働者の名義で銀行等の金融機関に預け入れ，その通帳・印鑑を使用者が保管（通帳保管）する契約である．いずれも労働者の委託に基づかない場合は，いわゆる「強制貯金」として禁止される．その趣旨は労働者の足止め策の防止のほか，会社の倒産等による貯蓄金の返還不能による弊害を除去しようとしたものである．しかし労働者の委託を受けて貯蓄金を管理する，いわゆる「任意貯金」は，社内預金であれ通帳保管であれ，使用者による労使協定の締結・届出，貯蓄金管理規程の作成，一定の利子を付すこと，返還請求に対して遅滞なく応ずること等の一定の要件を満

たす場合は認められる（同条2〜7項）．

身元保証契約

　わが国では，労働契約の締結に際して身元保証契約が結ばれることがある．身元保証契約とは，労働者の行為によって使用者に損害を及ぼした場合に身元保証人が賠償する旨の使用者と身元保証人との間の契約である．これは江戸時代の「人請」（奉公人の保証制度）に由来する日本に特殊な保証制度だといわれているが，身元保証人の責任が広範囲であったことから，身元保証法（「身元保証ニ関スル法律」〈昭和8年〉）によって責任の軽減が図られた．同法によると，身元保証人の損害賠償責任の有無及び金額については，裁判所は，①労働者の監督に関する使用者の過失の有無，②保証人が用いた注意の程度，③労働者の任務または身上の変化，④その他一切の事情を斟酌しなければならないとしている（5条）．最近，労働者の過失によって会社に損害を及ぼした場合，会社が本人及び身元保証人に対して損害賠償を請求するケースが増えている．実際には使用者の監督上の過失等を考慮して請求額はかなり減額されるのが通例である．

第2章 労働基準法と労働条件決定のしくみ

本章のポイント

「私的自治」の支配する一般私法の世界では，労使が労働条件をどう決めるかは，「契約自由」の問題であって法による規制はない．労働基準法は，この「契約自由」を規制して労働条件の最低基準（権利のフロアー）を定め，使用者に対してその遵守を求めて，労働者の労働条件の保護を図っている．そこでまず労働基準法による労働条件保護のしくみがどうなっているか，また労働基準法の下で労働条件が法的に，すなわち労働契約上の権利義務関係としてどのように決まっていくか，本章ではそのしくみを明らかにしたい．

第1節　労働基準法のしくみ

1　労働基準法の原理と役割

(1) 労働基準法の原理

　憲法は，第25条第1項で生存権の原理を表明し，労働者に対してその実現をはかるために第28条の労働三権ないし労働基本権の保障とならんで，第27条第2項で「賃金，就業時間，休息その他の勤労条件に関する基準は，法律でこれを定める」として，労働条件の法定を定めている．労働基準法を中心とする労働保護法ないし個別的労働法（雇用法ともいわれる）は，直接的にはこの労働条件法定の原則を具体化したものである．したがって労働基準法をはじめとする労働保護法の理念が生存権保障にあることはいうまでもない．

　憲法27条2項の労働条件法定を具体化した労働立法として位置付けられるのは労働基準法のほか，最低賃金法，労働安全衛生法，労働者災害補償保険法，賃金の支払の確保等に関する法律（賃確法），男女雇用機会均等法，短時間労働者の雇用管理の改善等に関する法律（パート労働法），労働者派遣法，育児・介護休業法，労働契約法など数多く存在している．

(2) 労働基準法の役割——権利のフロアーの設定

　賃金・労働時間などの労働条件は，労働者と使用者の間の合意等を媒介にして労働契約の内容（権利義務の関係）となる．労働基準法は，労働者と使用者によって決められる労働条件（労働契約の内容）に対して，多面的な規制を加えることによって労働条件の最低基準（権利のフロアー）を設定し，使用者に対してその遵守を求めている．

①労基法はまず，同法の規定する労働条件の最低基準を遵守するよう公法上の義務（国に対する義務）を使用者に課し，右義務の違反（労基法違反）に対しては刑事罰を科すことによって使用者に最低基準の遵守を強制している．この側面では労基法は刑罰立法である．例えば，労基法は労働時間については週40時間，1日8時間の最低基準（法定労働時間）の遵守を求め（32条），使用者がこれに違反すれば6か月以下の懲役または30万円以下の罰金が科せられる（119条）．この点では労基法は刑罰法規である．

②他方，労基法は，同法の基準に達しない（下回る）労働条件の定め（労働契約の内容）を無効とし，無効となった部分は労基法の基準によるとして（13条），労働条件の基準に対して規範的効力を与えている．これにより，例えば，当事者が1日8時間30分，週45時間の労働時間について合意したとしても，かかる合意は無効とされ，強制的に法定労働時間どおり週40時間，1日8時間に引き直される．この面では労基法は労働契約上の権利義務を形成する民事立法としての性格を有しているといえる．

③さらに労基法は，労働基準監督制度を設けて（97～105条），労基法の労働条件基準の行政監督制度を用意している．そのために労働基準監督官は，事業場への立入検査（臨検），書類・帳簿の提出請求，労働者・使用者への尋問等の権限（101条）のほか，労基法違反罪については刑事訴訟法に規定する司法警察官としての権限（102条）が与えられている．この面では労基法は行政取締法規である．労働基準監督官は，臨検によって労働基準法違反があった場合は是正勧告を行い，特に悪質な違反の場合には司法警察官として調書を作成して送検することもできる．

このように労基法は，刑事法，民事法及び行政法としての側面を備えている．この3つの側面から，それぞれ規制を加えて最低労働条件基準（権利のフロアー）を設定し，その遵守を使用者に求めている．このように公法及び私法にまたがる性格を有する労基法は，いわゆる社会法としての特徴を備えた立法といえる．

2 労働基準法の適用範囲

(1) 労基法の適用事業

労基法には，「労働者」を1人でも使用する「事業」ないし「事業場」に適用になる．ただ事業の種類と規模により労働時間等の若干の規定（33条，40条，41条，56条，61条）の適用に差異があることから，労基法は，「別表第一」において15の業種を列挙している（旧8条を移記）．「事業」とは，「工場，鉱山，事務所，店舗等の如く一定の場所において相関連する組織のもとに業として継続的に行われる作業の一体をいう」．これは主に場所的観念であり同一場所にあるものは原則として一個の事業と考えられる（昭33.2.13基発90号）．この「事業」は，労基法の適用及び運用の単位であり（例えば，就業規則作成

の単位），労働基準監督官による監督の単位でもある．

　労基法の適用除外は，労基法自身によるものと，特別法によるものとがある．労基法によるものには「同居の親族のみを使用する事業」と「家事使用人」があげられている（116条2項）．これらを国の労働基準監督の対象とするのは適当でないとの理由による．これらに対しては民法の「雇用」の規定（民法623条以下）が適用になる．また船員法による船員には労基法総則（1～11条）等の一部を除いて労基法は適用されない（116条1項）．さらに特別法による適用除外として，国家公務員法が適用になる一般職の国家公務員には労基法は適用されない（国公法付則16条）．地方公務員法が適用になる一般職の地方公務員については労働条件決定原則（労基法2条），賃金支払原則（24条1項），フレックスタイム制・1年単位の変形労働時間制・1週間単位の変形労働時間制（32条の3～32条の5），裁量労働制（38条の3，38条の4），労災補償（75～88条），就業規則（89～93条）に関する規定など一部は適用されないが，他は適用になる（地公法58条3項）．

(2) 労基法上の「労働者」

　労基法が適用になる「労働者」とは，事業に「使用される」者で，かつ，「賃金を支払われる」者をいう（9条．労働契約法が適用になる「労働者」も同義である．労契法2条1項）．「使用される」者であるから失業者は含まれない．労組法の「労働者」（労組法3条）とはこの点で異なる．また「賃金」とは，「労働の対償」として「使用者が労働者に支払う」ものである（労基法11条）．「使用される」及び「賃金を支払われる」をあわせて「使用従属関係」ともいわれる．そこで「使用従属関係」にある者が労基法の「労働者」である．「使用従属関係」の有無を判断するにあたっては，①仕事や業務に対する諾否の自由の有無，②時間的拘束性の有無，③使用者の一般的指揮監督関係の有無，④労務提供の代替性の有無，⑤報酬の労務対価性の有無，⑥業務用器具の負担関係などを総合考慮して判断される（横浜南労基署長（旭紙業）事件・最一小判平8.11.28労判714号14頁，同事件・東京高判平6.11.24労判714号16頁参照）．

　労基法の「労働者」に対しては，労基法，労働安全衛生法，最賃法，労災保険法などが適用になるほか，「労働者」が締結している「契約」は（「委任」，「請負」などの名称が使われていても）労働契約であるから，相手方による当

該「契約」の解約は解雇になり解雇権濫用論（労契法16条）が適用になる．最近の判例では，大学病院の研修医が「労働者」にあたるとして最低賃金法の適用を認め（関西医科大学研修医（未払賃金）事件・最二小判平17.6.3労判893号14頁），同じく労災保険法の適用が認められている（関西医科大学研修医（損害賠償）事件・大阪高判平14.5.10労判836号127頁，同事件・最二小決平17.5.13上告不受理）．

(3) 下請就業者の「労働者」性

　労基法上の「労働者」は正規労働者（正社員）に限られない．パート労働者，有期雇用の臨時工，アルバイトなどの非正規労働者も労基法上の「労働者」であることはいうまでもない．労基法の「労働者」性がもっとも問題になるのは，企業が業務の一部を外注化（アウトソーシング）する場合である．外注化にあたっては企業は相手方との間で業務請負契約ないし業務委託契約を締結し，右契約に基づいて当該就業者を自己の事業場で（社外勤務者として）または当該就業者の自宅において（在宅勤務者として）使用する．

　この場合，企業が業務請負契約ないし業務委託契約を締結している当該相手方との間に「使用従属関係」が存するかどうかによって相手方の「労働者」性が判断される．「労働者」ならば当該契約は労働契約とみなされる．最近の判例では，ダンプ持ち傭車運転手が業務請負契約を締結していた元請企業との関係で「労働者」性が否定され（前掲・横浜南労基署長（旭紙業）事件・最一小判平成8.11.28），またマンション内装業務の請負作業をしていた一人親方の大工が元請事業者との関係で「労働者」性が否定されている（藤沢労基署長（大工負傷）事件・最一小判平19.6.28労判940号11頁）．いずれも業務中の負傷事故につき，労災保険法上の「労働者」（労基法上の「労働者」と同義）でないとして労災保険給付請求が否認されている．

(4) 労基法上の「使用者」

　労基法における「使用者」とは，「事業主又は事業の経営担当者その他その事業の労働者に関する事項について，事業主のために行為をするすべての者」（10条）である．この「使用者」が労基法の労働条件基準を遵守する義務を負うとともに，違反に対して罰則の適用を受ける．①「事業主」とは，事業の経営主体をいい，法人企業にあっては法人自体を，個人企業では企業主個人をいう．②「事業の経営担当者」とは，事業経営について権限と責任を有する者

で，会社の代表者，役員，支配人などがこれにあたる．③「労働者に関する事項について，事業主のために行為をするすべての者」とは，労働条件の決定，労務管理の遂行及び業務に関する指揮監督などについて事業主から一定の権限と責任を与えられている者で，部長，課長等の形式にとらわれることなく実質的に判断される．このように労基法の「使用者」は，法人自体または企業主個人から会社の代表者，役員，工場長，部長，課長，作業・職場責任者にいたるまで，その権限と責任に応じて決められることになる．この点からすれば労基法の「使用者」が労基法の「労働者」に該当する場合もある．

(5) **労働契約法上の「使用者」**

労働契約法は，労働契約の一方当事者としての「使用者」を，「その使用する労働者に対して賃金を支払う者」と定義している（労契法2条2項）．これは労働基準法の「使用者」のうち「事業主」（法人格があれば法人）がこれにあたる．

労働契約法上の「使用者」性が問題となるのも，多くは業務請負ないし業務委託の場合である．すなわち業務請負・業務委託に基づいて勤務する下請就業者との関係で元請人（元請会社）が「使用者」かどうか（労働契約上の使用者責任を負うか），換言すれば，下請就業者と元請会社との間で黙示の労働契約が存在するかどうかが問題となる．下請就業者と元請会社との間で黙示の労働契約の存在が認められるためには，下請就業者と元請会社の間に指揮命令関係が存在し，かつ下請会社に独自の企業としての実態がなくて元請会社の単なる労務代行機関にすぎず，就業者の賃金も実質的に元請会社が決めている場合には，下請就業者は元請会社との関係で黙示の労働契約が存在し，元請会社は当該就業者の「使用者」と認められる（サガテレビ事件・福岡高判昭58.6.7労判410号29頁）．

3　労働基準法の原則

労基法は，冒頭で同法の解釈適用上の原則を定めている．その趣旨は憲法上の生存権保障の具体化を図るとともに，戦前の前近代的な（当事者の意思によらないで権利義務が押しつけられるような状態）労働関係を是正し，近代的な労働契約関係（対等な当事者の自由意思に基づく契約関係）を確保しようとしたものである．

(1) 労働条件の原則

　労基法は,「労働条件は, 労働者が人たるに値する生活を営むための必要を充たすべきものでなければならない」(1条1項) として, 労働条件保護の根拠が生存権の保障 (憲法25条1項) にあることを確認している. そのうえで労使間で労働条件を決めるにあたっては, 労基法の労働条件が最低基準であることを理由に「労働条件を低下させてはならないことはもとより, その向上を図るように努めなければならない」(同条2項) としている. 労基法に違反しなければ労働条件を下げてもかまわないというものではなく, むしろ労働条件を引き上げるように努めるべきだというのである. この規定には罰則はなく訓示規定とされている.

(2) 労働条件対等決定の原則

　労基法は,「労働条件は, 労働者と使用者が, 対等の立場において決定すべきものである」(2条1項, 労契法3条1項参照) として, 労働条件対等決定の原則を表明している. 契約の当事者が対等の立場で契約内容を決定しうることは近代的契約法理からすれば当然のことであるが, あえてここで規定したのは戦前のわが国の労働関係における前近代的要素の排除を企図したものと解されている. すなわち労使の実質的対等化を図るために労働契約の締結・変更の過程で労働者の自由意思が尊重されるよう法の解釈適用の原則を表明したものとされている. 同条2項は, 労使当事者は,「労働協約, 就業規則及び労働契約を遵守し, 誠実に各々その義務を履行しなければならない」としている (労契法3条4項参照). これも信義則上の要請 (民法1条2項) を労働関係において確認したものであり, 1項とともに労働関係の前近代的要素を排除しようとしたものである. 本条にも罰則はなく訓示規定とされている.

(3) 均等待遇の原則

　労基法3条は,「使用者は, 労働者の国籍, 信条又は社会的身分を理由として, 賃金, 労働時間その他の労働条件について, 差別的取扱をしてはならない」としている. これは憲法14条の法の下の平等を労働関係の場で具体化したものである. ここにいう「国籍」のなかには人種を含むと解され,「信条」には宗教的信条のみならず政治的信条及び思想・良心をも含む. 政治的思想・信条を理由とする賃金の差別は本条に反して違法であり不法行為を構成する.「社会的身分」とは, 自分の意思にもとづかない地位や状態をいい, 有期雇

（臨時工）やパートタイマーはここにいう社会的身分ではない．現実にはパート労働者と正社員との賃金差別がしばしば問題になるが，これを労基法3条違反として構成することは難しい．そこで判例のなかには，勤務時間，業務内容が正社員と変わらない，いわゆる常用パート（ないし契約期間の更新を重ねた有期雇用）の場合，その賃金が比較対象となる正社員の賃金の80％を下回る限りで「均等待遇の理念」に反し，公序良俗に反して違法とし，比較対象となる正社員の賃金の80％との差額を不法行為による損害賠償として支払いを命じたものがある（丸子警報器事件・長野地上田支判平8.3.15労判690号32頁）．

(4) 男女同一賃金の原則

労基法4条は，労働者が「女性であることを理由として」賃金について男性と差別することを禁止している．男女同一賃金の原則を表明したものである．わが国労働者の賃金は，これまで学歴，年齢，勤続年数を中心に，そのほか職種，能力，業績，地位，権限等々の諸要素を総合判断して決定されることが多く（総合決定給），男女間に賃金格差があっても，それが「女性であること」を理由としたものであることの証明はかなりの困難があった．それでも，判例によれば，男女別の賃金表を用いるなど制度的な男女間の賃金差別については労基法4条違反が肯定されている（秋田相互銀行事件・秋田地判昭50.4.10労民集26巻2号388頁，三陽物産事件・東京地判平6.6.16労判651号15頁，内山工業事件・岡山地判平13.5.23労判814号102頁．なお日本鉄鋼連盟事件・東京地判昭61.12.4労判486号28頁では，労働協約所定の基本給上昇率（昇給率）の男女差別について民法90条違反を肯定している）．しかし個々の男女労働者間の賃金差別事案で労基法4条違反を認めた判例は少ない．年齢，勤続が同じ中途採用の正社員たる男女間の基本給差別事件（日ソ図書事件・東京地判平4.8.27労判611号10頁），大卒同期の男女正社員の能力給（職能給）差別事件（塩野義製薬事件・大阪地判平11.7.28労経速1707号3頁）につき，労基法4条違反が認められているにすぎない．家族手当の男女差別に本条違反を肯定したものもあるが（岩手銀行事件・仙台高判平4.1.10労判605号98頁），否定するものもある（日産自動車事件・東京地判平元1.26労判533号45頁，住友化学工業事件・大阪地判平13.3.28労判807号10頁）．

(5) 強制労働の禁止

労基法5条は，「使用者は，暴行，脅迫，監禁その他精神又は身体の自由を

不当に拘束する手段によって，労働者の意思に反して労働を強制してはならない」としている．憲法18条の「奴隷的拘束及び苦役からの自由」を労働関係において具体化したものである．とりわけ，戦前，鉱山・土建業にしばしばみられた監獄部屋・タコ部屋と称する監禁労働や，女性・年少者の無知を利用した強制労働を排除しようとしたものである．今日では違法就労の外国人労働者に対する強制労働がしばしば問題になっている．なお賠償予定，前借金と賃金の相殺及び強制貯金も，ここにいう「精神又は身体の自由を不当に拘束する」ものであり，それによって労働者の意に反して労働を強制する場合には本条違反が成立する．本条違反には労基法のなかで最も重い罰則が適用される（117条）．

(6) 中間搾取の排除

労基法6条は，「何人も，法律に基いて許される場合の外，業として他人の就業に介入して利益を得てはならない」としている．例えば，戦前にみられた労働ブローカーによる賃金のピンハネが典型だが，それに限らない．第三者が業として（同種の行為を反復継続する）労働関係の開始・存続を仲介するなどして関与し，そこから手数料・報償金等を得ることはすべて禁止される．法律に基づいて許される場合として，有料職業紹介事業（職安法32条1項）や労働者派遣事業（労働者派遣法5条、16条）があげられる．

(7) 公民権の行使

労基法7条は，「使用者は，労働者が労働時間中に，選挙権その他公民としての権利を行使し，又は公の職務を執行するために必要な時間を請求した場合においては，拒んではならない．但し，権利の行使又は公の職務の執行に妨げがない限り，請求された時刻を変更することができる」としている．これは「公民としての権利」や「公の職務」が労働時間中であることにより妨げられることのないよう使用者に一定の義務を課したものである．公民権とは，公職選挙における選挙権，被選挙権，最高裁判所裁判官の国民審査（憲法79条），特別法及び憲法改正の住民投票権（95，96条）などがある．「公の職務」とは，法令に根拠をもつ公の職務の意味であり，国会議員，地方議会議員，労働委員会委員，裁判所・国会・労働委員会における証人などの職務を指す．

「公の職務」に要する時間が長期に及ぶようなときに使用者はその労働者を解雇することができるであろうか．見解はわかれているが，少なくとも休職

によって処理できる限り解雇（普通解雇）は許されないと解される．なお労働者が使用者の承認なくして公職に就任したときは懲戒解雇する旨定めた就業規則は本条の趣旨に反して無効とされている（十和田観光事件・最二小判昭38.6.21民集17巻5号754頁）．

4　労働基準監督制度

(1) 労働基準監督官

　労働基準法は，同法及び労働安全衛生法，最低賃金法及び家内労働法が使用者によって遵守されているかどうかを監督し，違反があった場合にはその是正を図るために労働基準監督官を配置している．労働基準監督官は，戦前の工場法（明治44年制定，大正5年施行）の遵守を監督するために設けられた工場監督官以来の長い伝統があるが，そのルーツは1833年のイギリスの工場法にまで遡る．

　労働基準監督官は，国の行政機関であるが，その権限は，①事業場，寄宿舎その他の附属建設物に立ち入って臨検し，賃金台帳等の帳簿や書類の提出を求め，使用者や労働者に対して尋問を行う行政権限（労基法101条）のほか，②労基法，労働安全衛生法および最低賃金法違反罪については刑事訴訟法に基づいて司法警察官としての権限を与えられている（102条）．労基法等違反罪については捜査，逮捕のほか調書を作成して検察庁に送付することもできる．実際には法令違反については一種の行政指導である是正勧告を行うことが多い．

(2) 労働者の申告権

　労働者は，自分の職場で労基法，安衛法，最賃法違反の事実があるときは監督官に対して違反の是正を求めて申告することができる．これを申告権という．申告権を行使したことを理由に使用者はその労働者を解雇したり，その他不利益な扱いをすることは許されない（労基法114条）．

column

労働基準監督官の現状

労働基準監督官は，総数3970名（平成23年）である．一部を除いて全国337か所の労働基準監督署に配属され（一部は厚生労働省本省または都道府県労働局に配属されている），およそ5000万人の労働者が働く410万ほどの事業場を監督している．臨検監督実施事業場数は年間14万件余（平成21年）となっており，事業場の監督実施率は3.6％ほどである．また定期監督の際の法令違反率は62.0％（平成21年）となっている．問題はこのような監督実施率を高め，法令違反をどのように減らすかである．そのために監督官の増員も必要であろう．しかし現体制のもとで監督業務をサポートするスタッフの配置も検討されてよいのではなかろうか．著者はかつて1992年にロンドン郊外のルートンにあるイギリスの工場監督署を訪問して監督官の活動についてヒヤリングをしたことがある（林和彦「イギリスの工場監督官－地区事務所のケーススタディ」日本法学60巻4号）．その際強く印象に残っているのは，イギリスの工場監督官は各自がかなり広い個室（30㎡ほど）を与えられ，各監督官にスタッフが配置されていることであった．これによりイギリスの工場監督官は臨検数を含めて事業場に出向く機会が日本の監督官に比べて2倍以上に多くなっている．

第2節 労働条件決定の法的しくみ

　既述のように労働基準法によって労働条件の最低基準（権利のフロアー）が設定される．かかる労基法の基準のもとで，労働条件は法的にどのように決定されるのであろうか．この問題は，労働契約上権利義務がどのように形成されるかという問題であり，したがって労働契約のしくみの問題である．それは換言すれば労働契約上の権利義務を形成する要素である就業規則，労働協約及び労働基準法と労働契約との関係の問題でもある．さらに一般的にいえば，労働者と使用者との社会的人間関係（労使関係）を法的に（権利義務関係として）捉えることにほかならない

1　労働契約と権利義務

(1) 労働契約の締結と権利義務

　労働者と使用者が労働の提供と賃金の支払いについて合意することによって労働契約は成立し，これにより個々の労働者と使用者の間で権利義務関係が形成される．労働契約は労働と賃金の交換（双務・有償）契約であるから，労働と賃金支払を主たる権利義務とするが，それ以外にいくつかの付随的権利義務が形成される．付随的権利義務は，主たる権利義務を補充するもので，その根拠は一般私法上の信義則（民法1条2項，労契法3条4項）に求められている．

　労働契約によって労働者は主たる権利として賃金請求権を取得する反面，主たる義務として労働義務を負う．これに対して使用者は主たる権利として労務指揮権（労働義務に対応し，労働義務を具体化する権利）を取得するとともに，賃金支払義務を負う．

　一方，付随的義務として，労働者は，企業の秩序を乱さない企業秩序遵守義務，企業の名誉・信用を失墜させない義務，職務遂行上知りえた秘密を漏らさない企業機密保持義務，などの義務を負っている．

　使用者は労働契約上の付随的義務として，労働者の生命，身体の安全を確保しつつ労働することができるよう必要な配慮をする安全配慮義務（川義事件・最三小判昭59.4.10民集38巻6号557頁，労契法5条），適切な職場環境を保持するよう配慮する職場環境配慮義務（セクハラ防止義務）などの義務を負っている．さらに付随的義務として使用者は労働者の労働を受領する労働受領義務（労働者からみれば就労請求権）を負うかどうかが問題になっている．学説の多くは就労請求権を肯定するが，判例は一般に否定的である（読売新聞社事件・東京高判昭33.8.2労民集9巻5号831頁）．

(2) 労働契約の特色：「空の箱」

　労働契約を締結することによって形成される権利義務にはおよそ以上のものがある．しかし，労働者と使用者の権利義務（主に労働条件）はこれらにつきるわけではない．この中には，例えば，賞与や退職金のような重要な労働条件の定めがない（賃金支払義務は通常は月給，日給，時給などの基本賃金に限られる．労働契約当事者が賞与，退職金について直接話し合って決めることは稀である）．したがってこれらの労働条件は労働契約とは別途の要素によって労

働契約の内容として「創設」されなければならない.

　それだけでなく，例えば，労働者の賃金請求権は労働契約の締結自体によって形成されるが，どのような基準と計算で具体的にいくらになるか，いつ，どのように支払われるか，またどのような基準で昇給するのかなどは労働契約の締結時に当事者によって決められることはない．同様に労働契約の締結によって労働者が負う労働義務についても，始業・終業時刻及び休憩時間の定めがなければ，1日何時間働くべきかが具体的に分からない．つまり労働契約の締結自体から生ずる権利義務（労働条件）は抽象的であってこれを「具体化」しなければ労働契約上の権利義務にならない．

　このように労働契約は，それ自体としては，権利義務の枠組みに過ぎず，中身は「空の箱」といっても過言ではない．それが労働契約の特徴であるが，このような労働契約の中身（労働条件－権利義務）を別途に「創設」するとともに，また抽象的な権利義務を「具体化」することによって請求可能な具体的な権利義務を形成していかなければならない．

2　労働契約と権利義務の形成

(1) 当事者の個別合意

　労働契約の中身（権利義務）を形成するプロセスの1つは，通常の契約法理からすれば，労働契約の当事者である労働者と使用者との間の直接的な個別的合意によって形成されることになる．しかし実際には，労働契約当事者間の個別合意によって労働条件が具体的に決められるケースは少ない．それが見られるのは，おそらく，パート労働者と使用者の間で時給，勤務時間などが決められる場合，あるいは就業規則の作成義務のない労働者10人未満の零細事業場において労働条件が決められる場合などに限られよう．もっともこれらの場合，労働者と使用者の個別的合意には暗黙の合意も含まれることを考えれば，実際には労働条件は使用者によって一方的に決定されるであろうし，また労働条件の多くが詳細に定められる可能性も低いであろう．したがって労働条件が不明確で不安定であることが少なくない．

(2) 就業規則と労働契約

　「空の箱」の労働契約の内容を決定するうえで重要な役割を演じるのは就業規則である．労働契約の締結によって労働者が取得する抽象的な賃金請求権の

内容は就業規則の給与規定の定める基準と計算によって賃金額が具体的に決められる．また労働者の抽象的な労働義務の内容も就業規則の始業・終業時刻や休憩の規定によって労働時間に関して具体的に決められる．また，既述のように，当事者の間で決められることの稀な賞与・退職金も就業規則の賞与・退職金規程によって労働契約上の権利として具体的に創設される．

　このように就業規則は労働契約上の権利義務（労働条件）を，新たに具体化したり創設したりして形成する重要な文書である．使用者は労働者と労働契約を締結するときに，「合理的」な労働条件を定めた就業規則を「周知」させることによって，就業規則所定の労働条件が労働契約の内容になる（労契法7条）．

　こうして使用者が定めた就業規則所定の労働条件が労働契約の内容を形成するが，同時に就業規則で労働条件の基準が定められた以上，使用者はその基準を下回る個別契約（個別合意）を締結することは許されない．就業規則を下回る労働条件を定める契約は無効とされ，無効となった部分は就業規則の水準まで引きあげられる（労契法12条）．これを就業規則の規範的効力という．これにより就業規則は労働契約の内容を形成するとともに，一定の保護をも加えているのである．

　なお，就業規則を改訂して労働条件を使用者が変更したときは労働契約の内容はどうなるのであろうか．この点は詳しくは，第3章第3節で扱うことにするが，就業規則によって労働条件を引き下げる場合には，原則として労働者の「合意」がなければ労働契約の内容にはならない（労契法9条）．しかし当該不利益変更規定を「周知」させ，かつその不利益変更に「合理性」が認められる場合には不利益変更規定が労働契約の内容となり，労働者を拘束するものとされている（労契法10条）．

(3) 労働協約と労働契約

　労働組合のある職場では労働協約が労働条件を引き上げるうえで重要な役割を果たす．例えば，使用者が就業規則で労働時間について週37時間と定めたとすると，それが周知されることにより労働契約の内容となって労働者（当該協約を結んだ組合の組合員）は週37時間働く義務を負う．しかし労働組合が団体交渉によって週35時間の労働協約を結んだとすると（通常は労働協約の水準は就業規則の水準よりも高い），この場合，労働協約の規範的効力により，週37時間とする労働契約の部分は無効とされ，協約どおり35時間に引き

直される（労組法16条）。このように労働協約は使用者の定めた就業規則の労働条件を克服して労働者の労働契約上の労働条件を引き上げる役割を担っている。

(4) 労働協約と就業規則

就業規則と労働協約との関係についてみると、就業規則は法令または労働協約に反してはならないとされている（労基法92条1項）。そして就業規則が法令または労働協約に反する場合には、当該反する部分については、労働協約の適用を受ける労働者との間の労働契約に対しては適用されない（労契法13条）。ここで就業規則が法令または労働協約に「反する」とは、就業規則の労働条件の水準が労働協約のそれを下回る場合のみならず、上回る場合も「反する」とされている。なお、労働協約に「反する」就業規則の当該条項は、労働協約の適用を「受けない」未組織労働者または当該労働協約を締結した組合でない他組合の組合員との間の労働契約に対しては原則として適用される。この場合には労働協約の適用を受ける労働者と就業規則の適用を受ける労働者との間で労働条件に差異が生じるが、これを解消するには使用者が自ら就業規則の基準を労働協約のそれにあわせるべく改訂するか、労働協約に抵触する就業規則に対する労働基準監督署長の変更命令によることになる（労基法92条2項）。

(5) 労働契約と労働基準法

労基法の定める基準に達しない労働条件を定める労働契約はその部分について無効とされ、無効となった部分は労基法で定める基準によって補充される（労基法13条、最賃法5条2項参照）。これが労基法の規範的効力である。労基法の労働条件基準は最低基準であるから（労基法1条2項）、就業規則や労働契約によって形成される労働契約上の労働条件の内容が労基法の基準を下回る場合には、労基法の規範的効力によって労基法の基準が強行的に労働契約の内容となるのである。こうして労働基準法は労働条件の最低基準（権利のフロアー）を確保しようとしているのである。

第3節 就業規則

上にみてきたように、労働者の労働条件を法的に決定するうえで最も重要な

役割を果たしているのは就業規則である．そこで就業規則についてここで取り上げることにしたい．

1 就業規則の意義と法的性質

(1) 就業規則の意義

　就業規則とは，職場の労働条件と服務規律について使用者が定めた文書である．近代的工場制度の登場によって多数の労働者を一か所に集めて業務を遂行するためには，労働条件を統一的・画一的に決定するとともに，経営秩序を維持する必要がある．そのために生まれたのが就業規則である．かような就業規則に対して法がどのような態度をとるかは国によって異なる．就業規則を法律上の制度として認めたうえで一定の規制を加える場合もあれば（例えば，日本），就業規則を法律による規制の外に置く場合もある（例えば，イギリス）．わが国の労基法は，就業規則に対してその作成・変更の要件や手続について規制を加えるほか，それに私法的効力（規範的効力）をも承認している．

(2) 就業規則の法的性質

　使用者の作成した就業規則は，事実として労働者を拘束しているとはいえ，それが法的に労働者を拘束するのはなぜだろうか．これが就業規則の法的性質の問題である．これについては大きくみて法規説と契約説の2つに分けられる．法規説は，就業規則それ自体を法規とみて労使を法的に拘束するとみる．契約説は，使用者が作成した就業規則それ自体には法的拘束力はないが，就業規則に対する労使の何らかの合意を媒介にしてそれが労働契約の内容になることによって，就業規則条項が労働契約上労使を法的に拘束するという．これら法規説，契約説には各々に多様なバリエーションがあるが，結局，法規説，契約説は，いずれも就業規則が法的に当事者を拘束する根拠を「法律」か「契約」のアナロジーで説明しようとする（近代社会では人が法的に拘束されるのは法律か契約以外にないところから）ものにほかならない．

　判例は，契約説の1つである定型契約説をとっているといわれている．これは就業規則を約款（契約内容を定型化した文書）の一種とみて，契約内容は約款によるとの事実たる慣習または慣習法が成立しているとして就業規則に法的拘束力を認めようとするものである．この説によると就業規則が労働者に事前に明示され，かつ内容に合理性があれば，労働者の個別合意なしに当該条項が

労働契約の内容になるという．かつて最高裁は，「就業規則は，一種の社会的規範としての性質を有するだけでなく，それが合理的な労働条件を定めているものであるかぎり，経営主体と労働者との間の労働条件は，その就業規則によるという事実たる慣習が成立しているものとして，その法的規範性が認められるに至っている（民法92条参照）ものということができ……，当該事業場の労働者は，就業規則の存在及び内容を現実に知っているか否とにかかわらず，また，これに対して個別的に同意を与えたかどうかを問わず，当然に，その適用を受けるものというべきである」（秋北バス事件・最大判昭43.12.25判時542号14頁）と判示した．これは定型契約説に立つものとされ，その後の判例もこれによるといわれている（電電公社帯広局事件・最一小判昭61.3.13労判470号6頁，日立製作所武蔵工場事件・最一小判平3.11.28労判594号7頁）．

なお労働契約法も就業規則の法的性質については定型契約説によるものとみられる（労契法7条，10条参照）．

2　就業規則の作成・変更の手続

(1) 就業規則の作成義務

常時10人以上の労働者を使用する使用者は，就業規則を作成しなければならない（労基法89条1項）．「常時10人以上」とは常態として10人以上の意味であり，また「10人」のなかには臨時・パート労働者も含まれる．「10人」の単位は事業場であって企業ではない．10人未満の事業場であっても就業規則を作成することは可能であり（実際にはかなり多い），その場合も作成されれば就業規則としての効力が認められる．

(2) 就業規則の記載事項

就業規則の記載事項は以下の3つのグループに分けられる．

(イ) 労基法89条1号ないし3号所定の事項，すなわち，①始業・終業時刻，休憩時間，休日，休暇及び交替制に関する事項，②賃金の決定・計算・支払の方法，賃金の締切り，支払時期及び昇給に関する事項，③退職に関する事項（解雇の事由を含む）の3つは必ず記載しなければならない．これらは絶対的必要記載事項といわれる．

(ロ) 次いで同条3号の2から10号までの事項は，それについて使用者が「定めをする場合」には（それを制度として運用する場合には）就業規則にも記載し

なければならない事項であり，相対的必要記載事項といわれる．これには，④退職手当に関する事項（3号の2），⑤臨時の賃金等（退職手当を除く）及び最低賃金額に関する事項（4号），⑥食費・作業用品等の負担に関する事項（5号），⑦安全・衛生に関する事項（6号），⑧職業訓練に関する事項（7号），⑨災害補償に関する事項（8号），⑩表彰・制裁に関する事項（9号），その他⑪当該事業場の労働者のすべてに適用される事項（10号）（例えば，配転，出向に関する事項など）がある．絶対的必要記載事項であれ相対的必要記載事項であれ，必要記載事項の一部の記載のない就業規則は記載義務（労基法89条）違反になるが，その効力については「他の要件を具備する限り有効である」（昭25.2.20基収276号）．

(ハ)上の必要記載事項のほか記載するかどうか使用者の自由に委ねられている事項が任意的記載事項である．就業規則の目的・精神をうたった規定などがそれである．なお使用者は，必要がある場合には，賃金，退職手当，安全・衛生，災害補償及び業務外の傷病援助に関する事項，育児・介護休業規程などについて別規則を作成することができる．

(3) 意見聴取・届出・周知義務

使用者は，就業規則を作成または変更したときは，当該事業場の労働者の過半数を代表する者（過半数を代表する労働組合があればその労働組合）の意見を聴き，その意見を記した書面（様式は自由）を添付して（労基法90条），所轄の労基署長に届け出るとともに（89条），その就業規則を労働者に周知させなければならない（106条）．周知の方法としては，①常時各事業場の見やすい場所に掲示または備え付けること，②書面を交付すること，③磁気テープ・磁気ディスクその他これに準ずる物に記録して各事業場から労働者が確認できる機器を設置することがあげられている（106条1項，労基則52条の2）．なお就業規則の周知については，労基法所定の上の①～③には該当しなくても，労働者が知ろうとすれば知ることができる状態（実質的周知）であればよいのかが，就業規則の効力との関係で問題になる．

3 就業規則の効力

(1) 手続違反の就業規則の効力

就業規則の作成・変更にあたって，労基法の定めた手続きに違反する場合

としては，①作成義務違反（必要記載事項の一部記載漏れ），②届出義務違反，③意見聴取義務違反，④周知義務違反がある．これらの手続きに違反する就業規則に，㋑規範的効力（労契法12条）は認められるか，あるいは㋺契約内容を形成する効力（7条，10条）は認められるかが問題となる．

この点については通説的見解はないが，規範的効力（契約内容を規律する効力）との関係でいえば，作成義務，届出義務，意見聴取義務に違反しても労働者の労働条件保護にとって不可欠な規範的効力は否定されないとされている．問題は周知義務違反の場合であるが，概して法所定の周知要件（労基法106条）は満たされなくても実質的周知（労働者が知ろうとすれば知ることができる状態）がとられていれば規範的効力を認めようとする考えが強い．一方，労働契約の内容を形成する効力（契約的効力）については，作成義務違反については，一部の必要記載事項が欠けていることをもって当該就業規則の契約的効力を否定することはできないが，それ以外の，届出，意見聴取及び周知手続きは契約的効力の要件とみる考えが多数を占めている．特に周知手続きを欠く就業規則には契約的効力を否定する考えが支配的と言える．判例も周知のない就業規則には契約的効力を認めていない（フジ興産事件・最二小判平15.10.10労判861号5号）．もっとも右の周知が労基法所定の周知でなければならないか，実質的周知でよいかは明確ではない．

(2) **不利益変更規定の効力**

就業規則の効力としては，使用者が就業規則を労働者に不利に変更した場合に，変更規定の効力が問題となるが，これについては第3章第3節で述べることにする．

第3章 雇用の展開と労働契約

本章のポイント

本章は，労働者が会社に入社してから直面する雇用上の地位の変更や労働条件の変更等を扱っている．具体的には，配転・出向，労働者の評価制度（人事考課制度），労働条件の不利益変更，会社の解散・事業譲渡と労働契約の承継，会社分割と労働契約の承継，懲戒処分と休職制度が扱われている．こられは法的にどのように問題となるのか，またそれぞれの法的措置がとられる場合の法的根拠と限界が主要な問題となる．いずれも労働契約の理論がベースになっており，法理的には応用性の高い分野である．

第1節 労働者の配置と異動

1 労働者の配置

　使用者は，労働者を雇用した後，業務や勤務場所等を決めて労働者を配置する．これは使用者が労働契約の締結によって取得する労務指揮権（指揮命令権）の行使として行われる．労務指揮権とは，労働者を使用する使用者の権利である．言い換えると，労働者が労働契約上負っている労働義務に対応して，労働の種類，態様，場所等を決定して労働義務を具体化する使用者の権利といえる．このような労務指揮権は日常的には上司の業務命令として具体化される．もっとも業務命令権は，一般に労働力の使用を目的とした労務指揮権よりも広く，会社施設の管理や経営秩序維持のための命令なども含めて使われている．

　労働力の使用を目的とする労務指揮権は労働契約に根拠があるから，労働契約の内容になっていない事項について行使することはできない．日常的なルーティンワークに関する上司の指示や命令が労務指揮権に基づくものであることはいうまでもない．しかし労働者の人格やプライバシーなど私的自由の領域の問題については使用者は労務指揮権を行使することはできない．例えば，「茶髪をやめよ」（東谷山家事件・福岡地小倉支決平9.12.25労判732号53頁），「ひげを剃れ」（イースタン．エアポートモータース事件・東京地判昭55.12.15労民31巻6号1202頁）などは，原則として，労務指揮権に基づく業務命令として発することはできない．そのほか権利の濫用になるような場合（民法1条3項，労契法3条5項），労基法等の強行法規に反する場合，公序良俗（民法90条）に反するような場合も労務指揮権ないし業務命令の対象にはならない．

2 配転

(1) 配転命令の法的根拠

　配転とは，同一法人内における労働の種類，態様，場所を使用者が変更することをいう．その法的根拠は労働契約の締結によって使用者が取得する労務指揮権に求められている．だがその構成については大きく2つにわかれている．

1つは，労働の種類，態様，場所について「特段の合意」あればそれによるが，「特段の合意」がなければ，使用者は労務指揮権に基づいて一方的に労働者に配転を命じることができるとする（包括的合意説）．いま1つは，使用者は労働の種類，態様，場所について労働契約上「合意された範囲内」で労務指揮権の行使として配転を命ずることができるとする（労働契約説）．

　前説では，労働の種類，態様，場所についての「特段の合意」は通常は存在しないことが多いから，使用者の配転命令権が広く認められることになる．後説では，労働の種類，態様，場所に関してどんな合意あったかについて労働契約の解釈を行い，それによって当該配転命令が「合意された範囲内」のものであれば労働者はこれに応じる義務があるが，「合意された範囲」を超える場合は，改めて本人の合意を得なければ当該配転命令は効力を有しないことになる．したがって理論的には労働契約説は包括的合意説に比べて配転命令権の範囲は狭いといえる．しかし判例上，「合意された範囲」は広く解釈されているので労働契約説をとっても包括的合意説との違いはなく，使用者の配転命令権は実際にはどちらの説によっても広く認められている．判例は，勤務場所や職種の限定が認められない場合は，使用者は労働者の個別合意なしに配転を命じる権限を認める傾向にあり（日産自動車村山工場事件・最一小判平元.12.7労判554号6頁），包括的合意説が強いように見受けられる．

　当該配転命令が労働契約上の根拠を欠くとしてその効力が否定されるのはごく稀である．例えば，一定の資格を要する職種（保育士，看護師）の労働者を，その資格と無関係な部署に配転する場合が考えられる．この場合，包括的合意説では，資格と不可分な当該職種について「特段の合意」があると考えられ，労働契約説では，当該配転は「合意された範囲」を超えているとして，改めて本人の合意がなければ配転は認められないことになろう．

(2) 配転命令の限界
(イ) 配転命令権の濫用

　労働契約上の配転命令権が認められてもその濫用は許されない．濫用かどうかの判断は，使用者が配転を命じる業務上の必要性と，それによって労働者が被る不利益を比較して行われる．その結果，①業務上の必要性が存しない場合，②業務上の必要性が存しても，不当な動機・目的をもって行われるとき，③労働者に対して通常甘受すべき程度を著しく越える不利益を負わせる等の場

合は，当該配転命令は権利の濫用として無効とされる（東亜ペイント事件・最二小判昭61.7.14労判477号6頁）．例えば，当該配転命令に業務上の必要性があっても労働者の家庭生活を破壊するような不利益が及ぶときなどは権利の濫用と考えられる．精神病の妻と要介護状態にある母親を抱えた労働者に対する姫路工場から霞ヶ浦工場への配転（ネスレジャパンホールディング（配転本訴）事件・神戸地姫路支判平17.5.9労判895号5頁），重症アトピー性皮膚炎の2人の子を抱えている共働き夫婦の夫に対する東京本社から大阪支社への配転（明治図書出版事件・東京地決労判861号69頁）は，いずれも会社の業務上の必要性は認められても労働者の被る不利益が通常甘受すべき程度を著しく越えているとして権利の濫用により無効とされている．今後ワークライフバランスの見地から育児や介護を担当している労働者に対する転勤命令については権利の濫用の面からその効力が問題になることが多くなろう．

なお育児介護休業法は，就業場所の変更を伴う配置の変更にあたって，子の養育及び家族介護をしている労働者に対しては養育または介護の状況に配慮しなければならないとし（26条），また労働契約法は労働契約の締結及び変更にあたって仕事と家庭の調和を求めているが（3条3項），これらの趣旨は，配転命令権の濫用判断に当たって考慮されなければならない．

㈑ **強行法規違反**

強行法規違反の配転命令が無効となることはいうまでもない．この面で主に問題となるのは不当労働行為になるような場合である．当該配転命令に業務上の必要性があっても，労働者の正当な組合活動等を決定的な理由としてなされた場合，あるいは組合リーダーを嫌悪してなされる配転命令は不利益取扱いないし支配介入の不当労働行為（労組法7条1号，同3号）として無効となる．

column

解雇と単身赴任

昭和40年代以降，日本企業は「配転社会」といわれるほど配転・転勤を頻繁に行うようになってきている．なかには家族別居となる単身赴任も少なくない．判例は転勤が権利の濫用となるのは，要介護状態にある家族を抱えている労働者の場合に限定しているようにみえる．共働夫婦の夫の転勤についても，要介護家族がいなければ，「その程度の家庭生活上の不利益は産業界において公知の事実であり，労働者は受忍すべきだ」というのである．労働者に厳しい配転判例は，雇用調整の嵐の吹き荒れたオイルショック（昭和48年）をきっかけに形成された．しかし反面，判例は，雇用調整としての整理解雇に対しては使用者に厳しい態度をとっていることも看過してはならない．こうした判例の態度を反映して，企業に剰員が生じたとき，日本企業は，整理解雇を回避するためにまず配転・転勤によって，あるいは労働条件の引き下げによって対処しようとする．したがって東京工場から札幌営業所への単身赴任も珍しくない．しかし解雇が容易なアメリカやイギリスでは会社に剰員が生じれば簡単に解雇できる．雇用調整のためカリフォルニア工場からニューヨーク営業所への転勤などは考えられない．会社で従業員が余ったとき，「解雇と単身赴任」，労働者にとってどちらがマシだろうか？

3 出向

(1) 出向命令の法的根拠

　出向とは，法人格を異にする会社間・組織間の異動である．こうした出向には，在籍出向と移籍出向（転籍）がある．通常，出向といえば在籍出向を指す．在籍出向とは，出向元会社に従業員たる籍を残したまま一定期間出向先会社の指揮命令のもとで出向先会社のために業務に従事することをいう．出向期間終了後は出向元会社に復帰する．移籍出向は，出向元会社との労働契約を終了させた上で，出向先会社と新たに労働契約を締結して出向先会社の従業員になることをいう．この場合は出向元会社への復帰は原則としてない．

　使用者が労働者に出向を命じることのできる法的根拠は，配転のように労働契約上の労務指揮権に求めることはできない．ある会社に雇われた労働者が別

の会社でも働くことがすべての労働者に一般的になっているわけではないからである．かといって法律上出向の根拠を定めた規定も存在しない．そこで，結局，出向（在籍出向）の法的根拠は労使の「特段の合意」に求められる．その場合，「特段の合意」の意味について2説がある．①1つは，出向の時期・出向先が特定されていない出向について包括的な合意があれば使用者は労働者の個別的合意を得ることなく出向を命じることができるとする（包括的合意説）．このような包括的合意は通常は就業規則や労働協約の出向条項が契約内容を形成することによって形成されると考えられている．②いま1つは，出向にはあくまでも労働者の個別的合意が必要だという（個別的合意説）．個別的合意説は，民法625条1項（「使用者は，労働者の承諾を得なければ，その権利（労務指揮権）を第三者に譲り渡すことができない」）を根拠にするが，今日では出向は多くの会社で制度化されている（就業規則や労働協約で定められている）実情にかんがみると個別的合意説をとる社会的基盤は弱くなっている．

　判例は，包括的合意説を基礎にしながら，就業規則あるいは労働協約に「処遇等に関して出向労働者の利益に配慮した詳細な規定が設けられている」（新日本製鐵（日鐵運輸第二）事件・最二小判平15.4.18労判847号14頁）ことを出向命令権の要件にする傾向にある．なお在籍出向と違って移籍出向（転籍）の場合には，出向元会社との労働契約の解消と出向先会社との労働契約の締結という2つの法律行為が介在することにかんがみて，労働者の個別的合意が必要と考えられている．

(2) 出向命令権の限界

　出向命令権が肯定されても，その濫用になる場合は出向命令は無効とされる．出向命令が権利の濫用かどうかの判断は，当該出向の業務上の必要性と労働者の被る不利益との比較考量に基づいて判断される（前掲新日本製鐵（日鐵運輸第二）事件・最二小判参照）．比較考量に基づく濫用の基準は，基本的には先に述べたように，配転命令権の濫用の場合と同じように判断することができる（前掲東亜ペイント事件・最高裁判決参照）．またこの旨の実定法上の定めもある（労契法14条）．さらに労働者の組合活動等を理由になされた出向命令も，不利益取扱い及び支配介入の不当労働行為（労組法7条1号，同3号）として許されない．この点も配転命令の場合と同じように判断される．

(3) 出向の法的関係

　出向は，通常，出向元会社と出向先会社との間で締結された出向契約（出向協定）に基づいて出向元会社が自己の労働者を出向先会社に出向させる．出向の法律関係は出向労働者と出向先会社及び出向元会社との双方に労働契約関係が二重に成立すると考えられている（二重契約説）．そこで出向労働者と出向元会社及び出向先会社との間で労働契約上どのような内容の権利義務関係が存在しているかが問題となる．例えば，労務指揮権は出向先会社にあることはいうまでもないが，賃金支払義務，労働・社会保険料支払義務，懲戒処分の権限などは出向元，出向先会社のどちらが有するかは，両社の間で締結された出向協定を中心に，当事者の明示・黙示の合意や慣行などによって判断される．

第2節　労働者の評価制度

(1) 人事考課の法的根拠

　企業は，従業員の処遇や人事を決定するために，学歴，年齢，勤続年数などの属人的・年功的基準のほかに人事考課や試験など従業員を評価する制度を設けている．評価制度の中心をなすのが人事考課制度である．人事考課とは，従業員の実績，能力，勤務態度を評価することをいうが，その評価に基づいて昇給，賞与，昇格などの処遇が決定され，また昇進，教育訓練，配置などに活用される．使用者が，人事考課や試験によって労働者を評価し，それに基づいて昇給，賞与，昇格等の労働条件・処遇を決定することのできる法的根拠はどこにあるか．通常は労働契約に求められる．すなわち人事考課規程などの規程が就業規則の一部として作成され，それが労働契約の内容になることにより使用者は労働者を評価し，それに基づいて労働条件を決定する労働契約上の権利を得ると考えられる．

　使用者は，人事考課規程にしたがって労働者を評価し，その評価に基づいて労働条件を決定する労働契約上の権利を得る反面，同時にその評価を公正に行う労働契約上の義務（公正評価義務）を負うものと考えられる．これは評価制度自体に内在する義務といえる．もっとも判例は，このような公正評価義務を認めず，かえって人事考課とそれに基づく処遇の決定について使用者に裁量権を

容認している．もちろん裁量権の濫用になるような場合には不法行為を構成する．

(2) 違法な人事考課権の行使と救済

　使用者が，人事考課規程に反して人事考課権限を行使したり（マナック事件・広島高判平13.5.23労判811号21頁），逆に行使しなかった場合，または業績，能力，勤務態度と関わりのない恣意的な要素を考慮して人事考課権限を行使した場合，あるいは就業の実態との「均衡を考慮」（労契法3条2項）せず人事考課権限を行使したりする場合には，人事考課に求められた裁量権の濫用として違法（不法行為）とされる場合がある．また，国籍，信条，社会的身分（労基法3条），女性（労基法4条），性別（均等法6条）を人事考課の基準にして賃金のほか配置，昇格，教育訓練について格差を設けることは，いずれも強行法規に反して違法，無効とされる．

　使用者による人事考課が権利濫用として，あるいは強行法規に反して違法，無効とされた場合には，それによって生じた賃金等の処遇格差の救済が問題となる．判例は，女性であることを理由とする賃金差別事件（労基法4条違反）では，違法差別によって生じた差額分請求を未払賃金請求権として（労基法13条の類推適用）構成することもあるが，多くの判例は，違法差別によって生じた賃金等の処遇格差を不法行為にもとづく損害賠償（民法709条）として，あるいは慰謝料支払（710条）によって処理している．

　なお女性に対する違法な昇格差別の救済について，ほとんどの判例は不法行為の損害賠償によって処理してきているが（社会保険診療報酬支払基金事件・東京地判平2.7.4労判565号7頁ほか），なかには比較対象のすべての男性が最後に昇格した地位への昇格請求権の確認を認めた判例も現われている（芝信用金庫事件・東京地判平8.11.27労判704号21頁，同控訴審・東京高判平12.12.22労判795号5頁）．

第3節　労働条件の変更

1　労働条件の不利益変更の意義

　長期・継続的な雇用関係にあっては労働条件はいつも一定ではなく，ときに

は労働者に不利に変更されることもある．企業の経営が悪化したような場合に，労働者の解雇が法的に困難な日本では，経営者はしばしば労働条件を労働者に不利に変更して経営の改善を図ろうとする．もとより労働条件の変更が労働者に有利な場合には，労働者に異論はないし，また法律上も問題はないが，不利な変更の場合には問題が生じる．労働条件の不利益変更は，労働契約によって行われる場合，就業規則によって行われる場合さらに労働協約によって行われる場合がある．

2 労働契約による労働条件の不利益変更

　労働契約を媒介にして個別的に労働条件が引き下げられる場合は，原則として労働者の個別的合意（明示・黙示の合意）が必要である（労契法8条）．これは一般契約法理からしてもそうであるだけでなく，労働条件対等決定の原則（労基法2条1項）の要請でもある．しかし以下のように労働者の個別的合意なしに労働契約を通して個別的に労働条件の引き下げが行われる場合もある．

(1) 労務指揮権の行使による場合

　使用者は労働契約の締結によって取得した労務指揮権の行使によって一定の範囲で労働の種類，態様，場所を一方的に変更することができる．配転の場合がその例である．この場合，労働の種類（職種），労働の態様（やり方）あるいは労働の場所（勤務場所）はいずれも重要な労働条件であるから，適法な労務指揮権の行使であれば，使用者は労働者に不利であってもそれらにつき変更することができる．

(2) 変更解約告知の場合

　変更解約告知とは，労働条件の変更の意思表示と解雇の意思表示を併せ持った意思表示，あるいは労働条件変更の意思表示を伴った解雇の意思表示をいう．例えば，「あなたの労働条件を引き下げます，受け入れられなければ解雇します」，あるいは「あなたを解雇します．そして改めて労働契約（労働条件を引き下げた契約）を結びたい」というような使用者の意思表示である．これは労働者に解雇か労働条件の引き下げかのいずれかの選択を迫るものであることから，変更解約告知の有効性を認めるかどうかについては慎重な判断が求められる．ドイツではこれを有効としたうえ労働者が労働条件の変更の相当性を訴訟で争う制度がある．すなわち変更解約告知を受けた労働者が，①変更解約

告知を受け入れるときは，変更された労働条件によって雇用が存続する．②拒否すれば解雇されるが，この場合は解雇の相当性を労働裁判所で争うことができる．③さらに変更解約告知に対して，裁判所で争う旨の留保をしたうえで承諾の意思表示（留保付承諾）をすることができる（解雇制限法2条）．この場合は雇用は存続するが，後に労働裁判所で変更された労働条件が相当と判断されれば，変更された労働条件で雇用は存続する．相当でないと判断されたときは，変更前の労働条件で雇用が存続する．

　日本で変更解約告知の有効性を判断するにあたっては，ドイツのような留保付承諾制度がないこと，及び留保付承諾の意思表示は相手方の意思表示に対する拒否の意思表示と解される可能性があること（民法528条参照）などが考慮されなければならない．判例は概して変更解約告知の有効性を認めないものが有力であるが（大阪労働衛生センター第一病院事件・大阪地判平10.8.31労判751号27頁，同大阪高判平11.9.1 労判862号94頁，同最二小判平14.11.8労旬1548号36頁），変更解約告知の有効性を認めた判例もある（スカンジナビア航空事件・東京地決平7.4.13労判673号13頁）．この事件は経営が悪化した外国航空会社の東京支店の職員に対してなされた変更解約告知が拒否されたことを理由になされた解雇を有効としたものである（第9章第2節(5)参照）．

3　就業規則による労働条件の不利益変更

(1) 就業規則の法的性質と判例法理の展開

　労働条件の不利益変更が最も問題になるのは就業規則による場合である．これは法的には労働条件の引き下げとなる就業規則の変更規定が労働者を法的に拘束するかという問題である．これまではこの問題を処理するための法律上の規定はなかった．そこでこれに対処するため就業規則の法的性質論に基づいて労働条件の不利益変更の当否をめぐる議論が展開されてきた（就業規則の法的性質論については第2章第3節を参照）．

　就業規則の法的性質論のうち，契約説では，労働者の明示・黙示の合意がなければ変更規定は労働者を拘束しないとの結論になるから，合意の有無によって問題を簡明に処理できる．しかし変更規定について合意をした労働者と合意しなかった労働者との間で適用される就業規則規定が異なることになり，労働条件の統一的・画一的処理という就業規則の本質的要請に反する結果になる．

他方，法規説では，論理的には変更規定が労働者を拘束することになるが，しかし実際には法規説は，不利益変更には労働者の個別的または集団的合意が必要であるとしたり，保護法の原理に反する不利益変更は労働者の同意なくして許されないとして，いずれも不利益変更には否定的であった．

　判例は，契約説の一種である定型契約説の立場から，就業規則の不利益変更規定の効力について，「新たな就業規則の作成又は変更によって，既得の権利を奪い，労働者に不利益な労働条件を一方的に課することは，原則として，許されないと解すべきであるが，労働条件の集合的処理，特にその統一的かつ画一的な決定を建前とする就業規則の性質からいって，当該規則条項が合理的なものであるかぎり，個々の労働者において，これに同意しないことを理由として，その適用を拒否することは許されない」(秋北バス事件・最大判昭43.12.25判時542号14頁) と判示した．要するに，労働者の合意なくして不利益変更は原則として許されないが，変更に「合理性」が認められる場合には合意なくして労働者を拘束するというのである．その後判例は，「合理性」の意義と基準の明確化に努め，「合理性」基準は定着をみた (大曲市農協事件・最三小判昭63.2.16民集42巻2号60頁，第四銀行事件・最二小判平9.2.28労判710号12頁，みちのく銀行事件・最一小判平12.9.7労判786号6頁).

(2) 労働契約法と就業規則の不利益変更

　平成19年に制定された労働契約法 (平成20年3月施行) は，上記の判例の展開を継承しながら，就業規則による労働条件の不利益変更の問題を立法的に処理しようとした．同法によれば，就業規則の変更によって労働契約の内容である労働条件を労働者の不利に変更するには，労働者の合意がなければならないとしながら (労契法9条)，しかし「変更後の就業規則を労働者に周知させ，かつ，就業規則の変更が，労働者の受ける不利益の程度，労働条件の変更の必要性，変更後の就業規則の内容の相当性，労働組合等との交渉の状況その他就業規則の変更に係る事情に照らして合理的なものであるときは，労働契約の内容である労働条件は，当該変更後の就業規則に定めるところによるものとする」(労契法10条) と規定した．すなわち不利益変更規定を労働者に「周知」し，かつ変更に「合理性」がある場合には，労働者の合意がなくても当該変更規定は労働者を法的に拘束するというのである．労働契約法が掲げる「合理性」に関して考慮される要素も上記判例の基準に依拠したものである．今後は

就業規則による労働条件の不利益変更の効力の問題は労契法10条の解釈問題となるが，合理性の判断基準は従来の判例が参考にされよう．

4　労働協約による労働条件の不利益変更

(1) 組合員に対する不利益変更

労働協約の労働条件部分には規範的効力が認められるが（労組法16条），これは労働協約の基準を下回る労働契約上の労働条件を協約の基準まで引き上げるだけでなく，協約の基準を上回る労働契約上の労働条件を協約の基準まで引き下げる効力も認められている（労働協約の規範的効力について詳しくは第14章第6節参照）．これを規範的効力の両面性というが，こうした労働協約の規範的効力の両面性から，労働協約による労働条件の引き下げは原則として認められる．

ただし例外的に，労働協約による労働条件の引き下げが認められない（規範的効力が及ばない）場合もある．①不利益変更条項が強行法規・公序良俗に反する場合（労基法・最賃法を下回るような協定），②個人の既得の権利や個人的性格の権利を処分する場合（労働者個人の賃金・賞与の使途を決めるような協約），③例外的に有利性原則が認められる場合（例えば，個人の特殊技能に基づいて認められた協約水準を上回るような労働契約上の賃金支払の約束）などは，協約の規範的効力は及ばない．④さらに「労働組合の目的を逸脱する」ような労働条件の引き下げは許されないとされている（朝日火災海上保険（石堂）事件・最一小判平9.3.27労判713号27頁）．「労働組合の目的を逸脱」しているかどうかは，当該協約の内容と手続の両面から判断される．ある判例は，特定グループの組合員の賃金が20%減額となる協約は内容面から労働組合の目的を逸脱するだけでなく，右特定グループの労働者らの意向を無視して締結される協約は手続き上の瑕疵により労働組合の目的を逸脱しているとしている（中根製作所事件・東京高判平12.7.26労判789号6頁，同事件・最三小判平12.11.28労判797号12頁）．

(2) 非・他組合員に対する不利益変更

一の工場事業場に常時使用される同種の労働者の4分の3以上の労働者が，一の労働協約の適用を受けるに至ったときは，他の4分の1未満の同種の労働者にも当該労働協約が適用される（労組法17条）．これが労働協約の拡張適用

であり，その効力を一般的拘束力とよんでいる（労組法17条の一般的拘束力の意義，要件については第14章第7節参照）．この場合，1つの工場事業場の4分の3以上の労働者を組織する多数派の労働組合が締結した労働条件の引き下げになる労働協約は，他の4分の1未満の同種の労働者にも適用されるかが問題である．他の4分の1未満の同種の労働者が未組織労働者の場合には，当該労働条件の引き下げになる労働協約は原則として適用される（朝日火災海上保険（高田）事件・最三小判平8.3.26労判691号16頁）．ただし，「特定の未組織労働者に適用することが著しく不合理であると認められる特段の事情」（前掲朝日火災海上（高田）事件・最三小判）がある場合には，当該少数派労働者にはその労働協約の効力は及ばない．

なお4分の1未満の労働者が組織されている場合（他組合員の場合）には，一般的拘束力は及ばない．これは少数派組合にも独自の団体交渉権が保障されている（憲法28条）ほか，一般的拘束力を認めると少数組合員をかえって優遇することになる（多数派組合の協約水準に，自己の組合の団体交渉によってその成果を上積みできる可能性を認めることになる）からだとされている．

第4節　企業変動と労働契約

1　会社の合併・解散と労働契約

(1) 会社の合併と労働契約の承継

会社の合併には，A社とB社が合併して新たにC社を設立する新設合併と，A社がB社を吸収する吸収合併とがあるが，前者の場合は消滅するA，B両社の権利義務は新設会社（C社）に，または後者の場合は存続会社（A社）に包括的に承継される（会社法750条1項，752条1項，754条1項，756条1項）．したがって労働契約上の権利義務もすべて新設会社または存続会社に承継されるから，消滅会社の労働者の雇用上の地位は新設会社または存続会社において引き続き存続するし，また労働条件も合併自体によって変化は生じない．それゆえ合併の場合には労働法上それほど大きな問題は生じない．もっとも合併後労働条件の統一化を図る過程で労働条件の高い消滅会社から移籍してきた労働

者にとっては，労働協約または就業規則による労働条件の不利益変更の問題が生じることがある．

(2) 会社の解散と労働契約の承継—法人格否認の法理

会社は，定款に定めた解散事由の発生，株主総会の決議，合併，破産等によって解散する（会社法471条）．会社の解散によって労働者は解雇され雇用を喪失するが，しかし特定の解散については，解散に伴う解雇を無効としたうえ，いわゆる法人格否認の法理によって使用者に対し雇用責任を求めることができる場合がある．法人格否認の法理とは，会社の存在は認めながら，正義・衡平の見地から，特定の権利義務関係についてのみ法人格を否認し，否認された権利義務関係については背後にある実体と同一視して扱う法理をいう．これによって法人格を否認された会社の当該権利義務は背後にある実体に帰属させられることになる．法人格否認の法理が適用されるのは，(1)法人格が全く形骸化している場合（形骸化論），または(2)法律の適用を回避するために法人格が濫用される場合（濫用論）があるとされている（山世志商会事件・最一小判昭44.2.27民集23巻2号511頁）．

法人格の形骸化の場合は，通常，親子会社間で問題となるが，その要件は，①親子会社が経済的に一個の「単一体」をなしていて，かつ，②親会社が子会社を現実的統一的に管理支配し，企業活動に社会的「同一性」が認められるなど，子会社が親会社の「一部門」に過ぎないような場合である．判例のなかには，子会社を解散して従業員を解雇した場合，その解雇を不当労働行為を理由に無効とし，子会社の法人格を形骸化論によって否認して解雇労働者の雇用関係を親会社に承継させたケースがある（盛岡市農協事件・盛岡地判昭60.7.26労判461号50頁）．もっとも形骸化論による雇用承継の例はそれほど多くはなく，最近では濫用論が中心になってきている．

法人格濫用の場合は，親子会社間で問題になるほか，会社の偽装解散（会社解散後も事実上解散会社が事業を継続したり，解散会社と実質的に同一の会社を設立して事業を継続するような場合）の場合にも問題となる．その要件は，①一方の会社が他方の会社の法人格を道具として意のままに支配している（支配の要件）ことのほか，②一方の会社が労働法規の適用（例えば労組法7条の不当労働行為）を排除するために違法・不当な目的を有していること（目的の要件）である．

判例においては，親子会社間の場合に，子会社の解散によって労働者が解雇された場合に，かかる解散，解雇を不当労働行為等の違法・不当な目的によるもので法人格の濫用にあたるとして子会社の労働契約上の法人格を否認し，被解雇者の雇用を親会社に承継させたものがある（船井電機・徳島船井電機事件・徳島地判昭50.7.23労判232号24頁，中本商事事件・神戸地判昭54.9.21労判328号47頁，布施自動車教習所・長尾商事事件・大阪地判昭57.7.30労判398号35頁．なお大阪空港事業（関西航業）事件・大阪高判平15.1.30労判845号5頁，大阪証券取引所（仲立証券）事件・大阪高判平15.6.26労判858号69号は親子会社間で法人格濫用論を適用しながら，雇用承継を否認している）．また偽装解散の場合に，当該解散によって労働者が解雇された場合に，かかる偽装解散・解雇及び新会社設立を不当労働行為等を理由に違法・不当に法人格を濫用するものとして解散会社の労働契約上の法人格を否認し，被解雇者の雇用を新設（別）会社に承継させるものがある（第一交通産業（佐野第一交通）本訴事件・大阪地判平18.5.31判タ1251号223頁（別会社に雇用承継），同本訴事件・大阪高判平19.10.26労判975号40頁（親会社に雇用承継），新関西通信システムズ事件・大阪地決平6.8.5労判668号48頁）．

2　事業譲渡と労働契約

　事業譲渡の場合にも，譲渡会社から譲受会社への労働契約の承継が問題となる場合がある．事業譲渡とは，組織的一体性を有する財産の全部または一部の譲渡をいうが，そのための契約は通常の取引（債権）契約と考えられている．したがって労働者の労働契約を含めて会社の物的設備・人的組織をどの範囲で譲渡するかは契約自由の問題とされている．譲渡に当たっては，多くは譲渡会社の労働者の雇用は譲渡契約にしたがって譲受会社に承継されるであろうし，また譲渡会社の解散に伴って解雇された労働者の多くも譲受会社に採用されるであろう．しかしなかには譲渡会社の解散に伴って解雇された労働者が譲受会社に雇用されないこともある．この場合，①譲受会社による解雇を無効としたうえ（労組法7条1号の不当労働行為として，または整理解雇の場合の解雇権濫用（労契法16条）などを理由に），②譲渡会社及び譲受会社の間で一定の要件が成り立つ場合には，被解雇労働者の雇用は譲受会社に承継されるものと考えられている．もっとも譲渡会社による解雇が有効ならば譲渡先への雇用承継

は認められない（静岡フジカラーほか2社事件・静岡地判平16.5.20労判877号24頁，同・東京高判平17.5.20労判896号19頁）．

問題は，上の②の要件，すなわち譲受会社による雇用承継を認める要件をどのように構成するかである．この点事実関係の違いもあって一様ではない．大きくみて3つの構成に分けられる．

① 1つは，譲渡会社と譲受会社の間の「実質的同一性」をもとにして構成するものである．すなわち，資本所有関係，役員構成，財産の混同の有無，経理・販売・人事労務関係などからみて両社に「実質的同一性」が認められる場合には，これをもとに譲受会社への雇用承継を認めるものである．例えば，①両社の「実質的一体性」を理由にそこから直接譲渡会社を解雇された労働者の譲受会社への雇用承継を認めるもの（日進工機事件・奈良地決平11.1.11労判753号15頁），②あるいは「経営の実体に変化はなく経営の主体が変わったにすぎない」ことを理由に雇用承継を認めるもの（九州電力事件・福岡地判昭48.1.31労判172号72頁），③「譲受会社が従業員全員を雇用していることからすると，譲渡の対象となる営業には従業員との雇用契約も含まれるものとして営業譲渡がなされたものと推認できる」ことを理由に承継を認めるもの（タジマヤ（解雇）事件・大阪地判平11.12.8労判777号25頁），④さらに譲渡会社と譲受会社の関係は実質的に「合併」と同視できるとして雇用の承継を認めるもの（中労委（青山会）事件・東京高判平17.5.31労判824号17頁），⑤また両社に「実質的同一性」が認められることから，譲受会社の「不採用」を「解雇」として捉えて解雇権濫用論の類推適用によって解雇を無効として雇用承継を認めようとするものなどである（新関西通信システムズ事件・大阪地決平6.8.5労判668号48頁，東京日新学園事件・東京高判平16.12.22労判888号13頁）．なお不当労働行為の行政救済事案では，譲受先の「不採用」を労組法7条1号の「不利益な取扱い」と解して不当労働行為の成立を認めたうえ，雇用承継を命じる場合もある（中労委（青山会）事件・東京地判平13.4.12労判805号51頁）．

② いま1つは，譲渡・譲受会社間における雇用承継の「合意」の存在を理由に雇用承継を認めるものである（松山生活協同組合事件・松山地判昭42.9.6労民集18巻5号890頁，勝栄自動車（大船自動車教習所）事件・横浜地判平15.12.16労判871号108頁，同・東京高判平17.5.31労判898号16頁，日本大

学（医学部）事件・東京地判平9.2.19労判712号6頁，マルマンコーポレーション事件・大阪地決平14.6.11労判833号93頁，東京日新学園事件・東京高判平17.6.13労判899号19頁．前三者は結論的に雇用承継を認め，後三者は否認している）．

③さらに法人格否認の法理によって譲受先に雇用承継を肯定することもある．この場合も，法人格の形骸化論によって譲受先ではなく親会社に雇用承継を認め（盛岡市農協事件・盛岡地判昭60.7.26労判461号50），あるいは譲受会社が譲渡会社の被解雇労働者を不採用とすることは解雇法理を避けるための法人格の濫用であるとして不採用（解雇）を無効とし，譲受先に雇用承継を認めるものもある（前掲新関西通信システムズ事件・大阪地決）．

3 会社分割と労働契約

(1) 会社分割と労働契約承継法

企業組織の再編を促すための一環として，会社分割（分社化）の要件と手続きを簡素化するため平成12年に商法改正が行われた．これによって会社は，会社債権者の同意を得ることなく「分割計画」（新設分割）または「分割契約」（吸収分割）を作成し株主総会の承認を得ることにより分割が可能となった．分割のタイプとしては，分割により「承継される事業」部門を独立させて新設会社を設立する新設分割と，「承継される事業」部門を他の承継会社が吸収する吸収分割の2つがある（図3.1参照）．この商法改正にともなって労働者の雇用の保護をはかりながら，会社分割を促すため平成12年に労働契約承継法が制定された．

(2) 会社分割にともなう労働契約の承継

労働契約承継法によると，分割される会社（分割会社）は株主総会の2週間前までに分割契約または分割計画（以下，分割契約等）に雇用承継の有無を労働者らに通知することになっている（2条1項）．通知を受けた労働者の雇用承継は以下のようになされる．

①「承継される事業に主として従事する労働者」で分割契約等で承継の対象となっている者は，本人の同意なしに労働契約は設立会社または承継会社（以下，承継会社等）に承継される（3条）．なおこれらの者のうち，承継会社等への労働契約承継に反対する者は，会社分割の手続き上の瑕疵（平成12

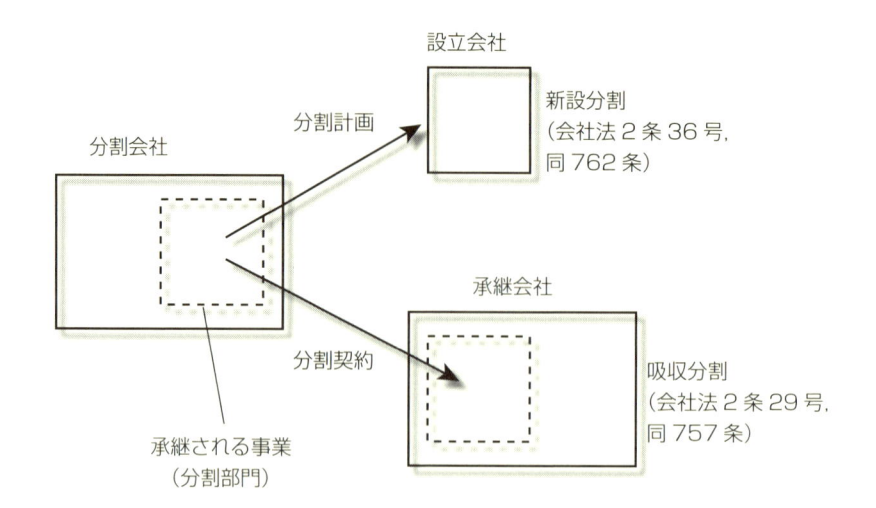

```
                    設立会社
                    ┌─────┐
              分割計画 │     │  新設分割
        ┌──────────→│     │  （会社法2条36号，
  分割会社              └─────┘   同762条）
┌──────────────┐
│   ┌ ─ ─ ─ ┐  │
│   │       │  │
│   │       │──┼──────┐      承継会社
│   │       │  │      │    ┌─────────┐
│   └ ─ ─ ─ ┘  │      │    │ ┌ ─ ─ ─ ┐ │
└──────────────┘      │    │ │       │ │  吸収分割
        │        分割契約   │ │       │ │  （会社法2条29号，
        │           └─────→│ └ ─ ─ ─ ┘ │   同757条）
        │                  └─────────┘
   承継される事業
    （分割部門）
```

[図3.1] 会社分割のタイプ

年改正商法附則5条1項による分割会社の労働者との協議義務違反）を理由に，労働契約承継の効力を否認して，分割会社に対して労働契約存在確認の訴えができるとされている（日本アイ・ビー・エム（会社分割）事件・東京高判平20.6.26労判963号16頁．ただし当事案では訴えは棄却されている）．

② 「承継される事業に主として従事する労働者」で分割契約等で承継の対象となっていない者は，書面による異議申立により労働契約は承継会社等に承継される（4条）．

③ 「承継される事業以外の事業に主として従事する労働者」で分割契約等で承継の対象にされている労働者は，書面による異議申立により分割会社に残留できる（5条）．

④ 「承継される事業」にまったく関与していない労働者は労働契約承継の対象にならない．この場合には雇用承継は，移籍出向ないし事業譲渡の場合と同様，本人の同意が必要である（民法625号1項）．

このように，労働契約承継法による雇用承継は，民法625条1項の適用を排除し，既述のような事業譲渡の場合の雇用承継の例外をなすものといえる．

なお労働協約の承継は労働契約承継法によると以下のようになされる.
①分割会社と労働組合が締結した労働協約のうち労働条件部分は，当該労働組合の組合員である労働者の労働契約が承継会社等に承継されるときに，承継会社等と当該労働組合が同一内容の労働協約を締結したものとみなす（6条3項）
②労働条件部分以外の部分は，分割会社と労働組合の間で承継会社等に承継させる旨の合意があるときには，分割の効力が生じた日に承継会社等に承継される（6条2項）.

第5節　懲戒・休職制度

1　懲戒制度

(1) 懲戒処分の意義

多数の労働者を使用して経営を遂行するには一定の秩序を維持する必要がある．そのために就業規則が，労働条件とならんで服務規律を定め，そして服務規律を担保するために経営秩序を乱す者に対しては一種の制裁措置として懲戒処分の制度を設けている．懲戒事由としては業務命令違反，勤務懈怠，経歴詐称，違法な組合活動・政治活動，企業外非行などがよく問題になる．また懲戒処分の種類には最も重い懲戒解雇のほか出勤停止，減給，譴責・戒告がある．

(2) 懲戒権の根拠

懲戒処分は，使用者による一種の制裁措置である．しかし使用者と労働者の関係は法的には対等な労働契約関係であるから，使用者による労働者の非違行為に対する対応は，私法上の法効果としての損害賠償（民法415条）や労働契約の解約（民法540条）にとどまるのであって，それを超えて制裁を課すことはできない．そこで改めて使用者の制裁措置としての懲戒処分の法的根拠が問題となる．一般に懲戒処分の法的根拠は労働契約に求められる（契約説）．労働契約の内容を形成するのは通常は就業規則であるから，就業規則所定の懲戒規定が合理的なものである限りそれが労働契約の内容を形成し，使用者はかかる労働契約に基づいて懲戒処分をすることができるというのである．

判例は懲戒処分を、いわゆる「企業秩序論」のなかで位置付けようとしている．すなわち，企業は，その存立を維持し事業の円滑な運営を図るために，人的要素と物的施設を総合配備して「企業秩序」を定立し，構成員に対してこれに服するよう求めるために，一般的に規則を定め具体的な指示，命令をすることができ，これに違反する者には「企業秩序」を乱す者としてその中止，原状回復等必要な指示，命令を発し，規則の定めるところに従い制裁として「懲戒処分」を行うことができるとしている（国鉄札幌駅事件・最三小判昭54.10.30労判329号12頁）．この「企業秩序論」を受けてその後の判例は，労働者は労働契約上労務提供義務を負うとともに「企業秩序遵守義務」を負い，使用者はかかる企業秩序遵守義務違反を根拠に一種の制裁罰である懲戒を課すことができるという（関西電力事件・最一小判昭58.9.8労判415号29頁）．このように労働者が労働契約上負う「企業秩序遵守義務」に懲戒権の根拠を求めている．これは労働者が負う「企業秩序遵守義務」を，昭和40年代末以降判例で多く使われるようになった「企業秩序論」のなかに位置付けながら，「企業秩序遵守義務」に懲戒権の直接的な根拠を求めるものといえよう．

　懲戒処分の根拠が労働契約にあるとすれば，使用者が具体的に懲戒処分をする場合には，当該懲戒事由と懲戒処分が労働契約の内容となっていなければならない．そのためには懲戒事由と懲戒の種類があらかじめ就業規則に定められていて（前掲国鉄札幌駅事件・最三小判），かつ当該懲戒規定が労働者に周知されていなければならないとされている（フジ興産事件・最二小判平15.10.10労判861号5頁）．

(3) 懲戒権の濫用

　使用者が懲戒処分をする根拠がある場合にも，当該懲戒処分が「客観的に合理性を欠き社会通念上相当として是認することができない場合」（ダイハツ工業事件・最二小判昭58.9.16労判415号16頁）には懲戒権の濫用として無効である．これは現在では立法によって確認されている（労契法15条）．何が濫用に当たるかは労働者の行為の性質及び態様その他の事情にてらして判断される．例えば，就業規則に定めのない懲戒事由で懲戒処分をしたり，労働者に懲戒規定を明示していなかったりする場合のほか，軽微な非違行為に対して不相応な重い処分をしたり（相当性の原則違反），同じ非違行為であっても労働者によって処分の種類に違いを設けたり（平等性の原則違反），就業規則等に定

められている懲戒手続違反（例，懲戒手続に反して被処分者に弁明の機会を与えなかった）などの場合は，懲戒権の濫用として当該懲戒処分は無効とされることがある．

2　休職制度

(1) 休職の意味と種類

休職とは，労働者による労務の提供が不可能または不適切となる事由が生じたときに雇用を維持したまま一定期間その労働者を就労させない使用者の措置をいう．これには私傷病，組合業務の専従，公職就任，刑事事件による起訴，出向・派遣など多様な事由がある．公務員の休職については法律に根拠があるが（国公法79条，80条，地公法28条2項・3項），民間の労使関係の場合は法律の規定がなく，休職事由，休職期間などについては就業規則や労働協約に定められるのが普通である．休職は懲戒処分とは異なるが，懲戒処分として行われることもある．この場合には，すでにみたように，就業規則に懲戒処分としての定め（懲戒休職）が必要である．

(2) 休職の法的問題

休職の主な法的問題は，休職命令の効力，休職期間中の法律関係（とくに賃金請求権の存否）そして休職期間満了時の復職の当否にある．

(イ) 休職命令の効力

休職命令の効力が問題にされるのは，使用者の判断によって休職が命じられる起訴休職の場合である．傷病休職の場合は休職事由の存否がはっきりしているから休職命令の当否はあまり問題にならない．労働者が刑事事件で起訴されたことを理由に使用者が命ずる休職命令の効力は，起訴された従業員を就労させることによって生ずる，①会社の対外的信用の失墜の程度，②職場秩序維持への障害の程度，③本人の労務提供の障害の程度（身柄拘束がなく，年休を取って公判に出廷できれば障害は小さい）などを総合して判断されるが，④後に刑事事件で有罪が確定した場合になされる可能性のある懲戒処分と比較して著しく均衡を欠く場合も起訴休職命令の効力は否定される（全日本空輸事件＜仮処分＞・東京地決平9.5.28労判727号82頁，全日本空輸事件＜本訴＞・東京地判平11.2.15労判760号46頁）．

(ロ) **休職期間中の法的関係**

　休職中は、労働契約関係は存続し、従業員たる地位は維持されるから、これに伴う福利厚生、寮・社宅の利用や社会保険の被保険者たる地位に変化はない。問題は賃金だが、休職中の賃金は就業規則等によって、例えば、「私傷病による休職中は賃金の6割を支給する」というように定められる。もっとも無給の起訴休職命令が無効とされたときは、使用者の責めに帰すべき事由により労務提供ができなかった場合にあたるから民法536条2項により当該労働者は休職中の賃金請求権を失わない（前掲・全日本空輸事件＜本訴＞・東京地判）。休職中の賞与についても賃金と同様就業規則等の定めによる。

(ハ) **休職明けの復職**

　私傷病休職の場合には復職の当否が問題となることがある。特にこれは、「休職期間満了時に休職事由が消滅（傷病の回復）していないときは解雇または退職する」旨の定めがあるときに問題になる。一般的には復職の当否の判断基準は、休職前の業務に服することが可能な程度に傷病が回復しているかどうかによる。この点について判例の中には、脳出血により半身不随となった高校の体育教諭が2年あまりの休職後に復職を申し出たところ、これを拒絶され就業規則所定の「身体の障害により業務に絶えられないと認めたとき」に当たるとして解雇された事案について、右就業規則にいう「業務」とは「保健体育の教諭としての労務」をいうとの前提のもとで、本人には保健体育の実技指導ができず、発語・書字力も実用的水準にないことから「保健体育の業務に堪えられない」として解雇を有効としたものがある（北海道龍谷学園事件・札幌高判平11.7.9労判764号17頁）。しかし復職前の業務を固定的・限定的に考えることは問題である。かえって「他の業務への配置の現実的可能性があり、その業務での就労ができ、かつ本人もそれを申し出ている」（片山組事件・最一小判平10.4.9労判736号15頁）ときには、他の業務であっても債務の本旨にしたがった労務の提供が可能であるとされている。この考えによれば休職前の業務でなくても復職を求めることのできる範囲は広がってこよう。

(3) **自宅待機**

　使用者は、労働者に対して一時的に自宅待機を命じることがある。これは労働者の非違行為に対して懲戒処分を行うか否かを決定するまでの間、通常の勤務に就かせるのが適切でないとの配慮からなされることが多い。自宅待機命

令は，懲戒処分としての出勤停止のように就業規則に定められた制裁措置とは異なるし，また比較的長期間にわたり就業規則の定めにしたがってなされる休職とも異なり，労働契約上使用者が有する労務指揮権にもとづく業務命令としてなされるものである．もちろん自宅待機命令も自由になしうるのではなく，業務上の必要性など正当ないし合理的な理由が必要である（中央公論社事件・東京地判昭54.3.30労判317号26頁）．

　労働者は自宅待機中は賃金請求権を失わない．これは，使用者の責めに帰すべき事由による労務の提供不能とみて民法536条2項により賃金全額請求権を肯定することもできるし，自宅待機命令をもって自宅に待機することを内容とする職務命令と考え，自宅に待機している限り労働契約上の債務は履行されたとして賃金請求権を肯定することもできる．

第4章 賃金の保護

本章のポイント

　賃金はもっとも重要な労働条件であり賃金の決定方法，賃金の額，支払い方法，未払賃金の保護さらには日本に特有な賞与・退職金の保護など，その法的問題は多岐にわたっている．企業では労働コストのおよそ半額を占める基本給のうちの年功給の見直しが進行しているが，これが多様な法的問題のなかでどのように反映しているであろうか．また賃金差別問題が争われる判例が増加している．どのような形で争われ，どのような救済がなされるのか，裁判例を通して明らかにしたい．

第1節 「賃金」の意義

1 労基法上の「賃金」

　労働者が労働した後に使用者に対して賃金支払を請求できることはいうまでもない.「労働契約は,労働者が使用者に使用されて労働し,使用者がこれに対して賃金を支払うことについて,労働者及び使用者が合意することによって成立する」(労契法6条,民法623条参照)とあるように,労働者は労働契約に基づいて使用者に対して賃金請求権を有する.

　労働者にとって労働契約上支払請求権を有する賃金は最も重要な労働条件であるから,労働法はさまざまな保護を加えている.保護の対象となる「賃金」,すなわち労基法上の「賃金」とは,①「労働の対償」であって,②「使用者が支払うもの」である(労基法11条).「労働の対償」とは「労働の対価」とされている.労働者が毎月手にする基本給や各種の諸手当はもちろん,賞与,退職金も就業規則等に定めがある場合は賃金と解されている.使用者が,恩恵的・道義的に支払う見舞金,労働者が立て替えた旅費・交際費・文房具などの実費弁償,客が支払うチップなどは,一般的には,「賃金」ではない.

　労基法上の「賃金」は,労基法によって保護される(例えば,24条,26条,37条など)ほか,最低賃金法(2条3号)及び賃金の支払確保等に関する法律(2条1項)にいう「賃金」も労基法の「賃金」と同義であり,それぞれ最賃法及び賃確法による保護を受ける.

2 「平均賃金」

　労基法は,労働者が一定の理由で就労できなかった場合の生活保障のために,使用者に手当等の支払いを義務付けている.解雇予告手当(20条1項),休業手当(26条),年休手当(39条7項),労災の休業補償(76条)がそれである.

　これらの計算の基礎として労基法は「平均賃金」(12条)の定めをしている.「平均賃金」とは,これらの手当等の「算定事由の発生した日以前3か月間にその労働者に対して支払われた賃金の総額を,その期間の総日数で除した金

額」(12条1項本文)をいう．つまり算定事由が発生した日前3か月間(休日を含む暦日の3か月)の賃金の1日当たり平均額である．

「算定事由の発生した日以前の3か月」は，月給計算などで賃金締切日があるときは直前の賃金締切日から起算する(同条2項)．

「3か月」の期間には，①業務災害による休業期間，②産前産後休業期間，③使用者の責めに帰すべき事由により休業した期間，④試用期間，⑤育児介護休業法による育児休業期間及び介護休業期間の日数は含まれず，またその期間中の賃金は賃金総額から控除する(同条3項)．

「賃金の総額」の中には，①臨時に支払われた賃金(災害見舞金など)，②3か月を超える期間ごとに支払われる賃金(賞与など)，③通貨以外のもので支払われた賃金で一定の範囲に属しないものは含まれない(同条4項)．

第2節 賃金の決定方法に関する保護

1 賃金決定の自由と原則

賃金をどのように決めるかについて特別な法的規制はない．その意味では賃金の決定方法は基本的には私的自治(契約自由)の問題である．

職種別賃金が支配的な欧米諸国では，賃金決定の法原則として「同一価値労働同一賃金原則」が存在する．これは職種や職務が同一であれば賃金は同一でなければならないと同時に，職種や職務が異なっていても労働の価値が同じなら賃金も同一でなければならないとの原則である．この原則が適用されるためには職種や職務を分析してその価値を評価する「職務評価」が前提となる．しかし日本では賃金は，学歴・年齢・勤続などの属人的・年功的要素のほか，実績・能力・勤務態度などを中心にして決められ，職種や職務によって決められる職種給・職務給は一般的ではない．「職務評価」が制度的に行われることはなかった．それゆえ賃金決定原則としての同一価値労働同一賃金原則は，日本では実際に機能する基盤に欠け，法的に公序良俗(民法90条)を構成するものでもないとの考えが支配的である．もっとも同一価値労働同一賃金原則の背後にある「均等待遇の理念」は公序性を有する場合があるとされている(丸子

警報器事件・長野地上田支判平8.3.15労判690号32頁参照).

2　違法な賃金差別と救済

　賃金の決め方は基本的には当事者の自由であるが，しかし不合理な基準によって賃金を決めることは許されない．すなわち，「国籍・信条・社会的身分」（労基法3条），「女性（性別）」（労基法4条），「組合員であること，組合に加入し，もしくは結成したこと，または正当な組合活動をしたこと（以下，組合活動等）」（労組法7条1号）にもとづく賃金決定は違法，無効である．また男女雇用機会均等法が禁止している男女間の「配置・昇進（昇格を含む）」（6条1号）の差別も賃金差別をともなう．さらにパート労働者（短時間労働者）のうち「通常の労働者と同視できる短時間労働者」については「通常の労働者」との間で異なる基準で賃金を決めることは許されない（パート労働法8条）．なお法律が禁止していなくても公序良俗に反する賃金決定が許されないことは言うまでもない．以下これらに関する賃金差別の立証及び救済についてみておこう．

(1) 違法な賃金差別の立証と認定
(イ) 立証責任の軽減
　賃金の格差が違法な差別にあたることの認定はどのようになされるか．例えば，男性に対する女性の賃金差別の立証について判例は次のようにいう．「一般に男女間に賃金格差がある場合，労働者側でそれが女子であることを理由としてなされたことを立証することは実際上容易ではないから，公平の観点から，男女賃金格差がある場合には，使用者側でそれが合理的理由に基づくものであることを立証できない限り，右格差は女子であることを理由としてなされた不合理な差別であると推認するのが相当である」（石崎本店事件・広島地判平8.8.7労判701号22頁，内山工業事件・岡山地判平13.5.23労判814号102頁，野村證券（男女差別）事件・東京地判平14.2.20労判822号13頁ほか多数）．

　賃金の格差が違法差別にあたることの立証責任は原則として労働者側にある．しかし右判旨は，賃金決定に関する関連情報や資料を有するのは使用者であることにかんがみて公平の観点から，労働者側において賃金に格差が存することを明らかにすれば，その格差が合理的理由に基づくものであることの証明を使用者に求めようとするものである．これは労働者側の立証責任の軽減と考

えられる．この考えは，必ずしも男女間の賃金格差にとどまらず思想信条を理由とする賃金差別，組合間の賃金差別についても基本的に妥当する．

(ロ) **大量観察方式**

不当労働行為に関する賃金差別は，組合員と非組合員の間の差別，組合間差別または組合内少数派に対する差別として現れる．このような賃金差別事件において労働委員会は，いわゆる大量観察方式とよばれる認定方法を採用している．大量観察方式とは，賃金差別を受けたと主張する労働者・労働組合において，比較対象となる集団との間で賃金に有意な格差が存在し（平均考課値や分布図の作成による），それが使用者の組合嫌悪の意思によるものであることについて疎明をすれば，かかる格差が業績・能力等の「合理的理由によるもの」であることの証明を使用者に求め，それができなければ当該賃金格差を不当労働行為と認定しようとするものである（紅屋商事事件・最二小判昭61.1.24労判467号6頁参照）．もっとも大量観察方式が成り立つためには，差別されたと主張する特定集団と比較対象集団の間に「均一性」がなければならず，両集団間に均一性がなければ個別立証が求められることになる（北辰電機事件・東京地判昭56.10.22労判374号55頁）．

(2) 賃金差別の形態

(イ) **思想信条を理由とする賃金差別**

労働者の政治的信条を理由に人事考課・査定を媒介にしてなされた賃金差別事件では，労基法3条違反を認定し，不法行為を理由に差別によって生じた賃金差額分相当の損害賠償が認められている（富士電機製造事件・横浜地横須賀支判昭49.11.26労判225号47頁，福井鉄道事件・福井地武生支判平5.5.25労判634号35頁，東京電力（千葉）事件・千葉地判平6.5.23労判661号22頁，東京電力（山梨）事件・甲府地判平5.3.25労判651号33頁，倉敷紡績（思想差別）事件・大阪地判平15.5.14労判859号69頁）．

(ロ) **性別を理由とする賃金差別**

①賃金体系・賃金項目の適用差別

賃金差別事件で最も多いのは，男性に対する女性の賃金差別である．そのうちの1つのタイプは賃金体系ないし賃金項目の適用差別である．例えば，基本給の一部をなす本人給表（年齢給表）につき男女間で差別的に適用することは労基法4条に違反して無効とされ，労基法13条を根拠に差額賃金分の支払請

求が認められている（秋田相互銀行事件・秋田地判昭50.4.10労民集26巻2号388頁）．また「世帯主」に支払われる「家族手当」について，「世帯主とは一家の生計を維持する者をいうが，配偶者が所得税法上の扶養控除限度額を超える所得を有するときは夫に支払う」旨の規定は労基法4条に違反して無効として，同手当の支払いが認められているが（岩手銀行事件・仙台高判平4.1.1労判605号98頁），逆に「世帯主」を「夫と妻のいずれか収入額が多い方」とする場合は労基法4条に違反せず有効とされ請求が棄却されている（日産自動車事件・東京地判平元.1.26労判533号45頁）．さらに「厚生給」（扶養家族手当＋住宅手当）を「住民票の世帯主」に支払うことも有効とされている（住友化学工業事件・大阪地判平13.3.28労判807号10頁）．その理由は，「住民票の世帯主」は「主として家計の生計を維持している者」と一般的に一致しており，「厚生給」を「主として家計の生計を維持している者」に支払うことは合理的だからだという．また賃金表を男女別に適用（男性の賃金表が有利）することは労基法4条に違反するとして，不法行為による損害賠償請求が認められている（内山工業事件・岡山地判平13.5.23労判814号102頁）．

②職能資格等級の格付けを媒介とする賃金差別

人事考課によって運用される職能資格等級への格付け（昇格）における女性差別も賃金差別となって現れる．このような職能資格等級への格付け（昇格）差別は労基法4条あるいは均等法6条の禁止する配置・昇進（昇格を含む）差別に該当するとして，比較対象となる男性との間に生じた賃金差額を不法行為に基づく損害賠償及び慰謝料支払いが認められている（昭和シェル石油（賃金差別）事件・東京地判平15.1.29労判846号1頁，同・東京高判平19.7.31労判946号26頁，阪急交通社（男女差別）事件・平19.11.30労判960号63頁）．場合によっては賃金差額の認定が困難であるとして慰謝料支払いのみが認められることもある（シャープエレクトロニクスマーケッティング事件・大阪地判平12.2.23労判793号71頁）．

③コース別雇用管理を媒介とする賃金差別

従業員を総合職と一般職に分けて採用し雇用管理する，いわゆるコース別雇用管理（以下，コース別管理）も違法な男女間の賃金差別を引き起こす場合がある．総合職は基幹的業務を扱い，昇格・昇進に上限はないが転勤があり，一般職は補助的業務を扱い，転勤がない代わりに昇進は係長どまりとするなど上

限があるという場合である．このようなコース別管理は，コースごとに雇用管理区分（職種等によって設けられた労働者についての区分で，他の区分に属する労働者と異なる雇用管理を予定するもの）が明確に区別され，かつ労働者がコースを自由に選択することができる場合は，コースを異にする男女間で処遇が異なっていても均等法の禁止する募集・採用及び配置・昇進（昇格を含む）の違法差別（6条1号）にはならない．均等法の禁止する性差別は同じ雇用管理区分の中で判断されるものだからである．しかし，総合職，一般職というようにコース別雇用管理を設けていても，実際に総合職と一般職との間で職種に差異がなかったり，男女が自由にコースを選択できず，男性は総合職に，女性は一般職に事実上強制的に配置されているような場合には，当該コース別管理は均等法に違反し，労基法4条に違反する賃金差別となる．

　もっとも総合職と一般職との間で職種等に明確な区別がなかったり，女性労働者にコース選択の自由がないようなコース別管理であっても，それが実施されていた時期が均等法施行前であるか，あるいは施行後であっても「配置・昇進」の女性差別の是正が使用者の努力義務であった時期には，当該コース別管理は当該運用時点では公序良俗違反とはいえないとされている（日本鉄鋼連盟事件・東京地判昭61.12.4労民36巻6号512頁，住友電気工業事件・大阪地判平12.7.31労判791号48頁，兼松（男女差別）事件・東京地判平15.11.5労判867号16頁）．しかし配置・昇進差別を含めてすべての女性差別を禁止した改正均等法の施行（平成11年4月1日）後は，このようなコース別管理は均等法6条に反し公序良俗に反して違法とされ（野村證券事件・東京地判平14.2.20労判822号13頁，岡谷鋼機事件・名古屋地判平16.12.22労判888号28頁，住友金属事件・大阪地判平17.3.28労判898号40頁），あるいは労基法4条に違反して違法とされている（三陽物産事件・東京地判平6.6.16労判651号15頁，兼松事件・東京高判平20.1.31労判956号85頁）．そして違法なコース別管理によって生じた男女間の賃金差額分の救済については，労基法4条，同13条の趣旨から未払賃金請求権として構成するものもあるが（前掲三陽物産事件・東京地判），多くは不法行為の損害賠償請求権として構成され（前掲友金属事件・大阪地判，前掲兼松（男女差別）事件・東京高判），あるいは損害額の算定が困難であるとして不法行為に基づく慰謝料支払にとどめるものもある（前掲村證券事件・東京地判，前掲岡谷鋼機事件・名古屋地判）．

④男女間の個別的賃金差別

　男女間の賃金差別は，これまでみてきたように，賃金体系の適用差別のほか，職能資格等級の運用差別さらにコース別管理による差別など，いわば制度を媒介とした制度的賃金差別が多く，特定の女性従業員と比較対象の男性従業員との個別的賃金差別事件は少ない．勤続年数・年齢・職務内容等が同じ男女職員間の賃金格差が労基法4条違反とし，不法行為を構成するとして男性社員の平均基本給額との差額を損害賠償として支払いが命じられた例（日ソ図書事件・東京地判平4.8.27労判611号10頁），及び同期の男女職員を同じ職種に変更した後は，当該男性職員との間で生じた賃金格差を是正する義務があるにもかかわらず，これを是正しなかったことは男女の性別によって生じた不合理なもので労基法4条に違反し，同期の当該男性社員の能力給平均額の9割との差額を不法行為の損害賠償として支払が命じられた例（塩野義製薬事件・大阪地判平11.7.28労判770号81頁）がみられるにすぎない．

(ハ) **組合活動等を理由とする賃金差別**

①司法救済事件

　賃金差別は，男女間で問題となることが多いが，組合所属や組合活動を理由とする賃金差別，すなわち不当労働行為にかかわる賃金差別事件もみられる．そのうち司法救済（民事訴訟）の事例は稀である．人事考課を媒介にしてなされた労組員と従組員との賃金格差が労組員の組合活動を嫌悪して不当に不利益な取扱をしたものであるとして，差別された労組員と比較対象者たる従組員との賃金差額分を不法行為による損害賠償として支払いを命じたものがある（門司信用金庫事件・福岡地小倉支判昭53.12.7労判320号56頁）．

②行政救済事件

　賃金差別の不当労働行為事件のほとんどは労働委員会における行政救済事件である．組合員と非組合員との差別，組合間差別及び組合内の特定集団に対する差別が不当労働行為にあたるかどうかについて，労働委員会は，前述のように，大量観察方式によって判断している．人事考課を媒介にして多数派組合員に対して少数派組合員を差別したことが不当労働行為（労組法7条1，3号）に当たるとして多数派組合員の平均考課率に基づいて計算された賞与額を少数派組合員に支払うよう命じた例（前掲紅屋商事事件・最二小判昭61.1.24），及び組合内少数派の組合員に対してなされた賃金・賞与，昇格・昇進の差別が労

組法7条3号の支配介入の不当労働行為にあたるとして，賃金・賞与については人事考課の中間評価によって再査定して支給すること（昇格・職位については「同年度の入社者に遅れないよう取り扱うこと」）を命じた例（中労委（朝日火災海上）事件・平13.8.30労判816号27頁）は，賃金差別の不当労働行為事件の代表的な例である．

㈡ **非正規労働者に対する賃金差別**

　パート労働者と通常の労働者（正規労働者）との間の賃金格差については，パート労働法がその是正を求めている（パート労働法8条，9条．第8章第3節参照）．しかしパート労働法は週あたりの所定勤務時間が通常の労働者と同じであるいわゆるフルタイムパートについては適用されない．フルタイムパートについては労働契約法が「就業の実態に応じて，均衡を考慮」して賃金を決定すべきことを求めている（3条2項）．

　ところで勤務時間も業務内容も正社員と同一の「パート」（疑似パートないしフルタイムパート）および「臨時」労働者と正社員との間に存在する賃金格差は同一価値労働同一賃金の原則との関連でどう考えられるか．1つの考えは，同一価値労働同一賃金の原則は一般的な法規範とは認められないから，有期雇用の臨時従業員と正社員との間で異なる賃金体系によって雇用することは，有期雇用労働者が正社員と同様の労働をしている場合であっても，なお契約自由の範疇であって違法ではないとする（日本郵便逓送（臨時社員・損害賠償）事件・大阪地判平14.5.22労判830号32頁）．他方，同一価値労働同一賃金原則に公序性は認められないが，同原則の基礎にある「均等待遇の理念」は賃金格差の判断においては重要な判断要素であり，右理念に反する賃金格差は，使用者に許された裁量の範囲を逸脱するものとして，公序良俗違反の違法性をもたらすと考え，勤務時間も業務内容も正社員と同一の臨時・パート労働者の賃金が比較対象となる同じ勤続年数の正社員の賃金の8割を下回る限りで公序良俗違反を構成し，正社員の賃金の8割と実際に支払われた臨時・パート労働者の賃金との差額を不法行為の損害賠償として支払を命じたものがある（丸子警報器事件・長野地上田支判平8.3.15労判690号32頁）．

3　年俸制の法的問題

(1) 年俸制の意義

　近年，仕事の成果に基づいて賃金をきめる成果主義賃金が広がってきている．その象徴は管理職を中心に導入が進んでいる年俸制である．年俸制は，労使間で設定された成果や業績目標の達成度を評価して賃金額を年単位で決める賃金制度である．その形態も多様であるが月給に相当する基本年俸と賞与に相当する業績年俸からなるものが一般的である（日本的年俸制）．また基本年俸，業績年俸とも前年度の業績や成果で決められるものが多いが，業績年俸は当年度の業績で決められる場合もある．

(2) 年俸制の導入と法的問題

　年俸制の導入は通常は就業規則によってなされる．これによって賃金が引き下げられるような場合には，就業規則による労働条件の不利益変更の当否が問題となる（労契法10条）．年俸制の導入のもとで，各労働者の具体的な年俸額は，上述のように，実績目標の達成度をもとに労使間で個別的に話し合って決められる（目標管理制度）．問題は，年俸額について労使間で合意ができないときに誰が決めるかである．最終的には使用者が年俸額を決定する権限を有するものと解されるが，使用者が決定した年俸額が裁量権を逸脱したものかどうかについて労働者は訴訟上争うことは可能である（中山書店事件・東京地判平19.3.26労判943号41頁）．もっとも年俸額について合意が得られないときに使用者が最終的に決定できるにしても，それは「成果・業績評価基準，年俸額決定手続，減額の限界の有無，不服申立手続等が制度化されて就業規則等に明示され，かつ，その内容が公正な場合」（日本システム開発研究所事件・東京高判平20.4.9労判959号9頁）に限られるというべきであろう．

　使用者が最終的な年俸額決定権を行使しないでいる状態で年俸額に争いがある場合には，当該年俸額は当事者の意思解釈によって決められる．例えば，使用者の最初の提案額を最低額とする旨の合意があったとされたり（前掲中山書店事件・東京地判），あるいは前年度実績額によるものとされる（日本システム開発研究所事件・東京地判平18.10.6労判934号69頁，同事件・東京高判前掲）．なお当事者で合意された年俸額を年度途中に使用者が一方的に引下げることは許されない（シーエーアイ事件・東京地判平12.2.8労判787号58頁）．

column

年功賃金と年俸制

戦後の企業における人事労務管理の歴史は，年功制との闘いの歴史であった．昭和40年代に入って，経営者団体が能力主義人事労務管理を掲げて年功制の克服を推進した．人事制度については年功的人事制度（学歴・年齢・勤続を基準に資格制度とそれに連動した職位制度の二本立て人事制度が特徴）に代えて職能資格制度に一本化し，基本給については職能給の導入を推進した．いずれも労働者の職務遂行能力を人事考課によって評価することが共通の前提となっていた．その後職能資格制度と職能給は企業における普遍的な制度として定着した．しかしその過程で職能資格制度も職能給も一定の資格・等級における最低・平均滞留年数を設けるなどして年功的運用に陥った．そこで改めて年功化した制度の克服が課題となった．そこから生まれたのが，抽象的な職務遂行能力ではなく，職務遂行能力の具現化した成果・実績こそ問題にされるべきだとの考えであった．年俸制にみられる成果主義賃金は，このような考えに基づく企業の年功賃金克服の新たな表現である．年俸額をめぐる当事者の争いは，企業における年功賃金克服のイデオロギーの問題である．依然として年功制との闘いは続いているのである．

第3節 賃金の額に関する保護

1 最低賃金法

賃金額の保護に関する基本法は最低賃金法である．最低賃金法は1959（昭和34）年に労働基準法から独立して制定された．1959年以前は労基法旧28条以下に最低賃金に関する規定がおかれ，行政庁は必要に応じて最低賃金を定めることができるとされていた．しかし昭和34年以前に最低賃金が決定されることはなかった．

(1) 最低賃金の種類

現行の最低賃金法は，最低賃金として以下のように地域別最低賃金と特定最低賃金の2種類を規定している．いずれの最低賃金も法律上は厚生労働大臣及

び都道府県労働局長によって決定されるが，実際には後者によって当該都道府県ごとに決定されている．

(イ) **地域別最低賃金**

都道府県労働局長は，その地域の労働者の生計費，賃金ならびに事業の支払能力を考慮し，都道府県最低賃金審議会の調査審議を求め，その意見を聴いて，当該都道府県の最低賃金を決めなければならない（最賃法9条，10条）．これが地域別最低賃金である．都道府県労働局長が地域別最低賃金を決定するにあたって，労働者の生計費を考慮するときには生活保護支給額との整合性に配慮しなければならない（9条3項）．最低賃金額が公的扶助としての生活保護費を下回らないように配慮するためである．

(ロ) **特定最低賃金**

労働者または使用者の一部または全部を代表する者が，都道府県労働局長に対して当該労働者または使用者に適用される事業または職業にかかる最低賃金の決定を申し出たときは，都道府県労働局長は，必要と認めるときは，最低賃金審議会の調査審議を求め，その意見を聴いて最低賃金の決定（改正または廃止の決定）をすることができる（15条1項，2項）．これを特定最低賃金という．特定最低賃金は地域別最低賃金よりも高く設定されるので，特定最低賃金の適用対象となっている当該職業の労働者は特定最低賃金の適用を受けることになる（6条1項参照）．

(2) 最低賃金の効力

(イ) **最低賃金額との比較**

最低賃金額は，「時間」によって定められる（3条）．したがって労働者が実際に支給される賃金が最低賃金額を満たしているかどうかの判断は，労働者の賃金を1時間あたり賃金額に換算して比較される．なお時間あたり賃金額を算定するに当たって，以下の手当等は除外して計算される．①臨時に支払われる賃金（例，慶弔金），1か月を超える期間ごとに支払われる賃金（賞与）（最賃法5条3項1号，最賃則1条），②時間外労働の割増賃金，休日労働の割増賃金，深夜労働の割増賃金（5条3項2号，最賃則1条2項），③精皆勤手当，通勤手当及び家族手当（5条3項3号，最低賃金決定要覧）．

(ロ) **最低賃金の効力**

使用者は最低賃金法の適用を受ける労働者（労働基準法の「労働者」と同

じ）に対して最低賃金額以上の賃金を支払わなければならない（4条1項）．これに違反した使用者には（地域別最低賃金の場合に限り）50万円以下の罰金の適用がある（40条）．使用者と労働者の労働契約で最低賃金額に達しない賃金を定めるものは無効とされ，無効となった部分は最低賃金と同様の定めをしたものとみなされる（4条2項）．例えば，最低賃金額を10円下回る賃金について労働者が同意しても，その同意は無効であり，右労働者は最低賃金額との差額10円の支払を要求できる．

2 保障給

　出来高払や請負制によって賃金が支払われる場合には，労働者が就労したにも拘わらず事業の繁閑や仕事の厳しい評価等によって出来高が減少し，賃金が大幅に低下する場合がある．そこで労基法はこのような場合を考慮して，使用者に対して出来高のいかんに拘わらず労働時間に応じて一定額の賃金の支払を保障しなければならないとしている（労基法27条）．この時間あたり保障されるべき賃金が保障給である．保障給の額については労基法は明示していないが，当該労働者の実収賃金とあまり隔たりがないように定めるべきだとされている（昭22.9.13発基17号）．労基法は罰則つきで保障給の定めを義務づけている（120条）．しかし労働契約や就業規則等に保障給の定めがなければ，使用者に罰則の適用はあるにしても，労働者から使用者に対して保障給の支払請求はできないとされている（第三久慈丸乗員事件・名古屋高判昭37.2.14高民集15巻1号65頁）．また裁判所が保障給として相当な額を定めてその支払いを命じることもできないと解されている（三宝商事事件・東京地判昭43.1.19労民集19巻1号1頁）．

3 休業手当

　労働者が自己の責めに帰すべき事由で働けなかった場合，これは債務不履行にあたるから労働者は賃金の支払を求めることはできない．しかし労働者が働ける状態にありながら，使用者の責めに帰すべき事由で働けなかった場合はどうであろうか．これが休業手当の問題である．

　労基法は，「使用者の責めに帰すべき事由による休業の場合においては，使用者は休業期間中当該労働者に，その平均賃金の100分の60以上の手当を支

払わなければならない」（労基法26条）としている．この手当が休業手当である．ここにいう「使用者の責めに帰すべき事由」（帰責事由）は，故意・過失（過失責任主義）よりも広く解され，不可抗力以外の「経営・管理上の障害」（資材・資金難，原・材料不足，関係官庁の勧告による操業短縮，ボイラー検査のための休業，休電による休業など）を含むものと解されている（ノースウェスト航空事件・最二小判昭62.7.17労判499号6頁）．使用者が休業手当を支払わない場合には罰則（120条）の適用があるほか，労働者の請求によって，裁判所は休業手当のほか同一額の付加金の支払いを命じることができる（114条）．なお労基法26条は強行法規であるから，当事者が同条の適用を排除したり，休業手当の額として平均賃金の60％を下回る合意をしても無効である（13条）．

　一方，民法は，「債権者（使用者）の責めに帰すべき事由によって債務（労働義務）を履行することができなくなったときは，債務者（労働者）は，反対給付（賃金）を受ける権利（賃金請求権）を失わない」（536条2項）としている．一見したところ，平均賃金の60％以上とする労基法に比べて賃金100％の支払を認める民法の方が有利のようにみえる．しかしここでいう「債権者（使用者）の責めに帰すべき事由」とは過失責任主義によるものであるから「故意過失その他信義則上これと同視すべき事由」と解され，したがって使用者の帰責事由は，労基法26条の場合に比べて狭い．なお民法536条2項は任意規定であるから，当事者の合意によって賃金額を減額することなども可能である．また同条による賃金請求は使用者が応じない場合には訴訟の提起をしなければならない．

　労基法26条と民法536条2項の関係については，両者は排他的関係ではなく競合関係にある（米軍山田部隊事件・最二小判昭37.7.20民集41巻5号1283頁，前掲ノースウェスト航空事件・最二小判）．したがって「使用者の責めに帰すべき事由」によって労働者が就労できなかった場合に，民法536条2項によって賃金全額請求を求め，これが容れられない場合に，労基法26条により休業手当の支払を求めることもできる．逆に使用者は労基法26条の休業手当として平均賃金の60％を支払ったからといって，故意過失がある場合には民法536条2項による賃金支払（支払い済みの休業手当額を除き）を免れるわけではない．

4　減給の制限

使用者は「減給」（罰金，過怠金など名称のいかんを問わず制裁として行われる賃金の控除）を行う場合には，「1回の額が平均賃金の1日分の半額を超え，総額が一賃金支払期における賃金の総額の10分の1を超えてはならない」（労基法91条）．これは，制裁としての減給は1個の事案について1回行うことができるが，その場合に1回の減給額は平均賃金の1日分の半額を超えてはならず，また一賃金支払期に数回の減給がなされる場合には，当該賃金支払期の賃金総額の10分の1を超えてはならないとの趣旨である（昭23.9.20基収1789号）．もし減給額がこれを超える場合には次期の賃金支払期に延ばさなければならない．

5　賃金カットの範囲

労働者は労働契約に基づいて労働義務を履行した場合は，使用者はこれに対して賃金支払義務を負うが，労働者が欠勤したり，あるいはストライキに参加したりして労働義務を履行しなかった場合は，これに対応して使用者には賃金支払義務はないから賃金カットをすることができる．もちろん使用者は賃金カットをしなければならないわけではないし，賃金カットをする場合はどの範囲でできるかが問題となる．

欠勤やストライキ参加者に対する賃金カットの範囲は，かつて賃金二分説（賃金は，日々労務を提供することの対価として支払われる交換的部分と，従業員たる地位に基づいて支払われる保障的部分の2つからなり，賃金カットができるのは基本給などの交換的部分に限られ，家族手当，住宅手当，通勤手当等のような保障的部分はカットできないとの賃金理論）によって処理されていた（明治生命事件・最二小判昭40.2.5民集19巻1号2頁参照）．しかし今日ではこのような賃金理論ではなく労働契約当事者の意思を尊重すべきであるとの考えにたって，賃金カットの範囲は「労働協約等の定め又は労使慣行の趣旨にてらし個別的に判断するのが相当」とされている（三菱重工長崎造船所事件・最二小判昭56.9.18労判370号16頁）．いわば契約説ともいえるこの考えは，労働協約や就業規則の定め，あるいは従来の慣行等を考慮して賃金カットの範囲については労働契約の解釈（意思解釈）によって処理しようとするものであ

る．例えば，労働協約や就業規則に賃金カットについて定めがなく，またこれまで1日以内の欠勤や遅刻・早退で賃金カットをした例がないような場合には，1日以内の欠勤等では賃金カットをしないとの労働契約が成立しているものと解釈されよう．なお，賃金の「カット」は，労務の不提供に応じて賃金を支払わないものであって，労働契約に基づいていったん発生した賃金を差し引く賃金「控除」とは異なり，後述する労基法24条の「全額払の原則」に違反するものではない．

第4節 賃金の支払い方法の保護

　賃金は額に限らず，その支払い方法も重要な労働条件である．労基法は賃金支払の方法について以下のようないくつかの原則を掲げている．
(1) 通貨払の原則
　賃金は通貨で支払われなければならない（労基法24条1項）．通貨とは国内で強制通用力のある貨幣（日本銀行券（紙幣）及び独立行政法人造幣局の鋳造した硬貨）をいうものとされ，外貨はもとより手形・小切手による支払も禁止される．この通貨払いの原則は，歴史的には賃金の現物給付制（トラックシステム）を禁止し労働者の生活の安定を図ろうとして登場したものであり，労働立法のなかでもっとも古い歴史を持っている．ただ現在ではいくつか例外がある．
　1つは法令または労働協約に別段の定めをする場合には通貨以外の現物給付が認められる．現在法令による別段の定めはないから，現物給付は労働協約によることになる．例えば，労働協約によって交通費を通勤定期券によって支払うような場合である．いま1つの例外は，厚生労働省令（労基法施行規則）による例外である．そのうちの1つは，賃金の口座振り込みである．要件は，労働者の同意を得て，労働者の指定する労働者名義の金融機関の口座に振り込むことである（労基則7条の2第1項）．もう1つ，退職手当の支払いについては，口座振り込みのほかに，①銀行その他の金融機関によって振り出された当該銀行その他の金融機関を支払人とする小切手を労働者に交付するか，②銀行その

他の金融機関が支払保証した小切手を労働者に交付するか，または③郵便為替を労働者に交付することも可能である（労基則7条の2第2項）．

(2) 直接払の原則

賃金は直接労働者に支払わなければならない（労基法24条1項）．委任や代理による賃金受領を禁止して中間搾取を排除し労働者に確実な賃金の受領を保障しようとする趣旨である．もっとも賃金債権にも譲渡性があり労働者が使用者に通知することにより賃金債権を第三者に譲渡することができる（民法467条）．ただし譲受人は使用者にその支払を求めることはできないし，使用者は譲受人に支払ってはならない（小倉電報電話局事件・最三小判昭43.3.12判時511号23頁）．もっとも労働者が病気や出張などで直接賃金を受領できない場合は妻に支払うことは違法ではないとされる（昭23.12.4基収4093号）．妻は代理人ではなく「使者」と考えられるからである．使者と代理人の区別は明確ではないが，社会通念上，労働者本人の受領が確実な場合は使者と考えられる．また賃金の支払いを労働者が使用者に対し第三者に支払うよう委任をした場合にも，使用者がその第三者に支払うことは違法とされる（伊予相互金融事件・最三小判昭43.5.28判時519号89頁）．

(3) 全額払の原則

賃金はその全額を労働者に支払わなければならない（労基法24条1項）．賃金は労働者の生活を支える重要な財源であるから，これを労働者に確実に受領させ生活に不安のないようにする趣旨である．そのため賃金全額払の原則は使用者による賃金の控除を禁止するものである．しかし以下の場合には，賃金の一部控除が認められている（同項但書）．

(イ) 賃金全額払の例外

①賃金全額払いの例外の1つは，「法令に別段の定めがある場合」である．これは使用者による所得税・地方税の源泉徴収（所得税法183条，地方税法321条の5）及び社会・労働保険料の徴収（健康保険法167条，厚生年金保険法84条，労働保険の保険料の徴収等に関する法律31条）が主要な例であるが，減給の制限に関する規定（労基法91条）もこの一例である．

②いまひとつは「労使協定がある場合」である．使用者が当該事業場の労働者の過半数を代表する者（過半数を代表する組合があればその組合）と書面の協定（労使協定）を締結することによって，賃金の一部控除が認められ

る。例えば、労働者の給与から寮・社宅その他福利厚生施設の利用代金、社内預金、住宅等融資返済金、組合費（チェックオフ）等を控除するには労使協定の締結が必要とされている。もっともチェックオフについては見解が分かれている。判例は、チェックオフといえども労働者の賃金の一部を控除するものであるから、労使協定の締結がなければならないとしている（済生会中央病院事件・最二小判平元.12.11労判552号10頁）。組合費の控除も他の事由による賃金からの一部控除と同様に解するわけである。しかし学説の多くは、チェックオフは労働者団結の維持強化を図るものであるから、当該事業場の従業員の過半数を組織していない労働組合であっても、労働協約として有効にチェックオフ協定を締結することができるとしている。なお判例は、チェックオフ協定の効果について、使用者が労基法24条1項の賃金全額払いに違反した場合の罰則（労基法120条1号）の適用を免れるにとどまり、使用者がチェックオフをする権限を取得するためには当該労働者個人のチェックオフに関する委任（合意）がなければならないという（エッソ石油（チェック・オフ）事件・最一小判平5.3.25労判650号6頁）。

③さらに賃金過払い分の調整的相殺にも全額払いの例外が認められる。賃金の支給日が対象期間の途中または直前になっている場合で、支給日直前または支給日後に賃金カットの事由（欠勤、ストライキなど）が生じたとき、あるいは単純な賃金の計算ミスで、当月分の賃金が結果的に過払いになったとき、過払い分を翌月以降の賃金と調整する場合である。法的には過払い分につき使用者が労働者に対して有する不当利得返還請求権を自働債権として賃金と相殺することになる。判例は、過払いが生じた時期と合理的に接着した時期に、あらかじめ労働者に予告がなされ、かつ相殺の額が多額にわたらない場合には、過払い分の調整的相殺は労使協定がなくても許されるとしている（福島県教組事件・最一小判昭44.12.18判時581号3頁、群馬県教組事件・最二小判昭45.10.30民集24巻11号1693頁）。

(ロ) **賃金債権の放棄と相殺**

賃金全額払いの原則のもとで、労働者が賃金債権を放棄したり、あるいは使用者が労働者に対して有する債権と賃金債権とを合意によって相殺するすることができるだろうか。労働者が賃金債権をみずから放棄することは通常は考えられない。しかし判例は、労働者が「退職金債権を放棄する旨の意思表示をし

た場合」に，それが「自由な意思に基づくものであると認めるに足りる合理的な理由が客観的に存在」する場合には，当該退職金債権放棄の意思表示は有効であるとしている（シンガー・ソーイング・メシーン・カンパニー事件・最二小判昭48.1.19判時695号17頁）．

　一方，労働者の賃金債権と同人が会社に対して負う債務を相殺することは，賃金全額払の原則との関係で可能だろうか．会社から住宅資金の融資を受けた労働者が，その融資の残債務と退職金との相殺を使用者に委任していた場合に，会社が残債務を退職金から控除した事案において，判例は，「自由な意思に基づいてされたものであると認めるに足りる合理的な理由が客観的に存在する」ときは，その合意（委任）にもとづいて賃金から控除することは全額払の原則に違反しないという（日新製鋼事件・最二小判平2.11.26労判584号6頁）．

　このように，判例は，労働者による賃金債権の放棄も，賃金債権と使用者が労働者に対して有する債権との合意による相殺は，いずれも労働者の「自由な意思」によるものである場合には，賃金全額払との関係では有効としている．

(4) 毎月1回以上・一定期日払の原則

　賃金は，「毎月1回以上，一定の期日を定めて支払わなければならない」（労基法24条2項）．これは労働者に定期的に確実に賃金を得させることにより生活の安定を確保しようとしたものである．「毎月1回以上」とは，各月の1日から末日までの暦の1月に1回以上支払わなければならないことであり，月給のほか週給，日給でもよい．年俸制の場合は，賃金額は実績や成果によって年単位で決められるが，支払は毎月1回以上でなければならない．「一定期日」とは，例えば「毎月25日」というように，期日が特定され，周期的に到来するものである．「毎月の最終木曜日」というように，曜日による特定は期日が変動するので許されない．なお，「毎月1回以上，一定期日」払の原則は，賃金支払の原則であって賃金計算上の原則ではない．したがって使用者は賃金計算の対象を暦の月にあわせなければならないわけではないから，使用者は，賃金（月給）の計算期間を前月20日〜当月19日とし，支払日を毎月25日とすることもできる．

(5) 非常時払

　使用者は，労働者が出産，疾病，災害その他非常の場合の費用に充てるために請求した場合には，支払期日前であっても，既往の労働に対する賃金を支払

わなければならない（労基法25条）。これは一定期日払の原則の例外を定めたものである。「非常の場合」とは、「労働者」本人または「その収入によって生計を維持する者」の「出産」、「疾病」、「災害」、「結婚」、「死亡」および「やむを得ない事由により一週間以上にわたって帰郷する場合」である（同条、労基則9条）。このような場合に、労働者の請求があったときは、使用者は賃金支払期日前であっても、すでに労働した分に対応する賃金を支払わなければならない。

第5節　未払賃金債権の保護

1　会社の倒産と未払賃金の立替払

(1) 立替払の要件と金額

　会社の倒産により労働者が退職した場合に生じた未払賃金については、「賃金の支払い確保等に関する法律」（賃確法）によって国がその一部を立替払する制度がある。立替払の要件は大きくみて2つある（賃確法7条）。①法律上の倒産（破産宣告、特別清算開始命令、再生手続開始決定、更正手続開始決定）の場合はその旨の裁判所への申立の日、または中小企業における事実上の倒産（事業が停止し、再開の見通しがなく、賃金支払い能力がない）の場合は労基署長への倒産の認定申請の日、のそれぞれ6か月前の日から2年以内に退職した労働者で、②未払賃金が存することである。立替払いの対象となる未払賃金は退職日の6か月前の日から立替払請求の日の前日までに支払期の到達した2万円以上の賃金である。その対象は定期賃金（月給等）と退職金であり賞与は除かれる。

(2) 立替払金額の計算と申請手続

　未払賃金の80％（賃金の手取り額を考慮したもの）が立替払される金額である（賃確法施行令4条）。すなわち、立替払金額＝未払賃金（定期賃金、退職金）×0.8 となる。

　ただし未払い賃金総額には年齢により上限があり、退職日に30歳未満の者は最大110万円、同じく30歳以上45歳未満の者は220万円、45歳以上の者は

370万円である．したがって退職日に30歳未満の労働者が受ける最高額は88万円となる（110万円×0.8=88万円）．手続は，法律上の倒産の場合は，労働者が裁判所・管財人等から破産等及び未払賃金の証明を受け，また事実上の倒産の場合（中小企業の場合）は，倒産の認定及び未払賃金の確認を労基署長から受け，立替払請求書とともに独立行政法人労働者健康福祉機構に送付することによってなされる（賃確法15条，同法施行規則9〜20条）．

2　賃金の先取特権

会社が倒産したような場合，債権者が倒産会社に対して有する債権はその成立の時期などによって優劣が生じるわけではなく，平等に保護されるのが原則である．ところがその中にあって労働者が会社に対して有する賃金債権は，履行されなかったときは他の債権と違って会社の総財産から優先的に弁済を受ける権利が認められている．これが賃金の先取特権であり，民法上の担保物権の一種である（民法306条）．賃金の先取特権は，債務者の総財産を目的とする一般の先取特権の一種であるが，一般の先取特権は，債務者の特定の財産を目的とする特別の先取特権に劣後する（329条2項）ほか，租税や社会保険料にも劣後し，また登記された抵当権付不動産に対して（336条），さらに第三者に引き渡された動産に対しても及ばないなど（333条），実際にはその行使に制約がともなう．

3　死亡・退職時の未払賃金

「使用者は，労働者の死亡又は退職の場合において，権利者の請求があった場合においては，七日以内に賃金を支払い，積立金，保証金，貯蓄金その他名称の如何を問わず，労働者の権利に属する金品を返還しなければならない」（労基法23条1項）．この場合，「賃金又は金品に関して争いがある場合においては，使用者は，異議のない部分」については7日以内に支払い，または返還しなければならない（2項）．これは労働者の退職・死亡によって労働関係が終了する場合に，使用者に対して賃金その他の金品の迅速な支払・返還を求めることによって，労働者への足止めを防止し，労働者または遺族の生活の困窮を防止しようとしたものである．ここでいう「権利者」とは，「退職」（解雇を含めてすべての雇用終了を含む）の場合は労働者本人または労働者の死亡の場合

は遺産相続人その他就業規則に定めのある者を指し，労働者の一般債権者は含まれない（昭22.9.13発基17号）。賃金については支払日前であっても，権利者の請求から7日以内に支払わなければならないが，退職金については，就業規則等に定められている支払時期に支払えば足りるとされている（昭63.3.14基発150号）。しかし支払時期の定めのない場合は，請求のあったときから7日以内に支払わねばならない（宇田工業事件・大阪地判昭60.12.23労判467号74頁）。

4　法人格否認と未払賃金請求

　親子会社間において子会社の従業員の賃金が未払になった場合に，法人格否認の法理を適用して，親会社に子会社の従業員の未払賃金支払義務を負わせることがある（法人格否認の法理については第3章第4節参照）。

　判例では，親会社が子会社の全株式を保有し，子会社の役員も親会社から派遣され，子会社は親会社の専属的下請関係にあり，賃金や人事の決定も親会社の指示によっているような場合，子会社の法人格が形骸化されているとして子会社の従業員の未払賃金の支払義務は親会社が負うとされている（川岸工業事件・仙台地判昭45.3.26労民21巻2号330頁。形骸化論によって子会社の従業員に対する退職金債務を親会社に負担させた例として，黒川建設事件・東京地判平13.7.25労判813号15頁がある）。一方，濫用論をとる判例として，親会社が子会社の企業活動全般にわたって現実的かつ統一的に管理支配し，かつ子会社の組合の壊滅という不当・違法な目的を有しているような場合には，親会社による子会社の法人格の濫用にあたるとして子会社の組合員に対する賃金支払義務を含む雇用契約上の使用者責任は親会社が負うものとされる（中本商事事件・神戸地判昭54.9.1労判328号47頁。同種の例として布施自動車教習所・長尾商事事件・大阪地判昭57.7.30労判393号35頁）。

5　差押えの制限と消滅時効

(1) 賃金の差押え

　労働者の負う金銭債務が履行されないとき，債権者は労働者の賃金債権を差押えることができる（民事執行法143条）。しかし賃金は労働者にとって不可欠な生活の糧であるから差押えの範囲には制限がある。これによると労働

者の賃金の4分の3に相当する部分は原則として差押えることはできない（同法152条1項）．ただし4分の3に相当する額が標準世帯の生計費として定められた一定の規定額（月給，賞与の場合は33万円，日給は1万1000円）を超えるときは，その超える部分の差押えは認められる（同条1項，同施行令2条）．例えば，月給についてみると，その4分の3が33万円となる額，すなわち44万円を基準に，それ以下の場合はその4分の3が差押え禁止となり（月給30万円では22万5000円まで差押えが禁止される），44万円を超えるときは33万円まで差押えが禁止され，それを超える額は全額差押えの対象となる．退職金（一時金）についてはこのような限度額はなく原則どおり4分の3に相当する部分の差押えは許されない（同条2項）．

(2) 賃金の消滅時効

労働者が使用者に対して有する賃金請求権も消滅時効の適用がある．民法では労働者の月給の消滅時効は1年としているが（民法174条1項），労基法は，労働者の生活保障等を考慮して，月給，賞与その他の手当等の賃金請求権の消滅時効を2年としている．退職金（一時金，年金とも）の消滅時効は当初は2年とされていたが，その後5年に改められた（労基法115条）．

第6節　賞与・退職金の法的問題

1　賞与の法的問題

(1) 賞与の法的性格と賞与請求権

賞与（ボーナス，一時金）は，夏期，冬期の年2回，それまでの6か月を支給対象期間として正規従業員を中心に支給されている．このような賞与は法律に根拠を有するものではなく，当事者間の賃金制度としてわが国に独特なものである．賞与は，支給の有無・支給額が使用者の裁量にゆだねられている場合には，恩恵的な給付であって労基法上の「賃金」ではないが，労働契約，就業規則，労働協約に支給基準，支給時期等が明確にされている場合には，「労働の対償」として労基法上の「賃金」とされている．もっとも賞与は年2回支払われるため，「毎月1回以上」払いの原則（労基法24条2項但書）の適用を受

けないが，それによって労基法上の「賃金」であることを否定されるわけではない．

賞与請求権は，就業規則等に定められた支給基準にしたがって，各時期の支給対象期間について，支給期日の到来によって具体的な権利となる．したがって就業規則（賞与規定）の適用のないパート労働者などの非正規労働者には賞与請求権が認められないことが多い．なお賞与請求権は，通常は就業規則等の定めに基づいて支給対象期間ごとに使用者による考課・査定や勤務成績・成果に関する評価を経て支給額が具体的に決定される．

(2) 賞与の在籍者支給条項

就業規則等に，「賞与は支給日に在籍している者に支給する」旨のいわゆる在籍者支給条項を定める例が少なくない．この条項が有効ならば，支給日前に退職や解雇によって従業員でなくなった労働者は，支給対象の過去6か月在籍していても，賞与が支給されないことになる．学説は，かつて既往の勤務に対応する賞与を不支給扱いにする同条項は賃金の全額払いの原則（労基法24条1項）に反し公序良俗に反して無効としていたが，しかし判例は，同条項が就業規則に定められている場合（大和銀行事件・最一小判昭57.10.7労判399号11頁）あるいは慣行が存在する場合にも（京都新聞社事件・最一小判昭60.1.28労判469号6頁），一致してこれを有効と解している．判例が在籍者支給条項を有効と解する根拠は，労働者が退職日を自由に選択できることにあるといえる．したがって，退職日を選択できない定年退職や整理解雇の場合には在籍者支給条項の効力は及ばないと解される．

2　退職金の法的問題

(1) 退職金の性格

退職金も，賞与と同じように，法律上の制度ではなく，当事者間で設定された制度である．退職金の支給が使用者の裁量にゆだねられ，任意的・恩恵的な給付にとどまる場合には，退職金は賃金ではない．しかし就業規則等によって支給要件や支給基準が明確に定められ，使用者に支払義務がある場合には，「労働の対償」として労基法上の賃金とされている（小倉電話局事件・最三小判昭43.3.12判時511号23頁）．なお中小企業退職金共済法によって中小企業の労働者のために共済制度としての退職金制度が設けられている．これによれば

従業員300人以下の中小企業を対象に，使用者が勤労者退職金共済機構との間で退職金共済契約を締結し，同機構に毎月掛金を納付することによって，掛金の額と納付期間に応じて退職する労働者に退職金が支給される．この場合退職金は右機構から直接退職労働者に支払われるものであるから労基法上の賃金ではないが，就業規則等に退職金共済制度について定めがある場合には労働条件として保護の対象となる．なお企業年金については，それが自社年金であれば労基法上の賃金としての性格を有し賃金支払の原則が及ぶと考えられるが，その他の企業年金については労基法の賃金とみるのは困難である．ちなみに公的年金を補完する企業年金として，これまで厚生年金基金及び税制適格年金が中心であったが，税制適格年金については平成24年3月末までに廃止され，現在これにかわって確定拠出年金（日本型401K：平成13年確定拠出年金法）及び確定給付企業年金（平成13年確定給付企業年金法）に移行しつつある．今後の企業年金は厚生年金基金に加えて確定拠出年金及び確定給付企業年金の3つとなる．

　退職金は退職時の到来によって具体化するものであり，また後述するように，退職金（一時金）は基本給に勤続月数及び一定の係数を乗じて算定されることからも分かるように，在職中の労働者にとっては「賃金の後払い」としての性格を有する．しかし反面，退職金は企業に対する労働者の長年の功に報いるために使用者が支払うものであるから，この面では「功労報償」としての性格を有することも否定できない．そこで通説は，退職金の性格については「賃金後払い」としての性格を基礎としながら「功労報償」としての性格も併せ持つものと解している．

(2) 退職金請求権とその減額

(イ) 退職金請求権

　就業規則等に定められた退職金支給要件・支給基準を満たすことによって退職金請求権は具体的に発生する．一般的には，退職時の到来（自己都合退職，会社都合退職，定年退職，死亡など）によって退職金はその支給要件を満たし，支給基準に従って算定されることになる．退職一時金の場合には，通常，基本給に勤続月数と一定の係数を乗じて算定される（基本給×勤続月数×係数）．この係数は自己都合退職の場合は低く，会社都合退職・定年退職の場合は高く設定されている．

退職金請求権の構成について，学説の中には，退職金は賃金の後払いであることを前提に，退職金請求権は勤続年数に応じてその都度具体的な権利として確定し，ただその支払時期が退職時まで猶予されるにすぎないとする説もある（使用者は退職時まで支払い猶予を求めうる抗弁権付債権）が，通説は，退職金請求権は労働者の退職によって具体的な権利になると解している（退職時という不確定期限の到来によって具体化する不確定期限付き債権）。したがって退職時期が到来するまでは退職金債権は一種の期待権にとどまる。もっとも期待権であっても合理性のない退職金規程の不利益変更は効力を有しないだけでなく（労契法10条），期待権侵害の不法行為を構成する場合もある。

㈡ **懲戒解雇と退職金**

懲戒解雇の場合には退職金の全部または一部を支給しない旨の就業規則条項は多くの会社にみられるが，この条項は有効として労働契約の内容になるのであろうか。退職金を賃金の後払いと考え，かつ勤続年数に応じてその都度具体的な権利として確定するとの説によれば，懲戒解雇を理由とする退職金の全部又は一部の不支給は労基法24条（全額払いの原則）に反し，公序良俗に反して当該条項は無効とされる。しかし，通説のように，退職金は，賃金後払いとしての性格を基礎としながら功労報償としての性格をあわせもつものとして捉え，その権利は退職時期の到来によって具体化すると考えるなら，当該条項をもって直ちに労基法24条ないし公序良俗に違反するものと解するのではなく，当該条項が有効として労働契約の内容になるのは，長年の勤続の功を抹消ないし減殺するほどの重大な背信行為があったときに限られると解される（橋元運輸事件・名古屋地判昭47.4.28判時680号88頁，日本高圧瓦斯工業事件・昭59.11.29労民集35巻6号641頁，日本コンベンションサービス（退職金請求）事件・大阪高判平10.5.29労判745号42頁，東芝（退職金残金請求）事件・東京地判平14.11.5労判844号58頁，東京貨物社（解雇・退職金）事件・東京地判平15.5.6労判857号64頁ほか）。この場合，当該条項の個別的事案への適用に当たって退職金を不支給とするか，あるいはどの程度減額するかは，背信行為の程度や日頃の本人の勤務態度等の諸事情を考慮して最終的には裁判所によって判断される（小田急電鉄（退職金請求）事件・東京地判平14.11.15労判844号38頁は，懲戒解雇者に対する退職金金額不支給を有効とし，同事件控訴審・東京高判平15.12.11労判867号5号は，本来支給されるべき退職金の3割

の支給を認容している).

(ハ) 同業他社への転職と退職金の減額・不支給

在職中の行為を理由としてなされた懲戒解雇の場合の退職金の不支給・減額条項の効力及びその適用に関する上の叙述は,退職後の労働者の行為を理由とする退職金の不支給・減額の場合と基本的に同様と解されている.ただ退職後の場合は,退職金の不支給・減額が労働者の「職業選択の自由」(憲法22条) の過度な制限にならないよう考慮されなければならない.判例では,「同業他社への転職のときは自己都合退職の退職金支給額の半額とする」旨の就業規則は,職業の自由を制限するものではなく,また退職金の功労報償的性格にかんがみて「合理性のない措置」ではなく有効とし,退職金の半額の返還請求(不当利得返還請求)を認容したものがある(三晃社事件・最二小判昭52.8.9労働法律旬報939号52頁).しかし退職後6か月以内に同業他社に就職した場合には退職金を支給しない」旨の就業規則の規定は,「労働の対償」である退職金を失わせるのが相当と考えられるような「顕著な背信性」がなければならないとして,退職金支払い請求を認めたもの(中部日本広告社事件・名古屋高判平2.8.31 労判569号37頁),また退職後に再就職した会社に元の会社の社員を引き抜くことを理由とする退職金減額条項は直ちに無効とすべきではないが,その適用は「背信性が極めて強い場合に限られる」として,減額分の支払い請求を認めたものがある(ベニス事件・東京地判平7.9.29労判687号69頁).

(ニ) 従業員兼務取締役の退職金

会社の取締役の報酬等については,定款の定めによるか,株主総会の決議によって決定される(会社法361条1項).取締役が退任するときは退職慰労金の支給決定は株主総会で決議されることが多いが,定款に定めがないか,その決議がなされないときは取締役は退職慰労金を請求することはできない(前田製菓事件・最二小判昭56.5.11判時1009号124頁,ジャパン・スイス・カンパニー事件・東京地判平8.3.26労判693号71頁).ところが会社の取締役は実際には従業員として勤務することも少なくない.こうした従業員兼務の取締役は,退職慰労金とは別個に従業員に適用される就業規則の退職金規程に基づいて退職金請求ができるであろうか.この場合,取締役が「従業員」としての地位にあったかどうかが問題となる.「従業員」性の判断は,地位・名称にかかわらず「労働者」性の判断に準じて実質的になされる(従業員の退職金請求を

認めたものとして興栄社事件・最一小判平7.2.9労判681号19頁，否定したものとして美浜観光事件・東京地判平10.2.2労判735号52頁）．

第5章 労働時間,休憩,休日,年次有給休暇

本章のポイント

　労基法の労働時間関係の規定は、昭和62年以降の度重なる改正によって大きく変化した領域である．その結果労基法の定める基準の原則と例外がいっそう複雑になってきている．そのような労基法の原則と例外を整理して理解するとともに,問題はそうした労基法の諸規定が実際に職場の現実に適合しているかどうか,また労働者の私的生活の自由の保障に寄与しているかどうかが問題となる．

第1節　法定労働時間と労働時間の概念

1　法定労働時間

(1) 法定労働時間の原則

　使用者は，労働者に，「休憩時間を除」き，「1週間について40時間」を超えて，また「1日について8時間」を超えて，「労働させ」てはならない（労基法32条）．この「週40時間・1日8時間」を法定労働時間という．労基法が規制の対象としているのは，このように，「休憩時間を除」いて実際に「労働させ」る時間（実労働時間）である．実労働時間と休憩時間をあわせて「拘束時間」というが，拘束時間については労基法は規制対象としていない（自動車運転手については行政指導によって拘束時間を規制対象にしている．平9.3.11基発143号参照）．「週40時間・1日8時間」の基準に違反すると罰則の適用がある（119条）ほか，基準に達しない当事者の合意（契約）は無効とされ，無効となった部分は法定労働時間どおりに引き直される（13条）．

(2) 特例労働時間

　「週40時間・1日8時間」の原則に対して，「公衆の不便を避けるために必要なものその他特殊の必要あるもの」については，1週間について44時間，1日について8時間まで労働させることができる（労基法40条，労基則25条の2）．これを特例労働時間という．特例労働時間が適用されるのは，①小売・卸売り・理容・美容の事業（労基法別表第一8号），②映画・演劇館等の興行事業（同10号），③病院・社会福祉施設などの保健衛生事業（同13号），④旅館・飲食・娯楽・接客の事業（同14号）で，常時10人未満の労働者を使用する事業である．このように労基法の法定労働時間は「週40時間・1日8時間」と「週44時間・1日8時間」の2本立になっている．

2　労働時間の概念

(1) 労働基準法上の労働時間

　「週40時間・1日8時間」とは，実労働時間を対象にしているが，これは労働者が具体的にどういう状態にある時間をいうのであろうか．これが「労基法

上の労働時間」の概念の問題である．一般に労基法上の労働時間とは，労働者が使用者の「指揮命令下」におかれた時間だとされている（指揮命令下説）．この判断は労基法32条の解釈によって客観的に定められ当事者間の労働契約，就業規則，労働協約等の定めによって決定されるべきものではない（客観説）．これによれば労働者が労働契約に基づいて作業をしている時間に限らず，実作業をしていなくても実作業のために待機している状態（手待時間）も使用者の指揮命令下にあるものとして労基法上の労働時間とされる．

　よく問題になるのは始業前の準備作業（例えば更衣，体操，朝礼など）や終業後の後片付け（作業服・保護具等の脱離等）の時間である．これについては，準備作業や後片付けを「事業場内において行うことを労働者が義務づけられ，又はこれを余儀なくされた」ときは，それが所定労働時間外であっても「特段の事情」のない限り，指揮命令下におかれたものとされ，当該行為に要した時間が「社会通念上必要と認められるものである限り」労基法上の労働時間に該当する（三菱重工長崎造船所事件・最一小判平12.3.9労判778号8頁）とされている．

　また仮眠時間のような不活動時間については，「労働からの解放が保障されていない」場合，あるいは「労働契約上の役務の提供が義務付けられていると評価される場合」には使用者の指揮命令下にあるとされ、労基法上の労働時間とされている（大星ビル管理事件・最一小判平14.2.28労判822号5頁）．これらの判断基準によって準備作業・後片付けあるいは仮眠時間が労基法上の労働時間にあたるとされた場合，それにどのような賃金を支払うかは当事者の合意によって決められる．しかしそれが法定労働時間（週40時間，1日8時間）を超えている場合には割増賃金（労基法37条）の支払いが必要となる．

(2) 労働契約上の労働時間

　労働者が労働契約により労働義務を負う時間を労働契約上の労働時間という．これは通常は就業規則所定の労働時間が労働契約の内容となることによって形成されるので所定労働時間ともいう．労働契約上の労働時間は原則として法定労働時間を超えてはならない．なお労働者が実際に労働した時間が「実労働時間」である．これは労働契約上の労働時間（所定労働時間）に時間外・休日労働時間を加えた時間である．

第2節　労働時間の算定

1　事業場を異にする場合の労働時間の算定

　労基法38条1項は，「労働時間は，事業場を異にする場合においても，労働時間に関する規定の適用については通算する」としている．労基法は事業場を適用単位にしているから，労働時間の算定に当たってこれを貫くと，労働者が同じ日に，例えば，A事業場で5時間働き，その後B事業場で5時間働いた場合，労働時間は各々5時間ずつであるから労基法32条に違反しないという極めて不合理な事態が生じることになる．そこで上の規定はこうした不合理を回避するために設けられたものである．

　労働時間の通算は，通説によれば，同一企業内の異なる事業場においてだけでなく，異なる企業間においても適用される．したがってある労働者が同じ日に甲会社のC事業場で5時間働いた後に，乙会社のD事業場で5時間働いた場合，この労働者の1日の労働時間は10時間となる．この場合法定労働時間を2時間超えているのでいずれの使用者が割増賃金の支払義務を負うかが問題となる．これには時間的に後で労働契約を締結した使用者とする説と，時間外労働をさせた使用者が負うとする説がある．

2　事業場外のみなし労働時間制

　使用者は労働者の労働時間を管理する義務があるが，しかし事業場外で勤務する労働者のように労働時間の算定が困難な場合には，労基法によって労働時間のみなし制がとられている．その要件は，①「労働時間の全部又は一部について事業場外で業務に従事した場合」で，②かつ「労働時間を算定し難いとき」（労基法38条の2第1項）である．事業場外で労働しても，労働時間を管理する管理者と一緒に業務に従事したり，携帯電話等で随時使用者から指示を受けて労働する場合など，労働時間の算定が容易または可能な場合にはみなし制は適用されない．実際には新聞・雑誌の記者，直行直帰型の営業社員あるいは一般従業員の出張時などに適用される．

　上の要件を満たした場合，①原則として所定労働時間（就業規則に定められ

た時間）労働したものとみなされる．②しかし「当該業務を遂行するのに所定労働時間を超えて労働することが必要となる場合」には，その「当該業務の遂行に通常必要とされる時間労働したもの」（同条2項）とみなされる．「通常必要とされる時間」は個人的な時間ではなく客観的・一般的に必要とされる時間をいう．③さらに「通常必要とされる労働」が決められないときは，当該事業場の労働者の過半数代表者（過半数を代表する労働組合があればその労働組合）との書面の協定（労使協定）によって「通常必要とされる時間」を定めることができる（同条3項）．協定によるみなし時間は1日の労働時間で決められるが，これが8時間を超えるときはその労使協定を労基署長に届け出なければならない（労基法38条の2第3項）．

第3節 労働時間の規制緩和

労基法は，法定労働時間を遵守するよう使用者に罰則付きで強制しているが，しかし昭和62年改正以降この規制を緩和して当事者による労働時間の柔軟な活用を促進してきた．こうした労働時間の規制緩和の形態としては「変形労働時間制」，「フレックスタイム制」及び「裁量労働制」が挙げられる．

1 変形労働時間制

変形労働時間制とは，一定期間（変形期間）を平均して1週間の所定労働時間が週当たり法定労働時間40時間を超えない定めをした場合には，その定めに基づいてあらかじめ特定した週には法定時間40時間を超え，あらかじめ特定した日には法定時間8時間を超えて労働させることができる（あらかじめ定められた所定労働時間の範囲内であれば週40時間，1日8時間の法定労働時間を超えて労働させても割増賃金は不要になる）労働時間制度をいう．

変形労働時間制には，1か月単位の変形労働時間制，1年単位の変形労働時間制，及び1週間単位の変形労働時間制がある．

(1) 1か月単位の変形労働時間制
(イ) 1か月単位の変形労働時間制の意義と要件

1か月単位の変形労働時間制とは，1か月以内の一定期間（対象期間）を平均して1週間の所定労働時間が法定労働時間40時間を超えない定めをした場合には，その定めにより，特定された週には40時間を超え，特定された日には8時間を超えて労働させることができる労働時間制度をいう（労基法32条の2）．これによって1か月平均で週40時間を超えなければ，あらかじめ特定した週には40時間を超えて労働させても，またあらかじめ特定された日に8時間を超えて労働させても，時間外労働協定（三六協定）の締結・届出のほか，時間外労働の割増賃金（労基法37条）の支払を要しない．

　1か月単位の変形制をとる場合，就業規則によって，①1か月単位の変形制をとる旨の定めをするとともに，②変形制をスタートさせる起算日，③各日・各週の所定労働時間をあらかじめ定めておくことが必要である．また労使協定によって，①従業員の過半数を代表する者との間で1か月単位の変形制をとる旨の書面の協定（労使協定）を結んで労基署長に届出るとともに，就業規則の場合と同様に，②起算日，③各日・各週の労働時間を定めておく．なお労使協定を締結した場合は，同じことを就業規則にも記載しておく必要がある．1か月単位の変形制を労働契約の内容にしておくためである．

(ロ) **労働時間の特定と変更**

　1か月単位（1か月以内の一定期間）の変形制をとる場合，あらかじめ各週・各日の労働時間を定めておかなければならない．対象期間中の総所定労働時間（対象期間あたりの法定労働時間の総枠（40×変形期間の日数÷7））を定めるのみでは要件を満たしたことにはならない（大星ビル管理事件・最一小判平14.2.28労判822号5頁）．もっともあらかじめ定めた労働日の労働時間を変更する旨を就業規則に定めることは可能とされているが，その場合にも，「特定した労働時間を変更する場合の具体的な変更事由」を定めることが必要であり，包括的な内容の変更規定は違法，無効である（JR東日本（横浜土木技術センター）事件・東京地判平12.4.27労判782号6頁）．

(ハ) **1か月単位の変形労働時間制と時間外労働**

　変形労働時間制をとる場合にも，時間外労働が生じる場合がある．通説及び行政解釈によると，変形労働時間のもとで時間外労働の成否は3つの段階でチェックされる．①まず，1日については，所定労働時間が法定労働時間8時間を超えて定められている場合はその超えた時間，所定労働時間が8時間以下

に定められている場合は，8時間を超えて労働した時間，②1週間については，所定労働時間が法定労働時間40時間を超えて定められている場合はその超えた時間，所定労働時間が40時間以下に定められている場合は40時間を超えて労働した時間（①で時間外労働となった時間を除く），③さらに対象期間については，対象期間における法定労働時間の総枠（40×対象期間の日数÷7）を超えて労働した時間（①または②で時間外労働となった時間を除く）が時間外労働となる（昭63.1.1基発1号参照）．

(2) 1年単位の変形労働時間制
(イ) 1年単位の変形労働時間制の意義と要件

1年単位の変形制とは，労使協定によって1か月以上1年以内の一定期間（対象期間）を平均して1週間の労働時間が法定労働時間40時間を超えない定めをしたときは，その定めにしたがって，あらかじめ特定された週には40時間を超え，またあらかじめ特定された日には8時間を超えて労働させることができる労働時間制度である（労基法32条の4）．1か月単位の変形労働時間制と同様に，この場合もあらかじめ特定された週，あらかじめ特定された日に法定労働時間40時間または8時間を超えて労働させても原則として割増賃金の支払を要しない．この変形労働時間制は季節などにより業務に繁閑がある事業（百貨店やレジャー施設など）で活用されやすい制度といわれている．

要件は，労使協定に以下の事項を定めて労基署長に届け出ることである（労基法32条の4第1～4項，労基則12条の4）．なお労使協定に定めた事項を就業規則にも定めておくことにより，それが労働契約の内容になって労使間で1年単位の変形制に関する権利義務が形成されることになる．

①適用を受ける労働者の範囲：対象期間の途中に採用されたり，配転されたり，退職予定のため対象期間の全期間労働できない者も含まれる．ただしそれらの者については，対象期間に満たない当該労働した期間を平均して1週間の労働時間が週40時間を超えたときは，超えた時間について労基法37条の規定の例により割増賃金の支払が必要になる（同法32条の4の2）．

②対象期間：1か月以上1年以内の期間とする．

③特定期間：対象期間中特に業務が繁忙な期間を定める．

④対象期間における労働日とその日の労働時間：対象期間ごとに労働日とその日の労働時間をあらかじめ決めておかなければならない（1日8時間，1週

40時間を超える日及び週をあらかじめ特定できない事業では変形制は適用されない）．この場合対象期間を1か月（または1か月以上の期間）ごとの期間に区分し，その期間ごとに労働日とその日の労働時間を定めることができる．この場合は，従業員の過半数代表者の同意を得て30日前までに各期間の労働日とその日の労働時間を書面で定めなければならない．もっとも最初の期間以外は，その期間の総労働日数と総労働時間を定めておけばよい．
1日及び1週間の労働時間を定める場合には限度があり，1日10時間以内，1週間52時間以内でなけれならない（労基法32条の4第3項，労基則12条の4第4項）．対象期間が3か月を超える期間としたときは，さらに厳しい制限があり，まず労働日数につき年間280日以内に制限され（対象期間が3か月以内の場合は労働日数の制限はない），加えて対象期間について労働時間が48時間を超える週は連続3週を超えてはならず，かつ対象期間において労働時間が48時間を超える週は3週を超えてはならない（労基法32条の4第3項，労基則12条の4第3項，4項）．なお対象期間における連続労働日数は6日が限度とされる（労基則12条の4第5項）．ただし特定期間中は1週間に1日の休日が確保できる日数であればよい（この場合は12日の連続労働が可能となる）．

⑤労使協定の有効期間：行政指導では1年程度が望ましいとしているが，3年程度以内なら受付けるとされている（平11.3.31基発168号）．

(ロ) 1年単位の変形労働時間制と時間外労働

1年単位の変形労働時間制のもとにおいても時間外労働は発生する．1か月単位の変形制の場合と同様に時間外労働となるのは，①1日について，所定労働時間が法定労働時間8時間を超えて定められている場合はその超えた時間，所定労働時間が8時間以下に定められている場合は，8時間を超えて労働した時間，②1週間について，所定労働時間が法定労働時間40時間を超えて定められている場合はその超えた時間，所定労働時間が40時間以下に定められている場合は40時間を超えて労働した時間（①で時間外労働となった時間を除く），③さらに対象期間については，対象期間における法定労働時間の総枠（40×対象期間の日数÷7）を超えて労働した時間（①または②で時間外労働となった時間を除く）が時間外労働となる．

(3) 1週間単位の非定型変形労働時間制

日ごとの業務に著しい繁閑の差があり，かつ各日の労働時間を予め特定することが困難な小規模サービス業について，1週間の各日の所定労働時間を週あたり法定労働時間40時間の範囲内で，1日10時間を限度に，当該1週間の始まる前までに決めることのできる労働時間制度をいう（労基法32条の5）．他の変形労働時間制とちがって各日の労働時間を予め特定しておく必要がないので「非定型」変形労働時間制とよばれる．これによれば各日の所定労働時間が法定労働時間の8時間を超えても限度時間の10時間までならば，時間外労働として扱われることはない．

　この非定型変形労働時間制の適用対象となるのは，30人未満の労働者を常時使用する小売業，旅館，料理店及び飲食店の事業である（労基則12条の5第1項，2項）．適用の要件は，①当該事業場の従業員の過半数代表者（過半数を代表する労働組合があればその労働組合）と労使協定を締結して労基署長に届け出ることである（労基法32条の5第1項，3項）．労使協定の記載事項については法律に定めはないが，要式第五号の記載事項では対象業務，該当労働者数，週労働時間数，変形労働時間制による期間となっている．②また変形労働時間制の実施にあたっては，1週間の各日の労働時間を当該1週間の開始する前までに労働者に対して書面で通知しなければならない（同条2項，労基則12条の5第3項，4項）．「緊急でやむを得ない事由がある場合」には，使用者はあらかじめ通知した労働時間を変更することができるが，その場合には使用者は変更する日の前日までに書面によって通知しなければならない（労基則12条の5第3項）．

2　フレックスタイム制

(1) フレックスタイム制の意義と要件

　労働者に係わる始業時刻，終業時刻は就業規則の絶対的必要記載事項であり（労基法89条1号）、使用者はこれを必ず定めなければならない．フレックスタイム制とは，この始業・終業時刻の決定を労働者にゆだねる労働時間制度である．労基法が認めているフレックスタイム制は，1か月以内の一定期間（清算期間）を平均して1週間の労働時間が週あたり法定労働時間40時間を超えない範囲内において，労働者に各日の始業・終業時刻の決定をゆだねるものである（32条の3）．これによって清算期間内において法定労働時間週40時間，

1日8時間を超えて労働させても使用者は割増賃金の支払を要しない．変形労働時間制もフレックスタイム制もともに一定期間（変形制では変形期間，フレックスタイム制では清算期間）の平均労働時間を規制の基準にする点では共通しているが，変形制が各日，各週の労働時間の事前の特定を要するのに対して，フレックスタイム制では各日，各週の特定は必要ではない．

　フレックスタイム制の要件は，(イ) 就業規則等（就業規則の作成義務のない事業場ではそれに準ずる文書）によって，始業・終業時刻の決定を労働者にゆだねることを定めることのほか，(ロ) 当該事業場の労働者の過半数代表者（過半数の代表する労働組合があればその労働組合）との書面の協定（労使協定）を締結して以下の事項を定めることである（労基法32条の3第1項）．なお労使協定を労基署長に届け出る義務はない．

①適用労働者の範囲（同項1号）．
②清算期間（同項2号）：その期間を平均して1週間あたりの労働時間が週法定労働時間40時間を超えない範囲内で労働させる期間をいい，1か月以内に限られる．
③清算期間における総労働時間（同項3号）：当事者が労働契約によって約束した所定労働時間である．清算期間を平均して1週間あたりの労働時間が週法定労働時間40時間の範囲内でなければならない（例えば，清算期間を30日とすれば総労働時間は，$40 \times 30 \div 7 \fallingdotseq 171$ となるから，171時間以内でなければならない）．
④その他厚生労働省令の定める以下の記載事項（同項4号，労基則12条の3第1号）．
　(イ)標準労働時間（同項4号，労基則12条の3第1号）：目安となる1日当たり労働時間である．これは労働者が年休を取得した時に支払われる賃金算定の基礎として活用される（同条1号）．
　(ロ)労働者が労働しなければならない時間帯（コアタイム）を設ける場合は，その開始・終了時刻（同2号）：コアタイムを設けるかどうかは自由だが，コアタイムを設けてそれが1日の標準労働時間に近くなればフレックスタイム制の意義は薄れる．
　(ハ)労働者が選択により労働することができる時間（フレキシブルタイム）に制限を設ける場合には，その開始・終了時刻（同3号）：フレキシブルタ

イムを設けるかどうかも自由だが，この時間帯が短いとフレックスタイムの意味が薄れることになる．なお㈤〜㈥については図5.1を参照．

```
7:00        10:00      12:00 13:00         15:00          19:00
┌───────────┬──────────┬─────┬────────────┬──────────────┐
│フレキシブルタイム│ コアタイム │ 休憩 │  コアタイム  │フレキシブルタイム│
└───────────┴──────────┴─────┴────────────┴──────────────┘
            ├────────1日の標準労働時間帯────────┤
          9:00         (例，7時間)          17:00
├──────────────────────労働時間帯──────────────────────┤
```

[図5.1] フレックスタイム制の例

(2) フレックスタイム制の法的問題
(イ) フレックスタイムと業務命令

　フレックスタイム制のもとで，使用者が出退勤の時刻を指定する業務命令を発することは，非常災害の場合を除いて，許されない．また出退勤の時刻を労働者が選択できるフレキシブルタイムの時間帯に会議参加や出張を命ずる業務命令も，やむを得ない緊急の場合を除いては許されず，労働者個人の合意を得て行うべきであると考えられる．このような業務命令はコアタイムの時間帯に行われるべきである．

(ロ) 労働時間の貸借制について

　清算期間の終了時になって，実労働時間が清算期間の総労働時間より少なかったり，多かったりする場合にどのように処理するかが問題となる．これはフレックスタイム制に特有な問題である．例えば，実労働時間が総労働時間より少ないときは少ない時間分を労働者の借り時間とし，逆に多いときは多い時間分を労働者の貸し時間として，過不足分を次期の清算期間に繰り越して調整することができるかである．㈤1つの考えは，このような労働時間の貸借の問題として処理することを肯定するものである．㈥逆に労働時間の貸し借りを認めず，各清算期間ごとに実労働時間に対応して賃金額によって処理するべきであるとの見解もある．㈦さらに，実労働時間が不足する場合は労働者の借り時間として次期の清算期間への繰り越し調整を認めるが，超過労働分については貸し時間として処理するのは賃金全額払いの原則（労基法24条1項）に反し

て許されず，超過分の賃金支払いを要するとするものがある（行政解釈）．

(ハ) 時間外労働・休日労働

　フレックスタイム制のもとでは，時間外労働となるのは，清算期間の総労働時間（40×清算期間の日数÷7）の枠を超える場合であるとされている．これを超えた場合には，三六協定の締結・届出と割増賃金の支払が必要となる．各日に設けられたフレキシブルタイムの前後の労働は時間外労働とならず，この時間分も清算期間の総労働時間に含めて処理される．フレックスタイム制のもとで休日労働をする場合も，始業・終業時刻は労働者の決定にゆだねられる．休日労働には三六協定の締結・届出と割増賃金の支払を必要とするが，休日労働時間数は清算期間の総労働時間に含めて処理される．

3　裁量労働制

　裁量労働制とは，業務の性質上その遂行方法を大幅に労働者にゆだねる必要があるために，その業務遂行の手段及び労働時間配分の決定を労働者の判断にゆだね，その間は一定時間労働したものとみなす労働時間制度である．1987（昭和62）年労基法改正によって専門職型裁量労働制が導入され，その後1998（平成10）年の労基法改正によって企画業務型裁量労働制が導入され，現在ではこれら2つの形態の裁量労働制がある．いずれも労働者による自主的な労働時間の配分決定により創造的な労働に寄与しうるものと期待されているが，その反面，「みなし」時間数しか労働したものとされないことから実労働時間との大きな乖離が生じるし，「みなし」労働時間数を1日8時間以下にすれば時間外労働がなくなることになる．このように裁量労働制は労働時間の規制を大きく排除するだけでなく，労働時間の長さで賃金を決めることの意味が薄れることから，裁量労働制のもとでの賃金決定は成果主義と結びつきやすい．こうした裁量労働制は労働者の長期間労働を誘発する恐れがあり導入にはいくつかの制約が設けられている．

(1) 専門職型裁量労働制

(イ) 専門職型裁量労働制の要件

　専門職型裁量労働制を導入するには，従業員の過半数代表者と書面の協定（労使協定）を締結して必要な記載事項を記載し，労基署長に届け出る必要がある．なお労使協定の締結・届出は制度を適法とする要件であって，労働契約

上の権利義務を形成するものではないから，そのためには労使協定の定めを就業規則等にも定めておく必要がある．

労使協定の記載事項は，①対象業務，②算定される労働時間（1日のみなし時間とされている），③対象業務の遂行の手段及び時間配分の決定等に関して労働者に対し使用者が具体的に指示をしないこと，④労働者の健康福祉確保のための措置，⑤苦情処理に関する措置，⑥有効期間である（労基法38条の3）．なお「対象業務」は，現在，新商品・新技術の研究開発，情報処理システム，新聞・出版における記事の取材・編集業務，衣服・室内装飾などのデザイン考案業務，放送・映画等の事業のプロデューサー・ディレクターなど19の専門職業務が指定されている（労基則24条の2の2第2項）．

(ロ) **専門職型裁量労働制の効果と問題**

専門職型裁量労働制が適法・有効に成立すれば対象労働者は労働時間の算定に当たっては実労働時間ではなく，労使協定に定められたみなし労働時間のみ労働したものとして処理される．みなし労働時間が法定労働時間を超える場合には使用者は三六協定の締結・届出と割増賃金の支払が必要である．また裁量労働が深夜時間帯に及ぶときは深夜時間数に応じた割増賃金の支払が必要になる．裁量労働制をとっている場合は，裁量労働の性質上，使用者による始業・終業時刻の定めを要しないと考えられる．しかし休憩時間の付与は必要であり，労働時間配分の裁量的性格を考えて労使協定を締結して一斉付与の適用除外（労基法34条2項）を定めておく必要があろう．さらに裁量労働制のもとで，使用者は会議への出席などのために日時を特定してコアタイムを設けることができるかが問題になるが，業務施行の裁量性を損わない限りで容認されよう．

(2) **企画業務型裁量労働制**

(イ) **企画業務型裁量労働制の意義と要件**

企画業務型裁量労働制は，事業運営に関する企画・立案・調査及び分析に係わる業務を対象業務とする裁量労働制である．専門職型裁量労働制のように業務が法令によって特定されておらず，一定のホワイトカラー労働者を対象に，労働時間にとらわれないで主体的，創造的な労働に適合する労働時間制度といわれている．

これを導入する要件は，大きくみて2つある．

- 1つの要件は，労働条件について調査審議をして事業主に意見を述べることを目的とする労使委員会を設置することである（労基法38条の4第1項）．労使委員会が設置される「対象事業場」は，「対象業務の存在する事業場」であり，具体的には，①「本社・本店である事業場」のほか，②「当該事業場の属する企業等に係る事業の運営に大きな影響を及ぼす決定が行われる事業場」，③「本社・本店である事業場から具体的な指示を受けることなく独自に，当該事業場に係る事業の運営に大きな影響を及ぼす事業計画や営業計画の決定を行っている支社・支店等である事業場」となっている（指針第二 (1) (2)）．労使委員会は労使同数で構成され，労働者側委員は従業員の過半数代表者により任期を定めて指名される（同条2項1号）．なお労使委員会の設置について労基署長に届出る必要はない．
- いま1つの要件は，労使委員会の5分の4以上の賛成で以下の事項を決議し，労基署長に届け出ることである（同条第1項）．なお労使委員会の議事については開催のつど議事録を作成して3年間保存し，労働者に周知しなければならない（同条第2項，労基則24条の2の4）．
  ①対象業務（同条1項1号）：対象業務は，「イ．事業の運営に関する事項についての企画，立案，調査及び分析の業務であって，ロ．当該業務の性質上これを適切に遂行するにはその遂行の方法を大幅に労働者の裁量にゆだねる必要があるため，ハ．当該業務の遂行の手段及び時間配分の決定等に関し使用者が具体的な指示をしないこととする業務」である（同条第1項1号）．「企画，立案，調査及び分析の業務」とは，これらが相互に関連し合う業務をいう．例えば，「経営に関する計画を策定する業務」，「新たな社内組織を編成する業務」，「新たな人事制度を策定する業務」などが該当する（指針第三1 (1) (2)）．
  ②対象労働者（同条1項2号）：対象業務を適切に遂行するための知識，経験等を有する者であって，3年～5年の職務経験を有する者を指し，新入社員は除かれる（指針第三 (1) (2)）．
  ③算定される時間（同条1項3号）：1日についてのみなし労働時間数である．
  ④対象労働者の健康・福祉確保の措置（同条1項4号）：対象労働者の労働時間の状況に応じた当該労働者の健康・福祉を確保する措置を当該決議で定めたところにより使用者が講じることである．なおこれらの措置の実施

状況については定期的に労基署長に報告しなければならない（同条2項，労基則24条の2の5）．
⑤労働者の苦情処理の措置（同条1項5号）：対象労働者の苦情に関する措置を当該決議で定めたところにより使用者が講じることである．
⑥みなし労働時間の適用について当該労働者個人の同意を得ること（同条1項6号）．
⑦決議の有効期間の定め（同条1項7号，労基則24条の2の3第3項1号）．
⑧対象労働者の労働時間の状況：当該労働者の健康・福祉確保のために講じた措置及び苦情処理について講じた措置ならびにみなし労働時間の適用について当該労働者から得た同意について，決議の有効期間満了後も3年間保存すること（同条1項7号，労基則24条の2の3第3項2号）．

(ㄇ) **企画業務型裁量労働制の効果と問題**

　企画業務型裁量労働制が実施されれば，対象労働者は実労働時間とかかわりなく労使協定に定められた労働時間労働したものとみなされる．また企画業務型裁量労働制の法的問題については，既述の専門職型裁量労働制について述べたことが同様に問題となる．

第4節　休憩・休日

1　休憩

(1) 休憩の長さと位置の原則

　使用者は，労働時間が6時間を超える場合には少なくとも45分を，8時間を超える場合は少なくとも1時間の休憩時間を労働時間の途中に与えなければならない（労基法34条1項）．ここでいう休憩時間とは，労働者が労働から離れることを保障された時間，あるいは使用者の指揮命令下を離れた時間である．労働時間が6時間までは休憩を付与することを強制されない．休憩時間の長さについては労基法による規制はないが，あまり長い休憩時間は拘束時間を長くするので好ましくない．また休憩時間は労働時間の途中に与えなければならない．始業時刻前，終業時刻後に休憩時間に代えることはできない．一括して付

与するか，分割して付与するかについても労基法に定めはないが，少なくとも昼食のために必要な時間を確保できるように付与すべきである．

(2) 一斉付与の原則

休憩は事業場単位で一斉に与えなければならない（34条2項）．他の労働者が仕事を続けていたのでは休憩が取りにくいからである．しかし「公衆の不便を避ける」等の理由で商業・金融・サービス業関係の事業場（労基法別表第一第4, 8, 9, 10, 11, 13, 14号の事業場）では交替で休憩を付与することができる（40条，労基則31条）．また一斉付与が困難な交替制職場などでも労使協定を締結して交替で休憩を付与することができる（34条2項但書）．

(3) 自由利用の原則

休憩は労働者の自由に利用させなければならない（34条3項）．これは労働からの解放という休憩の趣旨からみて当然のことを定めたものである．もっとも一定の合理的制約が伴うこともある．判例は，休憩中も使用者の施設管理権及び企業施設維持権による一定の制約があるとしている（目黒電報電話局事件・最三小判昭52.12.13労判287号26頁）．会社の建物・施設等に対する所有権・占有権侵害となる行為は許されないし，勤務中の労働者に対して業務の制約をもたらすような行為は許されない．なお警察官・消防吏員等のほか児童と日常生活をともにする社会福祉施設職員には労基署長の許可を得て自由利用の原則の適用除外が認められている（40条，労基則33条）．

2　休日

(1) 休日の原則

使用者は労働者に対して「毎週少なくとも1回の休日」を与えなければならない（労基法35条1項）．いわゆる週休制の原則である．「休日」とは，労働者が使用者の一切の拘束から解放される日，あるいは労働義務のない日とされている．「毎週少なくとも1回」とは平均して1週間に1回ではなく，それぞれの1週間のうちに1回の意味である．「週」は7日ごとの意味であるが，その起算日の定めがなければ日曜日から土曜日までと解される．1回とは，1暦日をいい原則として午前0時から午後12時までであって，継続24時間ではない．休日には曜日の特定を求められていないが，曜日を特定するのが望まれる．また休日は休憩と違って，当該事業場単位で一斉に与えなければならないわけ

ではない．

(2) 変形週休制

　労基法は週休制の例外として「4週を通じて4日以上」の休日を与えることを認めている（同条2項）．これを変形週休制とよんでいる．単位期間は4週間であるが，この起算日を就業規則等に定めておくことが要件である（労基則12条の2第2項）．この4週間に4日の休日が与えられていれば，休日の配置について規制はない．

(3) 休日の振替と代休

　休日（法定休日）と労働日（労働義務のある日）を事前に振り替えることを休日の「振替」という．休日の振替をとると，当該「休日」に出勤させても，その日は労働日に振り替わっているから休日労働にならず割増賃金の支払を要しないほか，休日労働を禁止されている年少者（労基法60条1項）及び妊産婦（66条2項）にも，その日に労働させることができる．しかし労働者にとっては私生活が乱される恐れがあるため，休日の振替制をとるには，解釈上，①就業規則等に休日振替の定めをしたうえ，②実施にあたっては振り替わる休日と労働日を特定し，③事前に労働者に通知することが求められる（昭23.4.19基収1397号，昭63.3.14基発150号）．判例も同様の態度を取っている（三菱重工横浜造船所事件・横浜地判昭53.3.28労判339号20頁）．

　休日の振替と類似のものに「代休」がある．代休は，休日に休日労働をしたことを前提に事後に他の労働日を休日にすることをいう．この場合は休日と労働日が事前に振替わっていないので休日に労働すれば休日労働になり，割増賃金の支払が必要となる．

第5節　時間外・休日労働

1　時間外・休日労働の意味

　時間外労働という場合，所定労働時間を超えて法定労働時間までの時間外労働（法内超勤ないし法内残業）と，法定労働時間（週40時間，1日8時間）を超える時間外労働（法外超勤ないし法外残業）とを区別する必要がある．労基

法が規制しているのは後者，すなわち法外残業である．前者の法内残業については特に規制を加えてはいない．休日についても同様である．労基法が規制しているのは週1回の休日の労働（法定休日労働）であって，それ以外の休日労働（法定外休日労働）については特に規制を加えていない．労基法は，法外残業及び法定休日労働について，以下にみるようにこれらを例外的に適法とする要件を定めている．

2　時間外・休日労働の要件

(1) 法律による時間外・休日労働

(イ) 非常災害時の時間外・休日労働

「災害その他避けることのできない事由」によって「臨時に必要がある場合」には，使用者は労基署長の事前の許可を得て，「必要な限度において」時間外・休日労働をさせることができる（労基法33条1項）．例えば，急病，ボイラーの破裂，事業運営を不可能にするような突発的な機械の故障の修理などがこれにあたる（昭22.9.13発基17号）．単なる業務の繁忙や恒常的に時間外労働が必要とされるなど通常予見できる事由は該当しない（昭33.2.13基発90号）．事態が急迫していて労基署長の許可を得られないときは事後に届出ることもできる．この場合は労基署長がその時間外・休日労働を不適当と認めたときは，その時間に相当する休憩または休日の付与を命じることができる（同条2項）．

(ロ) 公務上の必要による時間外・休日労働

①適用対象

労働基準法は，同法「別表第一」（労基法の適用事業を掲げている）に該当しない官公署の事業（非現業の事業）に従事する国家公務員及び地方公務員については，「公務のために臨時の必要がある場合」には時間外・休日労働をさせることができるとしている（33条3項）．これは公務の円滑な遂行と国民及び住民の便宜を確保するためであると考えられている．もっとも国家公務員については，国家公務員法が適用になる非現業の一般職国家公務員は労基法自体の適用がなく（国公法附則16条），現業の国家公務員には労基法が適用されるが（特労法37条1項1号），その大部分は「別表第一」掲記の事業に使用されているので，労基法33条3項の適用があるのは特定独立行政法人の管理部門に限られる．他方，地方公務員では，非現業地方公務員には労基法が原則的に

適用され（地公法58条3項），かつ「別表第一」掲記の事業に該当しないので本条項が適用される．しかし，地方公営企業に勤務する現業地方公務員は「別表第一」の事業に使用されているので，本条項の適用はなく，結局本条項が適用されるのは，その管理部門の職員に限られる．なお「公務のために臨時の必要」があるかどうかを誰が判断するかであるが，通説は使用者である行政官庁の判断に委ねられていると解している（昭23.9.20基収3352号）．

②公立義務学校教員へ適用

地方公務員のうち公立学校の教員は労基法が適用され（地公法58条），かつ労基法「別表第一」12号の「教育事業」に使用されているので，本来は，労基法33条3項は適用されない．しかし教員に対する校長の時間外労働を命じる権限の存否について多くの訴訟が提起され，判例は教員の時間外労働を認めて割増賃金の支払を命じてきた（静岡県教職員事件・最一小判昭47.4.6民集26巻3号397頁，静岡市教職員事件・最三小判昭47.12.26巻10号2097頁など）．そこで立法による是正が図られ，「国立及び公立の義務教育諸学校等の教育職員の給与等に関する特別措置法」（教員給与特別措置法）によって，公立学校教員に対して「教職調整給」（俸給の4％相当額）が支給され（8条），その代わりに割増賃金（労基法37条）の適用を排除し，労基法33条3項の適用を認めることとなった（教員給与特別措置法10条）．現在では教員に対して「公務のために臨時の必要のある場合」に時間外・休日労働を命じることができることになっている．

(2) 三六協定による時間外・休日労働

労基法が認めたもう1つの時間外・休日労働は，いわゆる三六協定によるものである．これまでみてきた「非常災害時」の場合や，「公務上の必要がある」場合に比べて民間の事業場で広く行われている．要件は以下のようになっている．

(イ) 三六協定の締結と届出

使用者は，当該事業場の労働者の過半数を代表する者（過半数を代表する労働組合があればその労働組合）と書面の協定（労使協定）を締結し労基署長に届け出た場合には，法定の労働時間を超え，または法定の休日に労働させることができる（労基法36条1項）．時間外・休日労働の一般的なケースはこの労使協定（三六協定）による場合である．三六協定は真に従業員を代表する者が

締結しなければならない．親睦会の代表者や役職者は従業員代表者とは認められない（トーコロ事件・最二小判平13.6.22労判808号11頁は，「友の会」と称する従業員の「親睦団体」の役員が結んだ三六協定を無効とし，従業員には残業命令に従う義務はないとしている）．

　三六協定には以下の事項を定めることになっている（労基則16条1項）．
① 「時間外又は休日の労働をさせる必要のある具体的事由」
② 「業務の種類」
③ 時間外労働をする「労働者の数」
④ 「1日及び1日を超える一定の期間についての延長することができる時間」または「労働させることのできる休日」：延長できる時間は，「1日」及び「1日を超える一定期間」の両者について定めなければならない．「1日」についての延長できる時間は，坑内労働その他有害業務については2時間以内の限度があるが（36条1項但書，労基則18条1項），それ以外の一般の業務では「1日」当たりの限度時間について法令による規制はなく当事者に委ねられる．他方，「1日を超える一定期間」の限度時間については，「1日を超え3か月以内の期間」と「1年間」の双方について定めなければならず，それぞれについて限度時間の規制がある．「1日を超え3か月以内の期間」の場合には，1週間＝15時間，2週間＝27時間，4週間＝43時間，1か月＝45時間，2か月＝81時間，3か月＝120時間となっている．また「1年間」の限度時間は360時間である（36条2項，平15.10.22労働省告示355号（限度基準告示）3条，同別表第一）．この時間外労働の限度基準に対しては，「特別の事情（臨時的なものに限る）が生じたときに限り」，労使当事者が定めた一定期間ごとの時間外労働の限度時間を超えてさらに一定の時間を延長することができる（平15.10.22労働省告示355号3条）．

　なお育児介護休業法では，小学校就学前の子を養育する労働者または要介護状態にある対象家族を介護する労働者が請求したときは時間外労働の上限が1か月24時間，1年間150時間とされている（17〜18条）．

　他方，「労働させることのできる休日」については，休日を特定することのほか一定期間内の休日の日数を定めてもよいとされている．
⑤ 「協定の有効期間」（労基則16条2項）：三六協定については有効期間を定めておかなければならない．ただし期間の上限について規制はない．上のよ

うに時間外労働の限度時間として「1年間」の規制があるので，三六協定の有効期間は最長で1年となる．なお三六協定の有効期間が満了し，更新する場合も協定の届出が必要となる（労基則17条2項）．

(3) 時間外・休日労働義務

三六協定によって時間外・休日労働をさせる場合（労基法36条），使用者は同協定の締結・届出が必要だが，それによって使用者は労働者に時間外・休日労働をさせても罰則の適用を免れ（免罰的効力），また民事上は労基法32条の強行的効力を解除する効果を有するにとどまり，三六協定自体によって使用者は業務命令として時間外労働を命じることができるわけではなく，労働者は当然に時間外労働義務を負うわけではない．

時間外・休日労働義務の根拠は三六協定とは別途に労働契約に求められる．その説明の仕方については2つの考え方がある．1つは個別的合意説（申込説）である．この説では使用者は労働者の個別的同意なくして時間外・休日労働を命じることはできないとする．この場合は使用者の時間外・休日労働の指示・命令は適法な業務命令ではなく，労働者の同意を得るための申込みにほかならないから，「申込説」といわれることもある（かつて判例はこの立場をとっていたことがある．明治乳業事件・東京地判昭44.5.31労民集20問3号477頁）．

いま1つの説は，包括的合意説（命令説）といわれるものである．就業規則等に「会社は業務上必要あるときは従業員に時間外・休日労働を命ずることがある」旨の定めがあるときは，それが労働契約の内容になって使用者は時間外・休日労働を命じることができるという．この説では就業規則等に時間外・休日労働に関する定めがあれば，これを根拠に使用者は労働者の個別的同意がなくても時間外・休日労働を命じることができることとなるので「命令説」とよばれることもある．

こうした個別的合意説と包括的合意説との間にはさまざまな説がある．判例は，就業規則に三六協定の範囲内で一定の業務上必要あるときは時間外労働をさせることができる旨定めている場合は，当該就業規則に合理性があれば，それが労働契約の内容になって，労働者は就業規則の定めに従い時間外労働をする義務を負うとしている（日立製作所武蔵工場事件・最一小判平3.11.28労判594号7頁）．これは当該就業規則条項に合理性があればそれが契約内容を形成するとの就業規則論（秋北バス事件最高裁判決の系譜を引く定型契約説だ

といわれている）を前提にしているが，理論構成は包括的合意説によるものである（法内残業のケースである静内郵便局事件・最判昭59.3.27労判430号69頁も同旨）．もっとも判例は就業規則の当該規定（三六協定を含めて）の合理性判断に当たっては時間外・休日労働の事由を概括的，網羅的ではなく具体的に定めることを求めている．

なお，「災害その他避けることのできない事由」による時間外・休日労働の場合には（労基法33条1項，2項），労働者は信義則上時間外・休日労働義務を負うとされている．また「公務のために臨時の必要がある場合」（同条3項）には，行政庁は一方的に時間外・休日労働を命じることができると解されている．

3　割増賃金

(1) 割増賃金の支払と算定

使用者は，労基法33条または同36条にもとづいて法定労働時間を延長し，または休日に労働させた場合，または午後10時から午前5時までの間に労働（深夜労働）させた場合には，割増賃金を支払わなければならない（37条1項，3項）．法内残業または法定外休日労働に対しては割増賃金の支払いは労基法によって強制されない．その扱いは当事者に委ねられるが，実際には割増賃金が支払われることが多い．

割増賃金は，「通常の労働時間又は労働日の賃金の計算額」（所定労働時間1時間当たりの賃金額）に時間外労働及び深夜労働の時間数を乗じて得た金額に，割増率（時間外労働及び深夜労働は2割5分増し，休日労働は3割5分増し）を乗じて計算される（37条1項，3項，割増賃金令平6.1.4政令5号，労基則19条）．なお時間外労働が深夜労働に重なる場合は，その部分は5割増しになる（労基則20条1項）．また休日労働が8時間を超えても3割5分増しのままであるが，深夜労働と重なる場合はその部分は6割増しとなる（労基則20条2項）．

割増賃金の算定の基礎となる通常の賃金からは，①家族手当，②通勤手当，③別居手当，④子女教育手当，⑤住宅手当，⑥臨時に支払われる賃金，⑦1か月を超える期間ごとに支払われる賃金（賞与など）は除かれる（37条5項，労基則21条）．これらの手当は個人的事情により異なるもので時間外労働等に

よって増額されるべきものではないし（①〜⑤），また臨時に支払われる賃金等は「通常の賃金」とは異なるからである（⑥〜⑦）．これらの手当等は限定列挙であるからこれ以外の手当等を除外することはできない（小里機材事件・最一小判昭63.7.14労判523号6頁）．またこれらの手当であっても個人的事情によるものではなく労働者に一律に支払われている場合（例えば，家族手当であっても家族の有無や家族数に関わりなく一律に一定額が支払われている場合）は，算定の基礎に含めなければならない（壺坂観光事件・奈良地判昭56.6.26労判372号42頁）．

　なお割増賃金は，定額手当で支払ったり、基本給に含めて支払われたりすることがある．このような払い方自体は違法ではないが，しかしその場合，割増賃金部分と通常の賃金部分が明確に区別されていなければならず，かつ実際に支払われた割増賃金が労基法37条に基づいて計算された割増賃金額を上回っていなければならない（高知県観光事件・最二小判平6.6.13労判653号12頁）．

(2) 時間外労働が月60時間を超える場合の割増賃金

　平成20年労基法改正（平成22年4月1日施行）によって，時間外労働の割増賃金率に関して以下のような基準が設けられている．

　①時間外労働の限度基準を超える特別条項付協定を締結した場合には，法定の割増賃金率（2割5分増）を超える割増率を定めるよう努めること（労基法36条2項，限度基準告示3条3項）．②また時間外労働が1か月60時間を超えた場合においては，その超えた時間の労働について5割増以上の割増賃金を支払わなければならない（37条1項ただし書）．③1か月60時間を超える時間外労働が行われた場合に，割増賃金率の引き上げ分（2割5分から5割への引き上げ分，すなわち2割5分）につき割増賃金の支払に代えて，有給休暇（割増賃金代替休暇）を与えることを定めることができる（37条3項）．例えば月80時間の時間外労働した場合には，月60時間を超える20時間については，5時間分の割増賃金代替休暇を与えることができる（20時間×0.25=5時間）．なお右の②及び③は中小事業主には当分の間，適用されない（138条）．

第6節 労働時間，休憩，休日の適用除外

　労基法は，以下の労働者または労働態様に関して，労働時間・休憩・休日に関する規定及び割増賃金に関する規定の適用を除外している（労基法41条）．すなわち，①農水産事業（林業は除く）に従事する者（同条1号），②監督もしくは管理の地位にある者（管理監督者），または秘書など機密の事務を取り扱う者（同条2号），③監視労働，断続労働に従事する者で労基署長の許可を受けた場合である（同条3号）．

(1) 農水産業に従事する者

　農業・畜産・養蚕・水産業に従事する者が労働時間等の適用除外とされるのは，これらの業務が天候等に左右されやすく労働時間・休憩・休日等の規制になじまないからである．なお林業についてはかつては適用除外とされていたが，1993年以降労働時間等の適用対象となっている．

(2) 管理監督者及び機密の事務を扱う者

(イ) 管理監督者

　労働時間等の適用除外で最も問題になるのは管理監督者の場合である．管理監督者とは，「一般的には部長，工場長等労働条件の決定その他労務管理について経営者と一体的な立場にある者」をいう．具体的には，①「労働時間・休憩・休日等に関する規制の枠を超えて活動することが要請されざるをえない重要な職務と責任を有し，現実の勤務態様も，労働時間等の規制になじまないような立場にある者」に限られる．②その判断に当たっては，資格や職位の名称にとらわれることなく，「職務内容，責任と権限，勤務態様」に着目して判断される．③また「基本給，役付手当などにおいてその地位にふさわしい待遇がなされているか否か」も判断にあたって考慮される．④さらに部下を有しない，いわゆる「スタッフ管理職」についても，処遇の程度からみて，あるいは労働時間等の規制を外しても労働者保護に欠けるところがないと考えられるなど，一定の範囲の者については管理監督者に含まれる場合がある（昭22.9.13発基17号，昭63.3.14基発150号）．

　実際に多くの企業では課長になると管理職手当の支給を受けるが，その代わりに時間外労働をしても割増賃金が支払われなくなる．これは企業が認識して

いると否とにかかわらず，事実上課長以上の管理職を管理監督者として扱っていることを意味する．しかし現実に課長などの役職者であっても管理監督者にあたらないとみられる者も少なくない．事実，管理監督者にあたらないとして割増賃金の支払いを求めた事件の多くで，判例は管理監督者性を否定している．最近も，全国展開している大手ファスト・フード店の店長が「管理監督者」にあたらないとして割増賃金の支払を命じた判例がある（日本マクドナルド事件・東京地判平20.1.28労判953号1頁）．

(ロ) **機密の事務を扱う者**

機密の事務を扱う者とは「秘書その他職務が経営者と一体不可分であって，厳格な労働時間管理になじまない者」（昭23.9.13発基17号）をいう．秘密文書を扱う者や秘書のすべてがこれに当たるわけではなく，「経営側と一体不可分であって，厳格な時間管理になじまない者」かどうか，実態に基づいて判断されることになる．

(3) **監視・断続労働に従事する者で労基署長の許可を受けた者**

監視労働及び断続労働に従事する者については，その基準が明確でないため，労基署長の許可を受けることを要件に労働時間等の適用除外が認められている．「監視労働」とは，「一定部署にあって監視するのを本来の業務」とする労働を指し，労働時間等の適用除外の一般的許可基準は，「常態として身体又は精神的緊張の少ないもの」であり，「断続労働」とは，作業時間と手待ち時間が交互にくるような労働をいい，許可基準は「休憩時間は少ないが手待時間が多い」場合である（昭22.9.13発基17号，昭63.3.14基発1504号）．要するに，通常の労働者に比べて労働密度が薄く，労働時間等の規定を適用しなくても労働者保護に欠けるところがないような場合にのみ許可される．

いわゆる宿日直（本来の業務（本務）を他に持っている労働者が夜間または休日に本務以外の勤務に就くこと）については，それが断続的な業務である場合には，労基法41条3号の断続労働に基づくものとして労基署長の許可を受けることにより労働時間等の適用除外が認められている（労基則23条）．宿日直の一般的許可基準は，「常態として,ほとんど労働する必要のない勤務のみを認めるものであり，定期的巡視，緊急の文書又は電話の収受，非常事態に備えての待機等を目的とするものに限って許可」される（昭22.9.13発基17号）．なおいったん許可されても，許可基準に反する勤務が行われている場合は，通

常勤務として時間外・深夜労働の割増賃金の支払いが求められる．

第7節　年次有給休暇

(1) 年休権の要件と法的性質

(イ) 年休取得の要件と法定年休日数

　労基法は，使用者に対して，労働者の雇入れの日から起算して6か月間継続勤務し（使用者と雇用関係にあること），全労働日の8割以上出勤した労働者に対して10労働日の有給休暇を与えなければならないとしている（39条1項）．その後は1年ごとに継続勤務してその間に全労働日の8割以上出勤した労働者に対して，10労働日に1労働日ずつ加算（雇入れから3年半以降は1年ごとに2日ずつ加算）した有給休暇を与えなければならないとしている．ただし有給休暇日数が20労働日に達したときには（雇入れの日から6年半で20労働日に達する），20労働日に据えおくことができる（同条2項）．なお最初の6か月，またはその後の1年間に出勤率が8割を下回るときは，その次の1年間は年休が0になるが，0になった年に8割以上出勤すれば，その次の1年間は法定年休日数分（加算された日数分の年休）を再び取得することになる．

(ロ) パート労働者の年休

　週当たり所定労働時間の短いパート労働者も労基法上の労働者であるから労基法上の権利である年休権の保障を受けることはいうまでもない．ただ出勤日数が少ないことから年休権の要件と年休日数につきどう処理したらよいかが問題となる．そこで昭和62年労基法改正により通常の労働者の週所定労働日数に対するパート労働者の週所定労働日数の比率によって年休日数を決める比例付与制度が導入された（労基法39条3項）．

　比例付与制度が適用される要件は，①1週間の所定労働時間が30時間未満で，かつ，②週所定労働日数（平均週所定労働日数）が4日以下（週以外の期間で所定労働日数が定められているときは年間所定労働日数216日以下）となっている．この2つの要件をともに満たすパート労働者は通常の労働者の週所定労働日数（現在は5.2日）との比率で年休日数が決められる（労基則24条の3第1項〜5項）．もちろん上記のように「継続勤務」と「出勤率8割以上」

の要件はパート労働者の場合も同様である．例えば，週所定労働日数が4日で，1日あたりの所定労働時間が6時間のパート労働者が雇入れの日から6か月間継続勤務して8割以上出勤した場合についてみると，上の①，②の比例付与の要件を満たすので，年休日数は，10日 × 4 / 5.2 =7（端数切り捨て）となり，法定年休日数は7日となる．この例で，雇入れから1年半継続勤務し出勤率8割以上の要件を満たした場合では，11 × 4/5.2=8（端数切り捨て）となり，法定年休日数は8日となる．なお週4日出勤のパート労働者であっても，1日の所定労働時間が8時間の場合は，週所定労働時間が32時間となり，上の①の要件を満たさないので比例付与ではなく，通常の方法による．週5日出勤のパートも比例付与にはならない．

(ハ) **年休権の法的性質**

年休権は，労基法39条1項，2項（6か月間または1年間「継続勤務」し，全労働日の「8割以上出勤」）を満たせば当然労働者に生じる権利であって，使用者の承諾や合意によって生じる権利ではない（全林野白石営林署・国鉄郡山工場事件・最二小判昭48.3.2労判171号16頁）．実際に労働者が文書や口頭で使用者に年休届けを提出することは，労働者がすでに有している年休権を行使する時季を指定する権利（時季指定権）の行使を意味する．その意味で年休権と時季指定権は区別して考えられている（二分説）．

(ニ) **時間単位の年休**

労基法が定める年休は日を単位としているが，平成20年労基法改正により，使用者は，過半数代表との労使協定の締結を要件として，5日以内に限り時間単位の年休を与えることができることになった（39条4項）．

(2) **年休取得手続と使用者の時季変更権**

労働者が，年休を取得するために年休届けを提出する，すなわち年休の時季を指定する（時季指定権の行使）ときは，使用者は指定された時季に年休を与えなければならない（年休付与義務）．ただし労働者が請求した時季に年休を与えることが「事業の正常な運営を妨げる場合」には他の時季に指定するよう求めることができる（労基法39条5項）．これを使用者の時季変更権とよんでいる．

(イ) **年休取得の手続**

労働者は，時季指定をするときは年休を取るべき日と日数を特定しなければならないが，これは文書でも口頭でもよいとされている．ただ使用者が時季

変更権を行使するかどうかを判断するために必要な時間的余裕をもって行うべきである．もっとも判例のなかには就業規則に年休は「前々日の勤務終了時までに請求するものとする」と定めた就業規則があっても年休当日になされた時季指定を有効としたものがある（電電此花局事件・最一小判昭57.3.18労判381号20頁．この場合には時季変更権の行使は年休開始後であっても適法になしうるとしている）．ただし事後の年休請求，つまり欠勤後の年休請求は原則として認められない（東京貯金事務センター事件・東京高判平6.3.24労民集45巻1/2号118頁）．しかしこの場合も実際には，年休以外の事由で欠勤した日を事後に年休扱いにすること（年休の振替）がおこなわれることがある．これは年休権の行使（労働義務の免除）とは関係がないが（したがって時季変更権の行使もない），使用者がこれを任意に認めるか，就業規則等に定めがある場合には，年休の振替は有効と考えられる．

(ロ) **時季変更権の要件**

使用者の時季変更権の行使の要件である「事業の正常な運営を妨げる場合」の「事業」とは，本来は当該事業場の業務の総体をいうが，判例は，特定の部署（「部」または「課」）を単位として考えている．当該部署にとって年休請求者の当該業務が不可欠な業務であり，かつそのための代替要員の確保が困難な場合には「事業の正常な運営を妨げる場合」にあたると考えられる．もっとも使用者はできる限り労働者が指定した時季に休暇を取ることができるように「状況に応じた配慮」をすることを要請されている．例えば，勤務割りのある職場であっても使用者が代替勤務者を配置すべく「状況に応じた配慮」をしなかったときには，当該時季変更権の行使は権利の濫用として許されないとしている（弘前電報電話局事件・最二小判昭62.7.10労判499号19頁）．

(3) 年休の利用目的

(イ) **自由利用の原則**

年休の利用目的は労働者の自由である（自由利用の原則）．判例も，「年次休暇の利用目的は労基法の関知しないところであり，休暇をどのように利用するかは，使用者の干渉を許さない労働者の自由である」（前掲・国鉄郡山工場事件・全林野白石営林署事件・最二小判）としている．旅行，スポーツのほか通院・病気治療等にも年休が使われている．有給の病気休暇制度があるヨーロッパでは病気療養のための年休利用を禁止する国もあるが，日本では病気になっ

た時のことを考えて年休は使わないでおく傾向すらみられる.

(ロ) **争議行為への利用**

かつてストライキを禁止された公務員労働者が，ストライキの代替手段として，一斉に年休を取得して職場を離れる，いわゆる「休暇闘争」を行ったことがある．そのさい「休暇闘争」は正当な年休権の行使かどうかが問題となった．現在では年休を自己の事業場でストライキに利用することは年休権の行使ではないと考えられている．その理由は，「正常な勤務体制が存在することを前提としてその枠内で休暇を認めるという年次有給休暇制度の趣旨」(津田沼電車区事件・最判三小平3.11.19労判599号6頁) に反するからだという．もっとも他の事業場のストライキの応援のために年休を取って出かけることはさしつかえない (前掲・全林野白石営林署事件・国鉄郡山工場事件・最二小判).

(4) **計画年休**

日本の労働者1人当たりの平均年休保有日数は18.3日 (繰越し分を除く)，平均取得日数9.0日，消化率49.3％となっている (厚生労働省「平成24年度就労条件総合調査」)．半分も使われていないのが実情である．そこで年休消化率を高め労働時間短縮を推進するために昭和62年労基法改正によって計画年休が導入された (労基法39条6項)．これは労使協定を結んで (労基署長への届出は不要)，事業場で一斉に，または各グループごとに休暇の時季と日数を定めて年休を計画的に消化する制度である．計画年休の対象となるのは各労働者の年休日数のうち5日を超える分である (5日は個人年休として留保しておかねばならない)．計画年休の下では使用者は時季変更権を，労働者は時季指定権を制約されることになる．

(5) **未消化の年休の扱い**

(イ) **年休の繰越**

当該年度内に発生した年休を消化できなかった場合，これを次年度以降に繰り越すこと (年休の繰越) はできるであろうか．年休権は休息権を具体化したものであるから，発生した年度内に消化するのが望ましいことはいうまでもないが，現実に年休消化率が低いことのほか，年休権の消滅時効が2年であること (労基法115条) にかんがみて，年休の繰り越しは2年を限度に認められている．

(ロ) **年休の買上げ**

使用者が金銭を支払うことによって年休を取得したものとすること（年休の買上げ），あるいは消滅時効時に消化されなかった年休に対して使用者が金銭を支払うことを約束すること（年休の買上げの予約）は有効であろうか．年休権を金銭に換えることは年休の趣旨を損なうものであり認められない．したがって年休の買上げ，買上げの予約は，それが当該年休の取得を認めない趣旨である場合には，労基法39条に反して違法，無効である．

(ハ) **労働契約の終了と年休**

年休権は労働契約が存在し労働者に労働義務が存在することを前提とする権利であるから，退職・解雇などによって労働契約が終了すれば年休権も消滅する．問題は年休が未消化のまま労働契約が終了した場合に，消化されずに取り残した年休に対して年休手当請求権が認められるかどうかである．見解は分かれているが，労働契約終了時に労働者がとり残した年休に対して使用者が任意に金銭を支払うことは差し支えない．

(6) **不利益取扱**

年休を取った労働者に対して使用者が年休取得日を欠勤扱いにするなどして不利益取扱いをした場合，かかる措置は民事上の効力を認められるか．労基法附則136条は，年休を取得した労働者に対して「不利益な取扱をしないようにしなければならない」としている．この規定を強行法規または公序性を有するものと考えれば，使用者の不利益取扱措置は違法無効となる．学説はこのように解する傾向が強いが，判例はこれを努力義務規定と解している．しかし使用者の不利益取扱措置が年休権の行使を抑制し，ひいては年休権を保障した趣旨を実質的に失わせるものと認められる場合は労基法39条及び同136条の趣旨に反し公序良俗に反して無効としている（沼津交通事件・最二小判平5.6.25労判636号11頁．ただし同事件は年休取得日を欠勤扱いにして皆勤手当を減額する旨の労働協約を結論的には有効としている）．

第8節 労働時間等設定改善法

　平成18年4月1日より「労働時間等の設定の改善に関する特別措置法」（労働時間等設定改善法）が施行された．この法律は，これまで時限立法であった「労働時間の短縮の促進に関する臨時措置法」（労働時間短縮促進法）が「所期の目標をおおむね達成」したとしてその廃止期限である平成18年3月31日の終了をもって恒久化されたものである．

　労働時間等設定改善法は，労働時間の設定の改善について労使の自主的な取組みを促進することを目的に（1条），事業主に対して「労働者の健康と生活に配慮しつつ，多様な働き方に対応」できる労働時間等の設定の改善を図るために必要な措置を講じることを努力義務としている（2条）．事業主が講じる努力義務の具体的内容は，厚生労働大臣の定める「労働時間等設定改善指針」（4条，平18.3.31厚労省告示197号）に示されている．

　この指針によると，事業主は，(1) 一般的な措置として，①労使間の話し合いの機会を整備するために労使代表者からなる「労働時間等設定改善委員会」を設置すること，②労働者の抱える多様な事情に対応して変形労働時間制，フレックスタイム制，裁量労働制を活用すること，③年次有給休暇を取得しやすい環境の整備をはかること，④時間外労働の限度時間を順守しつつ，その削減をはかることを求めている．

　また (2) 特に配慮を必要とする労働者に関する措置として，①健康の保持に努める必要がある労働者に対して労働時間の短縮，深夜業の回数の削減等の措置を講じること，②子の養育または家族介護を行う労働者に対しては，年休の取得促進，所定外労働時間の削減等の措置をとることなどが挙げられている．

column

年休の背景

日本の労働者が年休を取得する場合，まず同僚に迷惑がかからないかを考える．またヨーロッパと違って有給の病気休暇制度がない日本では，病気になったときのために年休を使わないで残しておく傾向が強い．だが日本の年休の消化率の低さの背景はこれにとどまらないようである．1990年代の前半に筆者はイギリスに1年間留学していた．そのとき左右両燐りの家族（いずれも中年の夫婦で子供2人の4人家族）が夏の8月から9月にかけて4週間ほど年休を取って一家四人，車でフランスにバカンスに出かけた．話には聞いていたがヨーロッパの人は実際に長期のバカンスをエンジョイするものだと知って驚いた．私はイギリス滞在中にその理由は何だろうかと考えていた．さいわい右隣のご主人とは一緒によくパブに飲みに行く仲だったので多少こみ入った話を聞くことができた．そこから推測すると，イギリスの人たちは住宅ローンの負担が日本の中年男性に比べて極めて軽いこと，また老後の生活の心配を日本人ほどにはしていないようにみえた．日本の労働者も住宅ローンの負担が軽くなり，老後の生活の心配が少なくなれば，家族と一緒に年休を使ってバカンスを楽しむことを考えるのではなかろうか．年休消化の問題は住宅事情や老後の生活など広い背景を有しているようである．

第6章 労働災害の予防と補償

本章のポイント

　労働災害の法的問題は，その予防と補償に大別される．労働災害の予防の基本法である労働安全衛生法のしくみと主要な内容はどうなっているか．また労働災害の補償の基本法は，今日では労災保険法が担っているが，労災保険給付がなされる「業務災害」及び「通勤災害」の認定の仕方及び基準はどうなっているか．とりわけ大きな社会問題である「過労死」，「過労自殺」の「業務災害」の認定基準はどうなっているか．さらに労災保険の適用・給付のほかに，使用者に対する民事損害賠償訴訟が労災のいまひとつの大きな問題であるが，その根拠となる安全配慮義務とはどのようなものであろうか．

第1節 労働災害の防止──労働安全衛生法

1 労働安全衛生法の制定

　労働災害防止のための基本法は労働安全衛生法（安衛法）である．同法は昭和30年代半ば以降の高度経済成長の過程における労働災害の増大と重度化が，公害と共に大きな社会問題となり，それを背景に1972（昭和47）年に労働基準法の「第5章 安全及び衛生（42〜55条）」の規定が独立して制定された．現在では労働災害防止法制は労働安全衛生法と多くの同法附属諸規則，じん肺法（昭和35年），労働災害防止団体法（昭和39年），作業環境測定法（昭和50年）などからなっている．労働安全衛生法は労災防止のために「人の配置」（安全衛生管理体制）と使用者が遵守すべき「安全衛生の一般基準」を定めている．

2 安全衛生管理体制

　労働安全衛生法が労災防止のために定める「人の配置」，すなわち安全衛生管理体制は，図6.1のようになっている．これには一般事業場における場合と，元請と下請の労働者が混在する建設・造船の作業現場における場合の2種類がある．

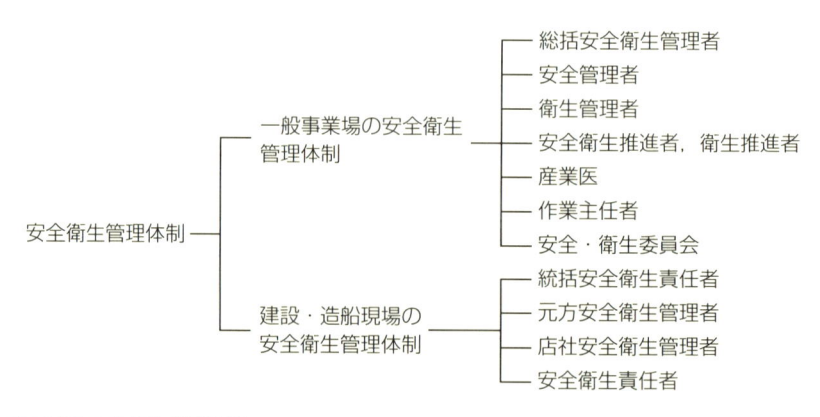

```
                              ┌─ 総括安全衛生管理者
                              ├─ 安全管理者
                              ├─ 衛生管理者
                  ┌─ 一般事業場の安全衛生  ├─ 安全衛生推進者，衛生推進者
                  │   管理体制          ├─ 産業医
安全衛生管理体制 ─┤                      ├─ 作業主任者
                  │                      └─ 安全・衛生委員会
                  │                      ┌─ 統括安全衛生責任者
                  └─ 建設・造船現場の   ├─ 元方安全衛生管理者
                      安全衛生管理体制   ├─ 店社安全衛生管理者
                                         └─ 安全衛生責任者
```

[図6.1] **安全衛生管理体制**

(1) 一般事業場の安全衛生管理体制

一般事業場の安全衛生管理体制の概要は次のようになっている．

①総括安全衛生管理者：事業場の業種と規模に応じて（例えば，建設業では常時使用する労働者100人以上，製造業は300人，その他非工業的業種は1000人以上）総括安全衛生管理者が選任され，当該事業場の安全衛生に関する全般的業務を統括管理する（安衛法10条）．当該事業場全体の責任者（例，工場長）が選任される．

②安全管理者：一定の業種と規模の事業場（例えば，製造業・建設業では常時50人以上）において安全管理者が選任され，総括安全衛生管理者の行う業務のうち安全に関する具体的事項を管理する（11条）．

③衛生管理者：常時50人以上の労働者を使用する事業場で労働者の規模に応じて（常時50人以上200人以下では1人以上を選任し，労働者数が増えるにつれ選任者数が増加）衛生管理者が選任され，総括安全衛生管理者の業務のうち衛生に関する具体的事項を管理する（12条）．

④安全衛生推進者，衛生推進者：常時10人以上50人未満の労働者を使用する事業場で，安全管理者の選任を求められる業種の事業場では安全衛生推進者を選任し，それ以外の業種の場合には衛生推進者を選任しなければならない（12条の2）．その業務は安全衛生推進者については総括安全衛生管理者と同じく安全衛生に関する全般的業務を扱い，衛生推進者はそのうち衛生に関する業務を行う．中小・零細事業場における安全衛生管理体制の強化を企図したものである．

⑤産業医：常時50人以上の労働者を使用する事業場に医師たる産業医（常時使用する労働者1000人以上の事業場では専任の産業医）を選任しなければならない（13条）．

⑥作業主任者：事業場単位ではなく危険有害な作業区分ごとに資格を有する者から作業主任者が選任され，機械・安全装置の点検，異常を認めた場合の必要な措置及び器具・工具等の使用状況の監督を行う（14条）．

⑦安全・衛生委員会：事業場の業種と規模に応じて（例えば，建設業では50人以上，製造業では常時100人以上）安全に関する事項を調査審議し，事業者に意見を述べるために安全委員会を設置し（17条），また常時50人以上の労働者を使用するすべての事業場で衛生に関する事項を調査審議し，事業者

に意見を述べさせるために衛生委員会を設置しなければならない（18条）．同一事業場で両委員会を設けなければならないときは，各委員会の設置に代えて安全衛生委員会を設置することができる（19条）．事業者は，これら委員会の委員の半数は当該事業場の従業員の過半数を代表する者（過半数を代表する労働組合があればその労働組合）の推薦により指名しなければならない．

(2) 建設・造船現場の安全衛生管理体制

一般事業場における安全衛生管理体制に加えて，建設業及び造船業の事業者は，下請労働者が混在する作業現場においては，さらに特別な安全衛生管理体制の確立を求められている．労災事故の多い建設・造船業の作業現場で被災者の多くが下請労働者であることから，この特別な安全衛生管理体制は下請労働者の労災防止が主な目的である．

①統括安全衛生責任者：特定元方事業者（1つの場所で仕事の一部を請負人に請け負わせている注文者を「元方事業者」といい，建設業・造船業の元方事業者を「特定元方事業者」という）は，自己の労働者及び請負人の労働者を合わせて常時30人以上（トンネル等の建設，人口密集地における橋梁建設，圧気工法による作業），または常時50人以上（右以外の作業）使用して同一場所で作業を行うときは，統括安全衛生責任者を選任して，特定元方事業者が講ずべき必要な措置（業者間の協議組織の設置，作業間の連絡・調整，作業場の巡視等）を統括管理させなければならない（15条）．

②元方安全衛生管理者：統括安全衛生責任者を選任した建設業の事業者は，元方安全衛生管理者を選任し，統括安全衛生責任者の行う事項のうち安全衛生の具体的事項を管理させなければならない（15条の2）．

③店社安全衛生管理者：建設業の元方事業者は，統括安全衛生責任者及び元方安全衛生管理者を選任していない場所において，自己の労働者及び関係請負人の労働者を常時20人以上30人未満（トンネルの建設，人口密集地における橋梁建設，圧気工法による作業）使用し，または常時20人以上50人未満（鉄骨造・鉄骨鉄筋コンクリート造の建造物の建設作業）使用して同一場所で作業を行うときは，店社安全衛生管理者を選任して，特定元方事業者が講ずべき必要な措置を担当する者に対して指導を行わせなければならない（15条の3）．これは統括安全衛生責任者及び元方安全衛生管理者が選任されな

い小規模建設現場における統括安全衛生管理の確立を目的としたもので，実際には建設会社の支店・支社で選任され，建設現場の統括安全衛生管理を監督する．

④安全衛生責任者：特定元方事業者によって統括安全衛生責任者が選任された場合には，請負人側は，統括安全衛生責任者との連絡及び同人から受けた連絡の通知及びその実施を管理するため安全衛生責任者を選任しなければならない（16条）．

3　安全衛生の基準

安衛法は，図6.2にみる事項について，事業者等が遵守すべき「安全衛生の基準」を定めている．

```
危険・健康障害防止措置 ┬ 事業者の講ずべき措置 ┬ 危険防止措置
                    │                    ├ 健康障害防止措置
                    │                    ├ 作業場に関する措置
                    │                    ├ 作業行動に関する措置
                    │                    ├ 作業中止・待避に関する措置
                    │                    ├ 救護に関する措置
                    │                    └ 危険性・有害性の調査
                    ├ 元方事業者の講ずべき措置
                    ├ 特定元方事業者の講ずべき措置
                    └ 製造業の元方事業者の講ずべき措置

機械等及び危険・有害物の規制 ┬ 機械等に関する規制
                          └ 有害物に関する規制

労働者の就業にあたっての措置 ┬ 安全衛生教育
                          ├ 就業制限
                          └ 中高年齢者等への配慮

健康の保持増進のための措置 ┬ 作業環境測定
                        ├ 健康診断 ┬ 定期健康診断・有害業務の健康診断
                        │        └ 健康診断実施後の措置
                        ├ 病者の就業制限
                        └ 健康教育等
```

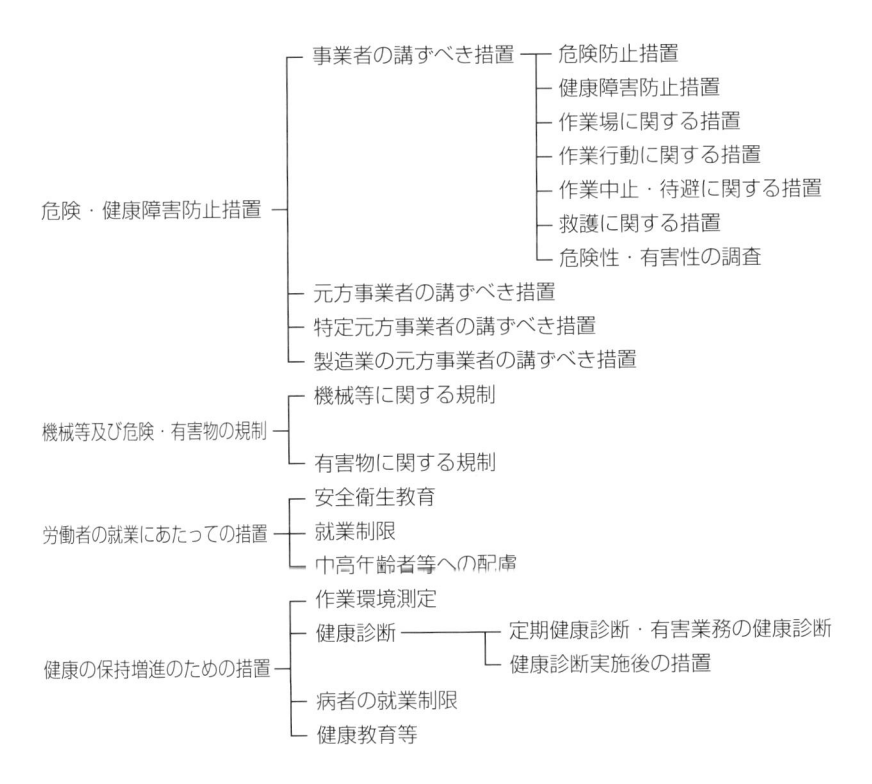

[図6.2] 事業者等が遵守すべき安全衛生の基準

(1) **危険・健康障害防止措置**
(イ) **事業者の講ずべき措置**
　事業者は，以下に掲げる労働者の危険または健康障害を防止するため必要な措置をとらなければならない．これらの規定は労働災害防止を目的とする労働安全衛生法の中心の規定である．その詳細な具体的基準はすべて労働安全衛生規則その他の特別規則に委ねられている（安衛法27条1項）．
①危険防止措置
　事業者は以下の危険を防止するために必要な措置をとらなければならない（20～21条）．①機械，器具その他の設備による危険，②爆発性，発火性，引火性の物等による危険，③電気，熱その他のエネルギーによる危険，④掘削，採石，荷役，伐木等の業務の作業方法から生ずる危険，⑤墜落するおそれのある場所，土砂等の崩壊する恐れのある場所等に係る危険．
②健康障害防止措置
　事業者は以下の健康障害を防止するために必要な措置をとらなければならない（22条）．
　①原材料，ガス，蒸気，粉じん，酸素欠乏空気，病原体等による健康障害，②放射線，高温，低温，超音波，騒音，振動，異常気圧等による健康障害，③計器監視，精密工作等の作業による健康障害，④排気，廃液または残さい物による健康障害（22条）．
③作業場に関する措置
　事業者は作業場について，通路，床面，階段等の保全ならびに換気，採光，照明，保温，防湿，休養，避難及び清潔に必要な措置その他労働者の健康，風紀及び生命の保持に必要な措置をとらなければならない（23条）
④作業行動に関する措置
　事業者は，労働者の作業行動から生ずる労働災害を防止するための必要な措置をとらなければならない（24条）．
⑤作業中止・待避に関する措置
　事業者は，労働災害発生の急迫した危険があるときに直ちに作業を中止し，労働者を作業場から待避させる等必要な措置をとらなければならない（25条）．
⑥救護に関する措置
　事業者は，トンネル建設，圧気工法による作業を行う場合で，爆発，火災等

が生じたことに伴い労働者の救護に関する措置がとられる場合における労働災害の発生を防止するために以下の措置をとらなければならない（25条の2）．①救護に必要な機械の備え付け及び管理，②救護に必要な訓練，③爆発，火災等に備えて救護に必要な事項を行うこと．

⑦危険性・有害性の調査

　事業者は，建設物，設備，原材料，ガス，蒸気，粉じん等による，または作業行動その他業務に起因する危険性または有害性の調査をし，その結果に基づいて法令による措置を講ずるほか，労働者の危険・健康障害を防止するため必要な措置を講ずるよう努めなければならない（28条の2）．

(ロ) 元方事業者の講ずべき措置

　元方事業者は，関係請負人及びその労働者が，当該仕事に関して安衛法令に違反しないよう必要な指導を行わなければならない．また違反を認めるときは是正のために必要な指示を行わなければならない（29条）．

(ハ) **特定元方事業者の講ずべき措置**

　特定元方事業者は，その労働者及び関係請負人の労働者の作業が同一の場所で行われることによって生ずる労働災害を防止するため，次の事項に関する必要な措置をとらなければならない（30条）．①協議組織の設置及び運営を行うこと，②作業間の連絡調整を行うこと，③作業場所を巡視すること，④関係請負人が行う労働者の安全衛生教育に対する指導・援助を行うこと，⑤建設業の特定元方事業者は，仕事の行程計画及び機械・設備の配置計画を作成し，当該機械・設備を使用する関係請負人が安衛法令に基づき講ずべき措置について指導すること，⑥その他労働災害防止のため必要な事項．

(ニ) 製造業の元方事業者の講ずべき措置

　製造業の元方事業者は，その労働者及び関係請負人の労働者の作業が同一の場所で行われることによって生ずる労働災害を防止するため，作業間の連絡・調整その他必要な措置を講じなければならない（30条の2）．

(2) 機械等及び危険・有害物の規制

　安衛法は，労災事故の原因になる機械等について，それを使う作業の危険性の程度に応じて規制を加え，また労働者の健康障害を生じる発ガン物質，ガン原生物質等の有害物についても健康障害をもたらす蓋然性の程度に応じて規制を加えている．

(イ) **機械等に関する規制**

ボイラー，クレーン，ゴンドラのような特に危険な機械等（特定機械等）については，都道府県労働局長の製造許可を受け（37条），その後も都道府県労働局長または指定検査機関による構造検査，使用検査等の必要な検査を受けなければならない（38条）．アセチレン発生器，研削盤，フォークリフト，エックス線装置など危険もしくは有害な作業を要する機械（特定機械等以外の機械等）については必要な規格または安全装置を具備しなければ譲渡，貸与，設置することはできない（42条）．さらにこれらの「特定機械等」のほか「特定機械等以外の機械等」のうちの多くは定期に「自主検査」をしなければならない（45条）．

(ロ) **有害物に関する規制**

黄りんマッチ，ベンジジン，石綿など「労働者に重度の健康障害を生ずる物」の製造・輸入・譲渡・使用は（研究用を除いて）禁止される（55条）．またジクロルベンジジン，塩素化ビフェニル（PCB）など「労働者に重度の健康障害を生ずるおそれのある物」についてはその製造には厚労大臣の許可を受けなければならない（56条）．さらにアクリルアミド，塩化ビニル，クレゾール，クロロホルムなど「労働者に健康障害を生ずるおそれのある物」については，容器または包装に名称，成分・含有量，人体に及ぼす作用等について表示をしなければならない（57条）．

(3) **労働者の就業にあたっての措置**

事業者は，労働災害防止のために労働者に対して安全衛生教育や危険な業務ついて就業制限などの措置をとらねばならない．

(イ) **安全衛生教育**

事業者は，労働者を雇い入れたとき，及び作業内容を変更したときは以下の事項について労働者に安全衛生教育を実施しなければならない（59条1～2項）．①機械等，原材料等の危険性・有害性及びその扱い方法，②安全装置，有害物質制御装置または保護具の性能及びその扱い方法，③作業手順，④作業開始時の点検，⑤当該業務に関して発生する恐れのある疾病の原因及び予防に関すること，⑥整理・整頓・清潔の保持，⑦事故時の応急措置及び待避，⑧その他当該業務に関する安全衛生のために必要なこと．また事業者は，労働者を危険・有害業務に就かせるときは特別な教育を行わなければならない（59条3

項).

(ロ) 就業制限

事業者は，発破の場合のせん孔・装填等の業務，ボイラー扱い業務，クレーン運転業務等については，都道府県労働局長から免許を受けた者または所定の技能講習を受けて資格を有する者でなければ当該業務につかせてはならない（61条）.

(ハ) 中高年齢者等への配慮

事業者は，中高年齢者・身体障害者等，労災防止上特に配慮を要する者については，それらの者の心身の条件に応じて適正な配慮を行うよう努めなければならない（62条）.

(4) 健康の保持増進のための措置

事業者は，労働者の健康保持増進のため以下の措置をとらなければならない．

(イ) 作業環境測定

事業者は，有害な業務を行う屋内作業場その他の作業場においては（例えば，著しい騒音を発する屋内作業），必要な作業環境測定を行い，その結果を記録するとともに（65条），労働者の健康保持に必要があると認めるときは，施設・設備の設置または整備，健康診断の実施その他必要な措置を講じなければならない（65条の2）.

(ロ) 健康診断

①定期健康・有害業務の健康診断

事業者は，常時使用する労働者に対して1年以内ごとに1回，定期に医師による健康診断を行わなければならない．また有害な業務（例えば，高圧室内業務，放射線業務，鉛業務，有機溶剤を扱う業務など）に従事する労働者に対して，6か月（業務により4か月）以内ごとに1回，定期に医師の健康診断を行わなければならない（66条1～2項）.

②健康診断実施後の措置

事業者は，健康診断の結果（異常所見のある労働者に限り）に基づき，医師・歯科医師の意見を聞かなければならない（66条の4）．医師の意見を勘案し，必要があると認めるときは就業場所の変更，作業の転換，労働時間の短縮等の措置を講じなければならない（66条の5）．また事業者は，労働時間の状況等（1週間あたり40時間を超えて労働させた時間が月100時間を超え，かつ

疲労の蓄積が認められる場合）により，当該労働者に対し医師の面接指導を行ない，医師からの意見を聴取して必要に応じて作業の転換等の措置をとらなければならない（66条の8）．

(ハ) **病者の就業制限**

事業者は，伝染性の疾病その他の疾病（心臓，腎臓，肺等の疾病で労働により病勢が増悪する恐れのあるもの）に罹患した労働者については，産業医その他専門医の意見を聞いて就業を禁止しなければならない（68条）．

(ニ) **健康教育等**

事業者は，労働者の健康教育・健康相談等の措置（69条），体育活動・レクリエーション活動等の措置（70条）を講じるよう努めなければならない．また事業者は労働者の作業方法の改善，疲労回復のための施設の設置など快適な職場環境の形成に努めなければならない（71条の2）．

4　安衛法の性格と違反の効果

労働安全衛生法は，労働基準法と同様，その規定の多くは違反に対して罰則を定め（115条の2〜123条），また労働基準監督官（90〜92条）及び産業安全専門官・労働衛生専門官（93〜94条）による行政監督制度を用意し，事業者等による安衛法違反に対しては刑事罰を科すことができるほか，危険・健康障害防止規定違反に対しては事業者等に対して作業の停止，建設物等の使用停止その他必要な事項を命ずることができる（98条）．これらの点からみて安衛法は罰則付の行政取締法としての性格を有するもので，基本的に民事的効力をもたず，当該事業者の安衛法違反行為が直ちに違法，無効となるものではないとの考えが強い．しかし安衛法の規定が場合によっては公序（民法90条）を構成し，事業者の当該行為が違法，無効とされることもありうる．また安衛法の規定が直ちに労働契約上の安全配慮義務の内容になるものではないにしても安全配慮義務の内容を検討するにあたり十分に考慮されなければならない．

第2節　労働災害の補償——労災保険法

1　労基法と労災保険法

　戦後，労基法とともに労働者災害補償保険法（労災保険法）が昭和22（1947）年に制定され，労災補償制度は，労基法による使用者の単独補償制度と労災保険法による保険方式の2本立てでスタートした．当初は補償内容が両法とも差異はなく，また労災保険法の適用範囲が危険有害度の高い事業場に限られていたため，労災保険法は労基法の補完的性格を有するものであった．しかし昭和30年代半ば以降，高度経済成長のもとでの労働者の生活水準の向上や生活意識の変化を背景に，いわゆる「労災保険の一人歩き」が始まり，遺族・障害補償給付の年金化（昭和40〔1965〕年），通勤災害制度の導入（昭和48〔1973〕年），労災保険法の全面的強制適用化（昭和50〔1975〕年），さらに労働福祉事業としての特別支給金制度（昭和49〔1974〕年），ボーナス特別支給金制度（昭和52〔1977〕年）などが実施された．これにより労災補償はごく一部を除いてすべて労災保険法によって処理されることになり労基法の労災補償制度が機能する余地はほとんどなくなっている．

2　労災保険法の適用対象

(1) 適用事業・適用労働者

　労災保険法は，労基法と同様，原則として1人でも労働者を使用する事業に対して強制適用になる（3条1項）．常時使用する労働者5人未満の個人経営の農林・水産・畜産事業は任意適用事業とされている（昭和42年改正法付則12条）．適用事業では，その事業の開始の日から国との間で労災保険関係が成立する（6条，労働保険の保険料の徴収等に関する法律3条）．国の直営事業（国有林事業ほか），官公署（現業部門を除く）の事業は適用にならない（3条2項）．労災保険法が適用にならない非現業公務員については国家公務員災害補償法及び地方公務員災害補償法が適用される．

　労災保険法の適用対象となる労働者は，労基法上の「労働者」（労基法9条）と同義である．「労働者」性の当否は下請就業者の業務中の事故についてしば

しば問題となる．判例は，元請会社の運送業務を遂行中に負傷したダンプ持ち傭車運転手（横浜南労基署長（旭紙業）事件・最一小判平8.11.28労判714号14頁），及びマンション建設現場で元請会社の作業中に負傷した大工（藤沢労基署長（大工負傷）事件・最一小判平19.6.28労判940号11頁）の事案につき，いずれも元請会社との関係で「労働者」性を否定している．

(2) 特別加入

　労災保険法は，「労働者」でなくても業務の種類，態様等からみて労働者に準じて労災補償の対象とすることが妥当と考えられる者に対して任意の加入制度を設けている．これを特別加入制度とよんでいる．特別加入が認められる者は，①常時300人（金融・保険，不動産，小売業は50人，卸売・サービス業は100人）以下の労働者を使用する事業の事業主で，労働保険事務組合に労働保険事務を委託する事業主及びその従事者（33条1号，2号，34条），②一人親方（個人タクシー，大工・左官など）その他の自営業者，特定農作業従事者（動力農具を使用する農作業従事者），労働組合の常勤役員，介護業務従事者など（33条3号，4号，5号，35条），③開発途上地域に対して技術協力事業を行う国内団体から派遣される派遣従事者及び国内事業から海外事業に派遣される派遣従事者（33条6号，7号，36条）である．特別加入者に対する保険給付は，ボーナス特別支給金等の一部を除き一般労働者と同様だが，特別加入者の業務災害・通勤災害の認定は厚労省労働基準局長の定める基準に基づいて行われる（37条，労災保険施行規則46条の26）．

3　業務災害の認定

(1) 業務災害の認定方法

　労働者（またはその遺族）が労災保険の給付を受けるためには，当該負傷，疾病，障害または死亡が「業務災害」であることの認定を労基署長から受けなければならない（労基法75条以下，労災保険法7条1項1号）．だが労基法及び労災保険法はいずれも「業務災害」の定義を設けていない．そこで何が「業務災害」かはもっぱら解釈に委ねられている．通説・行政解釈によると，「業務災害」であるためには，「業務と傷病等による損害との間に一定の因果関係があること」が必要とされている（相当因果関係説）．この「因果関係」を労災認定上「業務起因性」とよんでいる．「業務起因性」とは，「当該業務（公

務）に内在する危険が現実化したもの」（地公災基金愛知県支部長（瑞鳳小学校教員）事件・最三小判平8.3.5労判689号16頁）と解されている．そして「業務起因性」の第一次的判断基準は，「労働者が労働関係のもとにある状態」すなわち「労働者が労働契約に基づき事業主の支配下にある状態」にあることだという．これを「業務遂行性」とよんでいる．「業務遂行性」がなければ「業務起因性」は成立しないことになり，「業務遂行性」が認められる場合にはじめて「業務起因性」が検討されることになる．

(2) 職業病の認定

　業務災害の認定は負傷に比べて疾病の場合が困難である．とりわけ事故等の災害による疾病（災害性疾病）に比べて，災害によらない疾病（職業性疾病）の場合は，業務に内在する有害要因に長期にわたって接することによって発症するものであるから，業務災害の認定は困難な場合が少なくない．そこで法は，特定の業務や作業形態に起因して生じる疾病を9つに類型化して列挙し，これらに該当する疾病については業務災害と認定しようとしている（労基法75条2項，労基則35条別表第一の二）．しかし業務の性質や作業形態等から業務災害として類型化できない疾病もある．その主要な例がいわゆる「過労死」や「過労自殺」である．

(3) 過労死の業務災害認定の経過と基準

　「過労死」とは，特定の病名ではなく，業務による過重な負荷が誘因となって脳血管や心臓にもともとあった基礎疾患を増悪させ，それによって引き起こされる脳出血・くも膜下出血・脳梗塞などの脳血管疾患や心筋梗塞・狭心症などの心臓疾患の急性発症をいう．この場合死亡または労働不能状態になることが少なくない．一般に脳血管疾患や心臓疾患（負傷に起因するものを除く）は，動脈瘤や心筋変性などの基礎疾患が長年にわたる生活のなかで形成され，それが徐々に進行し増悪していくという自然的経過を経て発症するものと考えられているが，しかしこれに業務に関する過重負荷が加わることによって右の基礎疾患が自然的経過を超えて著しく増悪して発症する場合があり，そしてこのような業務等による過重負荷が発症の原因とみて，当該脳血管・心臓疾患を業務災害として認定しようというのである．そこで問題は，業務の荷重負荷が脳血管疾患・心臓疾患の急性発症にどのようにかかわるかである．その際，発症前の長期にわたる業務の過重負荷（疲労の蓄積）をどう判断するかが「過労死」

の業務災害の認定にとって重要な問題であった．

　かつて過労死の業務災害の認定基準となる行政通達は，発症直前の事故や発症直前の業務の過重負荷が認められる場合にのみ「過労死」の業務起因性を認めていた．しかしその後，判例は，発症前の長期にわたる業務の過重負荷を業務災害の認定基準として考慮し，支店長付運転手の運転中のくも膜下出血発症に業務起因性を認め（横浜南労基署長（東京海上横浜支店）事件・最一小判平12.7.17労判785号6頁），同様の判断の下で観光バス運転手の運転中の脳出血発症につき業務起因性を認めるに至った（西宮労基署長（淡路交通）事件・最一小判平12.7.12労判786号12頁）．これをうけて行政も認定基準を緩和し，現行の行政通達による過労死の業務災害認定基準は以下のようになっている（「脳血管疾患及び虚血性心疾患（負傷に起因するものを除く）の認定基準について」平13.12.12基発1063号）．すなわち，①発症前おおむね1週間以内に「異常な出来事」に遭遇した場合，②発症に近接した時期（発症前おおむね1週間以内）に特に過重な業務（短期間の過重業務）に就労した場合，または③発症前に長期間にわたって（発症前おおむね6か月）著しい疲労の蓄積をもたらす特に過重な業務（長期間の過重業務）に就労した場合に，当該脳血管疾患・心臓疾患の急性発症に業務起因性を認めようとするものである　この基準の特徴は，発症前6か月間の「長期の過重業務」が正面から認定要件に加えられたことである．そして長期の過重業務の具体的な判断基準として，「疲労の蓄積」という観点から，「労働時間」のほか，「不規則な勤務」，「拘束時間の長い勤務」，「出張の多い勤務」，「交替制勤務・深夜勤務」，「作業環境（温度環境・騒音・時差）」，「精神的緊張を伴う業務の負荷要因」があげられている．特に「疲労の蓄積」をもたらすもっとも重要な要因といわれる「労働時間」について右基準は，①発症前1〜6か月間にわたっておおむね月45時間以内の時間外労働は業務と発症との関連性が低いが，おおむね45時間を超えて時間外労働が長くなるほど業務と発症との関連性は徐々に強まる．②発症前1か月におおむね100時間または発症前2〜6か月にわたって1か月おおむね80時間を超える時間外労働は，業務と発症との関連性が強いとしている．

(4) 過労自殺の認定

　かつて労働者の自殺は，「故意に」よるものとされ基本的に業務災害とは考えられなかった（労災保険法12条の2の2第1項参照）．しかし近年，労働者の

精神障害及び精神障害による自殺の労災申請が増えてきており，裁判例においても精神障害（うつ病）による自殺を業務災害と認めたものや（加古川労基署長（神戸製鋼所）事件・神戸地判平8.4.26労判695号31頁，大町労基署長（サンコー）事件・長野地判平11.3.12労判764号43頁，東加古川幼児園事件・東京地判平18.9.4労判924号32頁），うつ病に罹患して自殺した労働者の遺族に対して使用者の注意義務違反を認め（電通事件・最二小判平12.3.24労判779号13頁），あるいは安全配慮義務違反を認めて（東加古川幼児園事件・最三小決平12.6.27労判795号13頁），遺族の損害賠償請求を認容する判例も現れている．

こうした流れに沿って現在の行政通達は（「心理的負荷による精神障害の認定基準について」平23.12.26基発1226第1号），精神障害の業務上の判断要件について以下のように規定している．すなわち，(1)「対象疾病を病発していること」，(2)「対象疾病の発病前おおむね6か月の間に，業務による強い心理的負荷が認められること」，(3)「業務以外の心理的負荷及び個体側要因により対象疾病を発病したとは認められないこと」としたうえ，上の(2)，(3)の心理的負荷の判断項目とその強度の基準を具体的に示している．そして業務による心理的負荷によって精神障害が発病したと認められる者の自殺については，「精神障害によって正常の認識，行為選択能力が著しく阻害され，または自殺行為を思いとどまらせる精神的な抑制力が著しく阻害されている状態で自殺が行われたものと推定し，原則として業務起因性が認められる」としている．すなわち精神障害（うつ病）に業務起因性が認められる労働者の自殺は原則として業務災害とされたのである．

4　労災補償給付

「業務災害」の認定を受けると労災保険法による保険給付がなされる．その種類と内容は表6.1のようになっている．使用者は労災保険給付がなされる限度で労基法による単独補償責任を免れるから（労基法84条1項），前述のように，労災保険法の給付内容が労基法の補償内容を上回っている現状では，労基法上の労災補償規定が現実に機能するのは，わずかな例外を除いてみられない．なお通勤災害の場合の保険給付の種類，内容も業務災害の場合と同じである．

[表6.1] 労災保険給付の内容

労災保険給付の種類．( )は通勤災害の給付	保険給付の内容	労働福祉事業（特別支給金）	
		特別支給金	ボーナス特別支給金
療養補償給付（療養給付）	10割現物（医療的措置）給付，療養の費用の支給		
休業補償給付（休業給付）	給付基礎日額（平均賃金）の6割支給	給付基礎日額の2割支給	
障害補償給付（障害給付）	後遺障害の程度により障害年金（1〜7級）または一時金（8〜14級）を支給	障害の程度により一時金を支給	障害の程度に応じてボーナス基礎分の年金又は一時金を支給
遺族補償給付（遺族給付）	遺族の数に応じて年金を支給．年金受給者がいないときは一時金を支給	定額の一時金を支給	遺族の数に応じてボーナス基礎分の年金又は一時金を支給
葬祭料（葬祭給付）	葬祭を行う者に給付基礎日額の60日相当分を支給		
傷病補償年金（傷病年金）	療養開始後1年半経過しても治癒しないときに休業補償給付に代えて年金を支給	傷病等級1〜3級に一時金を支給	傷病等級1〜3級にボーナス基礎分の年金を支給
介護補償給付（介護給付）	障害補償年金または傷病補償年金受給権者で常時又は随時介護を受けている者に月ごとに介護の費用を支給		
二次健康診断等給付	定期健康診断における脳血管疾患及び心臓疾患の検査で異常所見がみられたときに二次健康診断と特定保健指導を行う		

5　通勤災害の認定と保険給付

(1) 通勤災害の認定

　労災保険法は，制定以来，業務災害のみを対象とし，通勤災害は私傷病扱いとされ同法の保険給付の対象ではなかった．しかし昭和40年代以降，通勤途上の災害も労災保険法に含めるべきであるとの要請が強まるにつれ，昭和48（1973）年になって同法は業務災害とともに通勤災害も保険給付の対象に加えることになった．

　保険給付の対象となる「通勤災害」とは，「労働者の通勤による負傷，疾病，障害又は死亡」（労災保険法7条1項2号）をいう．そして「通勤」とは，「労働者が，就業に関し，次の①〜③の移動を，合理的な経路及び方法により行うこと」（業務に関するものを除く）をいう．

①住居と就業の場所との往復
②二重就業者の事業所間の移動（第一の事業所から第二の事業所への移動）
③単身赴任者の場合の赴任先住居と帰省先住居の間の移動（7条2項）．

　保険給付を受けるためには，当該傷病等が「通勤」によって生じたものであることの認定を労基署長から受けなければならない．その際しばしば問題になるのは，上にいう通勤途上において，「往復」の「経路」からの「中断」（通勤の途中で通勤とは関係のない行為を行うこと）または「逸脱」（通勤の途中で通勤とは関係のない目的で合理的な経路を逸れること）がある場合である．「中断」・「逸脱」がある場合には，その「中断・逸脱」中及びその後の往復は「通勤」行為とはみられず，私的行為とみなされるからである（同条2項）．ただし例外として，「日常生活上必要な行為」（①日用品の購入その他これに準ずる行為，②公共職業訓練や学校での教育訓練で職業能力の開発向上に資するものを受ける行為，③選挙権の行使等，④病院・診療所での診察・治療行為，⑤要介護状態にある配偶者，子，父母，配偶者の父母並びに同居し，かつ扶養している孫，祖父母及び兄弟姉妹の介護）を「やむを得ない事由により行うための最小限度」の「中断」・「逸脱」の場合は，その後「合理的な経路」に復した後は「通勤」とみなされる（同条3項但書，労災則8条）．例えば，会社の帰りに介護のために義父の家に立ち寄り，その後通常の経路に復した直後の事故は通勤災害とされる（国・羽曳野労基署長（通勤災害）事件・大阪地判

平18.4.16労判920号77頁).しかし「中断」・「逸脱」中の事故は通勤災害とはされない(札幌労基署長(札幌農業センター)事件・札幌高判平2.5.8労判541号27頁).なお「経路」近くの公衆トイレに寄ったり,タバコ・雑誌の購入,ジュースの立ち飲みなどは「中断」・「逸脱」ではない.

(2) 通勤災害の保険給付

通勤災害の認定を受けた場合にも労災保険法による保険給付がなされるが,給付の種類と内容は業務災害の場合と同一である(表6.1参照).なお通勤災害制度は労災保険法に独自の制度であるから,通勤災害には労基法による休業補償(特に休業した最初の3日間)の適用がない.

第3節 民事損害賠償と上積み補償

1 労災民事損害賠償訴訟

(1) 不法行為と債務不履行

昭和40年代以降,労働災害による被災労働者あるいはその遺族によって,直接,使用者を相手に損害賠償訴訟が提起されるようになった.労災保険法による保険給付の受給権と民事損害賠償請求権は法的根拠を異にするから,かような損害賠償訴訟と労災保険給付とは併存するものと考えられたからである.その背景には,労災保険給付の内容の低さを補う必要性に加えて,労災を引き起こした使用者の責任を明確化しようとの要求があった.使用者に対する労災民事損害賠償の責任原因としては,不法行為(民法709条等)及び債務不履行(民法415条)のいずれによる構成も可能である.前者では主として過失(注意義務違反)の有無が,後者では労働契約上の安全配慮義務違反が主たる争点となる.不法行為構成と債務不履行構成とでそれほど大きな差異はない.安全配慮義務の内容と注意義務の内容に基本的な差異はないし,立証責任も,一般的に,不法行為構成の場合は被害者たる労働者側にあるが,しかし債務不履行構成でも判例は,安全配慮義務の内容と義務違反の事実の主張・立証責任は労働者にあるとしている(航空自衛隊芦屋分遣隊事件・最二小判昭56.2.16民集36巻1号56頁).違いがあるのは損害賠償請求権の消滅時効が不法行為の3年

（民法724条）であるのに対して債務不履行の場合は10年（民法167条）である点くらいといえよう．もっとも最近の労災民事損害賠償訴訟のほとんどすべてが債務不履行（安全配慮義務違反）構成をとっている．以下安全配慮義務について述べておこう．

(2) 安全配慮義務

労働契約上，使用者は，「労働者が労務提供のために設置する場所，設備もしくは器具等を使用し又は使用者の指示のもとに労務を提供する過程において，労働者の生命及び身体等を危険から保護するよう配慮する義務（安全配慮義務）」（川義事件・最三小判昭59.4.10労判429号12頁）を負っている．これは判例によって発展させられてきた法理であるが，立法によっても承認されている（労働契約法5条）．この安全配慮義務は，労働契約に限れらるわけではない．「ある法律関係に基づいて特別な社会的接触の関係に入った当事者間において，当該法律上の付随的義務として当事者の一方又は双方が相手方に対して信義則上負う義務」（陸上自衛隊八戸車両整備工場事件・最三小判昭50.2.25労判222号13頁）であるから，公務員関係においてのみならず，請負関係においても元請会社が下請会社の従業員を使用する場合には，当該下請従業員に対して安全配慮義務を負っていると解される（大石塗装・鹿島建設事件・最一小判昭55.12.18労判359号58頁参照）．

使用者の労働契約上の安全配慮義務の内容は，労働者の職種，労務の内容，労務提供の場所等によって異なるが，判例は，生命及び身体の予測可能な危険から労働者を保護するために職場の施設・機械・器具等の物的諸条件及び労働者の就労条件等の人的諸条件を整えることにあると考えている．なお労働安全衛生法の規定は直ちに安全配慮義務の内容になるものではないが，安全配慮義務の内容を検討するにあたって十分に検討すべきものとされている（三菱重工業事件・神戸地判昭62.7.31判タ645号109頁）．

(3) 労災保険給付と損害賠償との調整

労基法は，使用者は労基法による補償を行った場合においては，同一の事由については，その価額の限度で民法による損害賠償の責めを免れるとして（労基法84条2項），労基法の労災補償と損害賠償との調整を定めている．労災保険法の保険給付と損害賠償についても労基法84条2項を類推して同様の調整がなされる（青木鉛鉄事件・最二小判昭62.7.10民集41巻5号1202頁）．労働

者がすでに保険給付を受けているときは，使用者はその限度で損害賠償を免れる．もっとも精神的損害（慰謝料）は保険給付との調整の対象とはならず，賠償額から慰謝料分の控除は認められない（東都観光バス事件・最三小判昭58.4.19民集37巻3号321頁）．また労働福祉事業としての各特別支給金（労災保険法29条1項，特別支給金支給規則）も損害賠償との調整の対象とはならない（改進社事件・最三小判平9.1.28民集51巻1号78頁）．

使用者による災害（使用者災害）のみならず，労働者が第三者の行為によって災害を被った場合（第三者災害）にも労災保険給付を受けることができるが，この場合も労働者が労災保険給付をすでに受けた場合には，政府はその価額の限度で第三者に対して損害賠償請求権を取得し，労働者が第三者から損害賠償を受けたときは，政府はその価額の限度で保険給付をしないことができる（労災保険法12条の4）．

一方，上にみた調整は主に既支給の保険給付分（一時金給付）の場合を想定しているが，将来の年金給付については損害賠償額とどう調整すべきかが改めて問題となる．判例は，使用者災害について，将来の年金分については，労災保険給付が確定していてもいまだ給付が実現していないかぎり確定した将来の年金分を，損害賠償額から控除することはできないとした（三共自動車事件・最三小判昭和52・10・25民集31巻6号836頁）．また第三者災害の場合にも同様に，将来の年金分を損害賠償額から控除することはできないとした（仁田原・中村事件・最三小判昭52.5.27民集31巻5号427頁）．

もっとも将来の年金分を損害賠償から控除できないとすると被災者には二重補償となり，使用者には労災保険料を支払うメリットがなくなるとの疑念が生まれる．そこで将来の年金分と損害賠償との間で一定の調整がなされている．被災者（労働者または遺族）が年金（障害（補償）・遺族（補償））を受けることができる場合で，前払一時金（年金のうちの被災者が選択する一定額を一時金として前払いするもの）の支給を受けるときは，当該前払一時金の限度額の範囲で，使用者は損害賠償の履行を猶予され（労災保険法64条1項1号），右猶予期間中に年金給付または前払一時金が給付されたときは，その限度で使用者は損害賠償責任を免れる（同2号）．他方，損害賠償が先に履行された場合，政府はその価額の限度で保険給付をしないことができる（同条2項）．

2 労災上積み補償制度

　業務災害や通勤災害の被災労働者及び遺族に対して労災保険給付とは別に，それに上乗せ補償を行う旨の規定が労働協約に定められることがある．大企業のほとんどはこのような労災上積み補償協定をもっているが，場合によっては就業規則に設けられることもある．その内容は一様ではなく，金額の上積みにとどまらず，対象となる災害の対象の拡大（業務災害ないし通勤災害と認定されなくても業務ないし通勤と一定の関係があれば補償の対象にする），解雇制限・職場復帰の権利の拡大などを含むものもある．その法的性格は，個々の上積み補償条項の趣旨にもよるが，基本的には労災保険法の保険給付や労災民事損害賠償とは別個の制度としてとらえるべきであろう．

第7章 雇用における男女平等

本章のポイント

　雇用における男女平等を実現するためには，3つのことが必要である．第一に，労働者が性別による差別を受けずに，募集・採用され，処遇されることを実現することである．そのためには，事業主の性差別を禁止する男女雇用平等法（均等法）が必要である．第二に，男女の生物学的性差に関しては，性差に基づいた異なる取扱いを行うことである．そのためには，女性の母性（妊娠・出産）を保護し，使用者の違反に対して刑事罰を科す労働基準法が必要である．第三に，男女が平等に働くことができるようにするためには，前提として家族的責任（育児・介護）を男女が平等に負担することが必要である．そのためには，男女労働者が育児や介護のために休業しても従業員としての地位を失わないような休業制度を保障する育児・介護休業法が必要である．

第1節　均等法と性差別禁止

1　均等法制定及び改正の経緯と背景

(1) 1986年法施行以前の状況

　1986年に均等法が施行されるまで，労基法4条の女性賃金差別禁止以外に，労働法は，事業主に対して明確に雇用における性差別を禁止していなかったので，企業は，女性を募集しない，採用しない，配置しない，昇進させない，結婚したらやめてもらうなどの性差別的な雇用管理を行なった．
　そのような状況の中，女性のみの結婚退職制が裁判において問題となった（住友セメント事件・東京地判昭41.12.20労民集17巻6号1407頁）．裁判所は，両性の本質的平等を実現すべく，国家と国民との関係のみならず，国民相互の関係においても性別を理由とする合理性なき差別待遇を禁止することは法の根本原理であるとし（憲法14条，民法1条の2〈現2条〉，労基法3条，4条はそれを示す），この根本原理に鑑み，性別を理由とする合理性を欠く差別は禁止され，この禁止は労働法の公序を構成するとした．したがって，性別を理由として合理性を欠く差別的待遇を定める労働協約，就業規則，労働契約は，いずれも民法90条に違反し，その効力を生じないとした．また，憲法13条，24条，25条，27条から，配偶者選択に関する自由・結婚の時期に関する自由等結婚の自由は，重要な法秩序の形成に関連しかつ基本的人権の1つとして尊重されるべく，これを合理的理由なく制限することは，国民相互の法律関係にあっても，法律上禁止され，この禁止は公の秩序を構成するとした．
　性別を理由とする差別待遇の合理性として，会社が主張した既婚女性労働者は非能率であること，高年の女性職員に不相当に高額な賃金が支払われていることなどの理由を，裁判所はいずれも合理性のないものとして退け，労働協約，就業規則，労働契約中の結婚退職制に係る部分を民法90条により無効とした．
　その後，5歳差の男女別定年制が問題となったが，最高裁判所は，男女別格差定年制を性別による不合理な差別を定めたものとして民法90条の規定により無効であるとした（日産自動車事件・最三小判昭56.3.24労判360号23頁）．

このように，民法90条の公序の法解釈によって，雇用における合理性のない性差別は違法無効と裁判所で判断されたのであるが，そのような回り道ではなく，明文をもって性差別を禁止する法律の制定が望まれた．1979年に国連で採択された女性差別撤廃条約11条は，締約国に対して，男女の平等を基礎とした同一の権利の確保を目的とする，雇用の分野における女性に対する差別を撤廃するための「全ての適当な措置」をとることを求めていた．「適当な措置」として，男女雇用平等法の立法が締約国に要請されていると解されており，日本政府が女性差別撤廃条約を批准するためには，総合的な男女雇用平等法を制定しなければならなかった．日本政府は，1985年に女性差別撤廃条約を批准したが，その前提として総合的な男女雇用平等法の制定が不可欠であった．

(2) 均等法制定（1985年制定・1986年施行）

　均等法制定をめぐって2つの大きな議論があった．1つは，「保護と平等」に関するものだった．経営側は，性別にかかわらない平等な取扱いを求めるのであれば，一般女性保護は廃止すべきであると主張した．それに対して，労働側は，男女を含めた労働環境，社会環境の整備を求めた．均等法改正とともに，労基法の一般女性保護規定の見直しがセットとなっているのは，「保護と平等」の議論からきている．もう1つは，雇用平等法の効力に関してであった．労働側は，罰則つきの強力な雇用平等規定を望んだのに対して，経営側は，現行の雇用管理に急激な変革を求めることに反対し，罰則つきの強行規定にすべきではないとした．

　労働省（当時）は，労使の激しい対立を調整し，特に経営側の理解を得られる形で立法を行った．したがって，1986年法は，妥協的な内容の立法となっている．

　均等法は，1972年に制定された勤労婦人福祉法を抜本的に改正する形をとった．なぜ，当時誰も予想しなかった勤労婦人福祉法の改正という形をとったのだろうか．それは，男女雇用平等法の制定と女性保護の見直しのための労働基準法改正を2本の法案で国会に提案した場合，どちらか片方だけが通ることが生じると，保護と平等のバランスがくずれてしまう危険性があったので，両方とも一部改正という形が必要だったのである（赤松良子『均等法をつくる』勁草書房，2003年，118 – 119頁）．

1986年施行の均等法は，次のような特色を有していた．

①均等法は事業主に対する公法上の義務を定めているが，教育訓練，福利厚生，定年・退職・解雇の女性差別禁止は法的義務（「〜してはならない」）であるのに対し，募集・採用，配置・昇進の女性差別禁止は努力義務（「〜努めなければならない」）というように，事業主の義務の程度に強弱がつけられていた．

②公法上の義務の程度の強弱が，均等法の私法上の効力に影響を与え，努力義務には私法上の効力はないと解されていた．

③性差別のうち，女性を排除したり不利に扱ったりする差別的取扱いのみを対象としていた（片面的といわれる）．

④機会の平等を確保することを目的とした．

⑤法の実効性確保は，事業主の公法上の義務違反に対する行政による助言・指導・勧告を中心としていた．そのため，行政が介入する雇用管理の範囲は限定されていた．

⑥行政的な紛争解決手段（ADR）として，機会均等調停委員会による調停制度を新たに設けたが，調停開始には，女性少年室長（当時）の判断及び事業主の同意が必要であり，調停開始のハードルが高かった．

⑦ポジティブ・アクション，セクシュアル・ハラスメント，間接差別の規定はなかった．

(3) 均等法の改正（1997年改正・1999年施行，2006年改正・2007年施行）

1986年均等法は，附則20条で，法律施行後適当な時期において必要があると認められるときは見直すことを定めていた．改正の背景には，「女子学生の就職氷河期」という言葉に見るように，企業の男女別雇用管理を変革できず，女性に対する差別を許してしまったことがある．特に募集・採用が事業主の努力義務となっていたために，経済情勢が厳しくなり企業が採用人員を絞り込む際には，「女性よりも男性を」という募集・採用における女性差別を規制できなかった．また，「女性のみ・女性優遇を可」とする1986年均等法は，均等法対策として企業が導入したコース別人事制度において，一般職コース（補助職コース）に女性，総合職（幹部候補コース）には男性とほんの少しの女性という実態を作り出してしまった．募集・採用等の努力義務規定の改正など，もっと強力に男女雇用平等が実現できるような法改正が強く望まれた．また，間接

差別への取組みや事実上の機会の平等を目指している他の先進諸国の動向からも日本は取り残されてしまっていた．

1997年改正（1999年施行）によって，次のような改正がなされた．

①募集・採用，配置・昇進についての努力義務規定が，法的義務規定となった．募集・採用に関しては，「女子に対して男子と均等な機会を与えるように努めなければならない」という規定から，「女性に対し男性と均等な機会を与えなければならない」という規定に変わった．したがって，努力義務規定であったときは私法上の効力がなかったが，法的義務規定となったので私法上の効力も有するものと解されるようになった．しかし，均等法は，女性に対する差別を禁止する法であることには変わりがなかった．

②「女性のみ・女性優遇」は原則禁止となった．したがって，一般職を女性のみ募集し採用することは，均等法違反となった．この原則には，例外があり，「女性労働者に係る措置に関する特例」という表現で，女性に対するポジティブ・アクションを事業主が講ずることを妨げるものではないという規定が設けられた．

③セクシュアル・ハラスメントという言葉は使っていないが，均等法において，事業主に対して，女性労働者に向けられた職場における性的な言動に起因する問題について雇用管理上の配慮義務を規定した．

④機会均等調停委員会の調停開始要件のうち，女性労働者と事業主双方の同意を必要とする要件が緩和され，女性労働者の申請のみで調停が可能となった．しかし，調停案に強制力がないことについての改正は行われなかった．

1997年の均等法改正に伴い，労基法の女性保護規定も改正された（第2節1(1)参照）．

1999年法は，相変わらず女性差別のみを対象とする片面的性差別禁止法であること，間接差別に対する取組みがないことなど，男女雇用平等法の立法として不十分なものであった．国連の女性差別撤廃委員会からも，同条約実施をめぐる日本政府の取組みに対して，2003年に最終コメントが出され，次のようなことが指摘された．

①間接差別の慣行及び影響に関する理解が欠如していることを懸念する．
②正規雇用よりも給料が安いパートタイム労働や派遣労働の女性比率が高いことを懸念する．

③暫定的特別措置（ポジティブ・アクション）の活用を通して，労働市場における男女の事実上の機会の平等の達成を加速するための努力を拡大することを強く要請する．
④教育・訓練，効果的な実施制度及び進捗状況の体系的監視などを通して，水平的及び垂直的な職域分離を撤廃するために努力することを勧告する．

2006年均等法改正の最大の焦点は，間接差別禁止を規定するのか，規定するとすればどのように規定するのか，であった．

2007年均等法は，次のように改正された．
①女性に対する差別禁止法ではなく，男性に対する差別も含む性差別禁止法となった．
②間接差別禁止を初めて規定した．しかし，均等法が禁止する間接差別を，厚生労働省令の定める3類型に限った．
③均等法が対象とする雇用管理の範囲を拡大した．降格，職種変更，雇用形態の変更，退職勧奨，労働契約の更新における性差別が禁止された．配置に関しては，業務の配分と権限の付与が含まれることを明記した．
④セクシュアル・ハラスメントに対する事業主の義務が，配慮義務から措置義務に強化された．
⑤違反に対する行政的な制裁として，過料が規定された．

以上説明したような，1986年，1999年，2007年各均等法の内容の変遷は，表7.1に示すとおりである．

表7.1　1986年均等法・1999年均等法・2007年均等法の内容の変遷

行政取締の対象事項	2007年均等法	1999年均等法	1986年均等法
募集・採用	性差別禁止	女性差別禁止	女性に対して均等な機会付与の努力義務
配置・昇進	性差別禁止（配置に関して業務の配分や権限の付与を含むことを明記）	女性差別禁止	女性に対して均等な取扱いの努力義務
教育訓練	性差別禁止	女性差別禁止	女性差別一部禁止（注1）
福利厚生	性差別一部禁止	女性差別一部禁止	女性差別一部禁止（注2）
定年・解雇	性差別禁止	女性差別禁止	女性差別禁止
退職		女性差別禁止	女性差別禁止
退職勧奨	性差別禁止		
降格	性差別禁止		
職種変更	性差別禁止		
雇用形態の変更	性差別禁止		
労働契約の更新	性差別禁止		
間接差別	3つの事業主の措置についての間接差別禁止		
女性のみを対象とする取り扱い・女性を優遇する取扱い	原則　禁止	原則　禁止	
ポジティブ・アクション	例外　女性に対するポジティブ・アクション可（国の援助の対象）（注3）	例外　女性に対するポジティブ・アクション可（国の援助の対象）	
セクシュアル・ハラスメント	事業主の措置義務	事業主の配慮義務	
厚生労働省の行政取締の方法	行政指導（助言 指導 勧告）	行政指導（助言・指導・勧告）	行政指導（助言・指導・勧告）
行政的制裁	企業名公表・過料	企業名公表	
ADR	都道府県労働局長による援助、機会均等会議の調停（募集・採用を除く）	都道府県労働局による援助、機会均等調停会議の調停（一方申請可）	機会均等調停委員会の調停（労使双方の同意必要）

作成　神尾真知子

(注1) 1986年法では，労働者の業務の遂行に必要な基礎的能力を付与するものとして労働省令で定める教育訓練のみを行政取締対象とした．したがって，OJTは対象外であった．

(注2) 均等法が対象とする福利厚生は，①住宅資金の貸付け，②労働者の福祉増進のための資金の貸付け（生活資金など），③労働者の福祉増進のための定期的な金銭給付（私的保険制度の補助など），④労働者の資産形成のための金銭給付（住宅ローンの利子補給など），⑤住宅の貸与の5つである．

(注3) 2007年法では，国の援助として，1999年法で定められていた，①雇用に関する状況の分析，②措置に関する計画の策定，③措置の実施，④措置実施のための必要な体制の整備に，⑤措置の実施状況の開示が加わった．

2 均等法の禁止する性差別

(1) 直接性差別

(イ) 均等法の仕組み

均等法は，いくつかの条文において，細かい点を「厚生労働省令で定めるもの」としている．厚生労働省令として，「雇用の分野における男女の均等な機会及び待遇の確保等に関する法律施行規則」（以下，施行規則）が定められている．さらに，均等法は，「事業主が講ずべき措置」を示すものとして，厚生労働大臣が「指針」を定めると規定している（10条）．指針として，「労働者に対する性別を理由とする差別の禁止等に関する規定に定める事項に関し，事業主が適切に対処するための指針」（平18.10.11厚生労働省告示614号，以下性差別禁止指針）及び「事業主が職場における性的な言動に起因する問題に関して雇用管理上講ずべき措置についての指針」（平18.10.11厚生労働省告示614号，以下セクハラ措置指針）が出されている．さらに，行政解釈として，厚生労働省雇用均等・児童家庭局から各都道府県労働局長に対して，「改正雇用の分野における男女の均等な機会及び待遇の確保等に関する法律の施行について」（以下通達）が出されている．

したがって，均等法が禁止する性差別はどのようなものかを理解するためには，均等法（法律），施行規則（省令），指針（告示），通達（行政解釈）を理解することが必要である．

2007年均等法は，間接差別を規定したので，これ以降従来の性別を理由とする差別を直接性差別と言い，直接性差別に対比する場合は間接性差別という言い方をする．

(ロ) 事業主

均等法が事業主に対する公法上の義務を定める法であることは，終始一貫し

て変わっていない．事業主とは，事業の経営主体をいい，個人企業にあっては企業主，会社その他の法人組織においてはその法人そのものである．事業主以外の従業員が自らの裁量で行った行為についても，事業主から委任された権限の範囲で行ったものであれば，事業主のために行った行為と考えられるので，事業主はその行為について法に基づく責任を問われることになる（通達）．

(ハ) **雇用管理区分**

　均等法は，同じ雇用管理区分における性差別を問題とする．雇用管理区分については均等法に規定がなく，性差別禁止指針に規定がある．同指針によると，「職種，資格，雇用形態，就業形態等の区分その他の労働者についての区分であって，当該区分に属している労働者について他の区分に属している労働者と異なる雇用管理を行うことを予定して設定しているもの」である．雇用管理区分が同一か否かについては，当該区分に属する労働者の従事する職務内容，転勤を含めた人事異動の幅や頻度等について，同一区分に属さない労働者との間に，客観的・合理的な違いが存在しているか否かにより判断される．その判断にあたっては，単なる形式ではなく，企業の雇用管理の実態に即して行う．

　雇用管理区分として考えられるのは，正社員とパート労働者，総合職社員と一般職社員などである．したがって，パートの女性社員が，配置に関して，男性正社員との間に差別的取扱いがあっても，均等法の対象とはならない．また，コース別人事制度における総合職男性と一般職女性間の差別的取扱いも，均等法の対象ではないが，2007年法は，コース別人事制度の一部について間接性差別に該当する場合があるとしている．

(ニ) **均等法が対象とする雇用管理と差別の形態**

　均等法が対象とする雇用管理の範囲は拡大したが，全ての雇用の場面における性差別を禁止しているわけではない．均等法が対象としているのは，募集，採用（5条），配置，昇進，降格，教育訓練，一定の福利厚生，職種及び雇用形態の変更，退職勧奨，定年，解雇，労働契約の更新（6条）である．具体的には性差別禁止指針において，次のように定義されている．

　募集とは，労働者を雇用しようとする者が，自ら又は他人に委託して，労働者となろうとする者に対し，その被用者となることを勧誘することをいう．

　採用とは，労働契約を締結することをいい，応募の受付，採用のための選考

等募集を除く労働契約の締結に至る一連の手続を含む．

　配置とは，労働者を一定の職務に就けることまたは就いている状態をいい，従事すべき職務における業務の内容及び就業の場所を主要な要素とするものである．2006年改正により，配置には，業務の配分及び権限の付与が含まれることが性差別禁止指針に明記された．また，通達によると，出向も配置に含まれる．

　昇進とは，企業内での労働者の位置づけについて，下位の職階から上位の職階への移動を行うことである．職制上の地位の上方移動を伴わない昇格も含まれる．

　降格とは，企業内での労働者の位置づけについて，上位の職階から下位の職階への移動を行うことをいい，昇進の反対の措置である場合と，昇格の反対の措置である場合の双方が含まれる．

　教育訓練とは，事業主がその雇用する労働者に対して，その労働者の業務の遂行の過程外において，または当該業務の遂行の過程内において，現在及び将来の業務の遂行に必要な能力を付与するために行うものである．

　均等法は，対象とする福利厚生の範囲を施行規則に委ねた．施行規則1条によると，次の福利厚生の措置を定めている．
①住宅資金の貸付け
②生活資金，教育資金その他労働者の福祉の増進のために行われる資金の貸付け
③労働者の福祉の増進のために定期的に行われる金銭の給付
④労働者の資産形成のために行われる金銭の給付

　職種とは，職務や職責の類似性に着目して分類されるものであり，「営業職」・「技術職」の別や，「総合職」・「一般職」の別などがある．

　性差別禁止指針は，具体的な性差別の形態について定めているが，そこに示されている例は例示であり，それに限定されない．同指針によると，禁止される性差別の態様は，表7.2のとおりである．

　なお，2（3）（イ）（ロ）で述べる「ポジティブ・アクションである場合」及び「性別による差別的取扱いをしているとは解されない場合」には，均等法の禁止する性差別に該当しない．

表7.2 均等法が禁止する直接性差別の形態

	対象から男女いずれかを排除する	対象をいずれかのみとする	条件を男女で異なるものとする	能力または資質の有無等を判断する場合にその方法や基準について男女で異なる取扱いをする	男女のいずれかを優先する	情報提供を男女で異なる取扱いをする	男女で異なる取扱いをする
募集・採用	○		○	○	○	○	
配置	○		○	○	○		○
昇進	○		○	○	○		
降格		○	○	○	○		
教育訓練	○		○				○
一定の福利厚生	○		○				
職種の変更	○		○	○	○		○
雇用形態の変更	○		○	○	○		○
退職の勧奨	○		○	○	○		
定年							○
解雇	○		○	○	○		
労働契約の更新	○		○	○	○		

作成　神尾真知子

(2) 間接性差別

　均等法7条は,「労働者の性別以外の事由を要件とするもののうち（中略）実質的に性別を理由とする差別となるおそれがある措置として厚生労働省令で定めるもの」を事業主が講じることを禁止している．性差別禁止指針は，間接性差別を，①性別以外の事由を要件とする措置であって，②他の性の構成員と比較して，一方の性の構成員に相当程度の不利益を与えるものを，③合理的な理由がないときに講じることをいう，としている．

　施行規則2条は，均等法7条の厚生労働省令で定める措置は，次のとおりとしている．①労働者の募集又は採用に関する措置であって，労働者の身長，体重又は体力に関する事由を要件とするもの，②労働者の募集又は採用に関する

措置であって,労働者が住居の移転を伴う配置転換に応じることができることを要件とするもの,③労働者の昇進に関する措置であって,労働者が勤務する事業場と異なる事業場に配置転換された経験があることを要件とするもの.

2004年の男女雇用機会均等政策研究会(厚生労働省の参集した学識経験者の研究会)報告は,上記3つのほかに,福利厚生における世帯主要件なども間接性差別の事例としていたし,問題とされる雇用ステージを限定していなかった(表7.3参照).2007年均等法は,雇用ステージを限定し,かつ,禁止する間接性差別を3つの措置に限定しているが,通達によると,その理由は,間接性差別は,およそどのような要件も俎上に乗り得る広がりのある概念であること,そして,どのようなものを間接性差別とするのかについての社会的合意が形成されていない状況にあることから,均等法が違法とし,指導等の対象とするにあたって,対象とする範囲を明確にする必要があった.さらに,通達は,施行規則の定める3つの措置以外の措置が一般法理としての間接性差別法理の対象となりえ,司法判断において,民法等の適用にあたり間接性差別法理にてらして違法と判断されることはありうるとしている.

このような通達における記述は,6で述べる住友電工事件等において,1986年均等法が募集・採用を努力義務と規定したことが,裁判所の公序の判断に影響を与えたことが背景にある.

(3) 均等法違反とならない場合
(イ) ポジティブ・アクションである場合

均等法8条は,「女性労働者に係る措置に関する特例」として,事業主が,いわゆるポジティブ・アクションを女性労働者に関して行う措置を講じることを妨げないと規定している.性差別禁止指針によると,ポジティブ・アクションは,募集,採用,配置,昇進,教育訓練,職種の変更,雇用形態の変更に関して行われる.しかし,ポジティブ・アクションはどのような場合にも行えるのではなく,通達によると,「女性労働者が男性労働者と比較して相当程度少ない状況にあるか否かによって判断することが適当である」とし,「相当程度少ない」とは,具体的には,日本の全労働者に占める女性労働者の割合を考慮して,4割を下回っていることをいうとしている.

たとえば,営業職に女性が1割しかいない場合に,営業職に従事するのに必要な能力を付与する教育訓練の対象を女性労働者とし,営業職に就く女性を増

表7.3 男女雇用機会均等政策研究会報告，労働政策審議会建議，改正均等法における間接性差別概念の比較

	男女雇用機会均等政策研究会報告【2004年】	労働政策審議会建議【2006年】	2007年均等法
問題とされる基準	外見上は性中立的な規定、基準、慣行等（基準等）	外見上は性中立的な基準等	労働者の性別以外の事由を要件とするもの
比較対象	他の性の構成員と比較	他の性の構成員と比較	その要件を満たす男性及び女性の比率その他の事情を勘案
効果	一方の性の構成員に相当程度の不利益を与える	一方の性の構成員に相当程度の不利益を与える	実質的に性別を理由とする差別となるおそれがある（厚生労働省令で定めるものに限定）
使用者の抗弁	基準等が職務と関連性がある等合理性・正当性が認められる場合	職務との関連性がある場合等合理性・正当性が、認められる場合	当該措置の対象となる業務の性質に照らして当該措置の実施が当該業務の遂行上特に必要である場合、事業の運営の状況に照らして当該措置の実施が雇用管理上特に必要である場合その他の合理的な理由がある場合
問題とされる雇用ステージ	言及なし	均等法が直接禁止している各雇用ステージ	均等法が直接禁止している各雇用ステージ
使用者の抗弁が認められなかった場合に、間接性差別として考えられる事例	①募集・採用における身長・体重・体力要件 ②総合職の募集・採用における全国転勤要件 ③募集・採用における学歴・学部要件 ④昇進における転勤経験要件 ⑤福利厚生における世帯主要件 ⑥処遇の決定において正社員を有利に取り扱うこと（総合職と一般職についても同じ） ⑦福利厚生の適用や家族手当等の支給においてパートタイム労働者を除外すること	①募集・採用における身長・体重・体力要件 ②コース別雇用管理制度における総合職の募集・採用における全国転勤要件 ③昇進における転勤経験要件	①募集・採用における身長・体重・体力要件 ②コース別雇用管理制度における総合職の募集・採用における全国転勤要件 ③昇進における転勤経験要件

作成　神尾真知子

やしていくことなどが，ポジティブ・アクションとして可能である．
(ロ) **性別による差別的取扱いをしているとは解されない場合**

　もうひとつの性差別の例外は，均等法にも施行規則にも規定はなく，性差別禁止指針に規定されている．募集，採用，配置，昇進に関して，次のような場合には，均等法違反にはならない．

①次に掲げる職務に従事する労働者に係る場合．
　　A　芸術・芸能の分野における表現の真実性等の要請から男女のいずれかのみに従事させることが必要である職務．
　　B　守衛，警備員等のうち防犯上の要請から男性に従事させることが必要である職務．
　　C　A及びBに掲げるもののほか，宗教上，風紀上，スポーツにおける競技の性質上その他の業務の性質上男女のいずれかのみに従事させることについてこれらと同程度の必要性があると認められる職務．
②労基法の規定により女性を就業させることができず，又は保健師助産師看護師法の規定により男性を就業させることができないことから，通常の業務を遂行するために，労働者の性別にかかわりなく均等な機会を与え又は均等な取扱いをすることが困難であると認められる場合．
③風俗，風習等の相違により男女のいずれかが能力を発揮し難い海外での勤務が必要な場合その他特別の事情により労働者の性別にかかわりなく均等な機会を与え又は均等な取扱いをすることが困難であると認められる場合．

　通達によれば，①Aに該当する職務には，俳優，歌手，モデル等が含まれる．①Bには，守衛，警備員であればすべて該当するのではなく，単なる受付，出入者のチェックのみを行う等防犯を本来の目的とする職務でないものは含まれない．①Cの例としては，一定の宗派における神父，巫女，女子更衣室の係員等が考えられる．①に関しては，いずれも拡大解釈されるべきではなく，単に社会通念上男性又は女性のいずれかが就くべきであると考えられている職務は含まれない．②に関して，男性は保健師助産師看護師法によって助産師になることができないので，助産師の募集・採用から男性を排除することは均等法違反にならない．③の「特別の事情」とは，例として，勤務地が通勤不可能な山間僻地にあり，事業主が提供する宿泊施設以外に宿泊することができず，かつ，その施設を男女共に利用することができない場

合など，極めて特別な事情にあることをいい，拡大解釈されるべきではないとしている．

3　婚姻・妊娠・出産等を理由とする不利益取扱いの禁止

均等法9条は，婚姻・妊娠・出産等を理由として，女性労働者に対して，不利益に取扱うことを禁止している．改正前の均等法は，定年・解雇と共に，退職に関して，女性労働者が婚姻し，妊娠し，出産したことを退職理由として予定する定めをしてはならないと規定していた．改正後，退職勧奨に関しては性差別禁止が規定されたが，退職に関しては，女性労働者に対する不利益取扱いとして規定されたので，一般的な性差別禁止の対象とはなっていない．

妊娠や出産は女性のみに生じることなので，行政解釈（平10.6.11女発168号）では，「女性であることを理由として」には，女性が妊娠又は出産したことを理由とする場合は含まれないとし，また，「差別的取扱い」とは，合理的理由なく，社会通念上許容される限度を超えて，一方に対し他方と異なる取扱いをすることをいうとしている．したがって，妊娠又は出産については，比較できる男性が存在しないから，差別的取扱いの問題とは位置づけず，不利益取扱いとして位置づけたものと推測される．

そうすると，男性にも生じ得る婚姻を，女性労働者に対する不利益取扱いの対象と位置づけたことは疑問である．

事業主は，以下のような不利益取扱いをすることが禁止されている．

①女性労働者が，婚姻し，妊娠し，又は出産したことを退職理由として予定する定めをすること．

②女性労働者が婚姻したことを理由として，解雇すること．

③雇用する女性労働者が妊娠したこと，出産したこと，労基法の規定による休業を請求し，又は休業したこと等を理由として，解雇その他不利益取扱いをすること．

そして，均等法9条4項は，妊娠中の女性労働者及び出産後1年を経過しない女性労働者に対してなされた解雇は無効であるとし，だたし，事業主が，当該解雇が③に規定する妊娠・出産等を理由とする解雇でないことを証明したときはこの限りではないと規定している．均等法は，一般的に事業主に公法上の義務を課す規定であるが，9条4項は，妊産婦に対する解雇を原則無効と

する私法上の効力を持たせる規定になっている．このような規定が置かれた背景には，妊娠・出産等を理由とする労働者からの相談が多いという現状があり（2004年度875件，2005年度903件，2006年度1,166件），また，少子化対策からの強い要請があった．

4 男女に対するセクシュアル・ハラスメント防止措置義務

均等法は，セクシュアル・ハラスメント（セクハラ）を行うことを禁止する規定は持っていない．11条は，事業主に対して，セクハラによって労働者がその労働条件について不利益を受け，または労働者の就業環境が害されることがないように，当該労働者からの相談に応じ，適切に対応するために必要な体制の整備などの雇用管理上必要な措置を講じることを義務づけている．

そのために事業主が講じるべき措置については，セクハラ措置指針が具体的に定めている．同指針によると，均等法にいうセクハラには，対価型セクハラ（職場において行われる性的な言動に対する労働者の対応により当該労働者がその労働条件につき不利益をうけるもの）と環境型セクハラ（当該性的な言動により労働者の就業環境が害されるもの）がある．

職場とは，事業主が雇用する労働者が業務を遂行する場所を指し，通常就業する場所以外の場所であっても，当該労働者が業務を遂行する場所（例　取引先の事務所，取引先と打ち合わせをするための飲食店等）も含まれる．

労働者には，正規労働者のみならず，パートタイム労働者や契約社員等の非正規労働者も含む．派遣労働者については，派遣元事業主のみならず，派遣先も労働者派遣法47条の2により，その指揮命令下に労働させる派遣労働者を雇用する事業主とみなされ，均等法にいう事業主としての措置を講じる義務がある．

性的な言動とは，性的な内容の発言及び性的な行動を指す．

事業主が講じるべき措置は，以下のとおりである．

①事業主の方針の明確化及びその周知・啓発

　A　職場におけるセクハラの内容及び職場におけるセクハラがあってはならない旨の方針を明確化し，管理・監督者を含む労働者に周知・啓発すること．

　B　職場におけるセクハラに係る言動を行った者については，厳正に対処

する旨の方針及び対処の内容を就業規則などの文書に規定し，管理・監督者を含む労働者に周知・啓発すること．

②相談（苦情を含む）に応じ，適切に対応するために必要な体制の整備
   A 相談への対応のための窓口を予め定めること．
   B Aの相談窓口担当者が，相談に対し，その内容や状況に応じ適切に対応できるようにすること，また，相談窓口においては，職場におけるセクハラが現実に生じている場合だけでなく，その発生のおそれがある場合や，職場におけるセクハラに該当するか否か微妙な場合であっても，広く相談に対応し，適切な対応を行うようにすること．

③職場におけるセクハラに係る事案の迅速かつ適切な対応
   A 事案に係る事実関係を迅速かつ正確に確認すること．
   B Aにより，職場におけるセクハラが生じた事実が確認できた場合においては，行為者に対する措置及び被害を受けた労働者に対する措置をそれぞれ適正に行うこと．
   C 改めて職場におけるセクハラに関する方針を周知・啓発する等の再発防止に向けた措置を講じること．

④①から③までの措置と併せて講じるべき措置
   A 職場におけるセクハラに係る相談者・行為者等の情報は，当該相談者・行為者等のプライバシーに属するものであることから，相談への対応または当該セクハラに係る事後の対応にあたっては，相談者・行為者等のプライバシーを保護するために必要な措置を講じるとともに，その旨を労働者に対して周知すること．
   B 労働者が職場におけるセクハラに関し相談をしたことまたは事実関係の確認に協力したこと等を理由として，不利益な取扱いを行ってはならない旨を定め，労働者に周知・啓発すること．

5　苦情処理手続

均等法に関する紛争解決の援助としては，3つの苦情処理手続を規定している．

(1) 自主的解決

均等法15条は，6条（配置，昇進，降格，教育訓練，福利厚生，職種及び雇

用形態の変更，退職の勧奨，定年，解雇，労働契約の更新），7条（間接差別），9条（婚姻・妊娠・出産等を理由とする不利益取扱い禁止），12条及び13条1項（妊娠中及び産後の健康管理に関する措置）に定める事項に関し，事業主は，労働者から苦情を受けた時は，苦情処理機関に対して，当該苦情の処理を委ねる等によって，自主的な解決を図るように努めることを義務づけている．同機関は，事業主を代表する者及び当該事業場の労働者を代表する者を構成員とする当該事業場の労働者からの苦情を処理するための機関である．

　苦情処理機関の設置は，そもそも事業主に法的に義務づけられていないし，苦情処理に委ねることは事業主の努力義務として規定されている．

(2)　労働局長の助言・指導・勧告等

　最も力を発揮している苦情処理手続は，各都道府県における労働局長の助言・指導・勧告である．上記（1）の苦情処理の対象となる事項に加えて，5条（募集・採用）及び11条1項（セクハラのための措置）に定める事項についての労働者と事業主の紛争については，個別労働関係紛争解決促進法は適用されず，均等法に定めるところによる（16条）．都道府県労働局長は，当該紛争の当事者の双方又は一方からその解決につき援助を求められた場合には，当該紛争の当事者に対して，必要な助言，指導，勧告を行う．事業主は，労働者が労働局長の援助を求めたことを理由として，当該労働者に対して解雇その他不利益な取扱いをすることは禁止されている（17条）．

　また，労働局長によるものとは別に，厚生労働大臣は，均等法施行に関し必要があると認めるときは，事業主に対して，報告を求め，又は助言，指導若しくは勧告をすることができ，その一部を都道府県労働局長に委任することができる（29条）．29条で求められたのに報告をしない者や虚偽の報告をした者は，20万円以下の過料に処する（33条）．

　助言，指導，勧告には，強制力はない．しかし，厚生労働大臣は，5条から7条まで，9条1項から3項まで，11条1項及び13条1項の規定に違反している事業主に対し，29条による勧告をした場合に，その勧告を受けた者が従わなかったときは，その旨を公表することができる（30条）．

(3)　紛争調整委員会の調停

　都道府県労働局長は，募集・採用を除く16条に規定する紛争について，当該紛争の当事者の双方又は一方から調停の申請があった場合において，当該紛

争の解決のために必要があると認められるときは，個別労働関係紛争解決促進法の紛争調整委員会に調停を行わせるものとする（18条）．3人の調停委員は紛争調整委員会会長が，紛争調整委員会の委員のうちから予め指名する（19条）．施行規則によると，紛争調整委員会会長は，調停委員のうちから，均等法18条1項の規定により委任を受けて同項に規定する紛争について調停するための会議（機会均等調停会議）を主任となって主宰する調停委員（主任調停委員）を指名する．機会均等調停会議は，非公開である．

調停案には強制力はない．解決の見込みがないときは，調停は打ち切られるが，その場合には，当該調停を申請した者が打ち切りの通知を受けた日から30日以内に訴えを提起したときは，時効の中断に関しては，調停申請時に訴えの提起があったものとみなすことになっている（24条）．

6 性差別とセクシュアル・ハラスメントをめぐる判例

(1) 公序違反の性差別

均等法は，9条4項を除き，私法上の効力については，明確に規定していない．多数説は，禁止規定は私法上の強行的規定と解し，違法行為は法律行為であれば無効となり，不法行為として損害賠償責任の根拠となると解している．

1986年均等法は，募集・採用は努力義務として規定され，私法上の効力はないとされていた．そのため，努力義務であることが，裁判所の公序の判断に影響を与えた．

たとえば，日本鉄鋼連盟事件判決（東京地判昭61.12.4労判486号28頁）は，男女別コース制において，募集・採用の機会について男女を差別することを，次のような理由から，問題となった昭和44年ないし49年当時において，民法90条の公序に反しないと判断した．①募集・採用は労基法3条に定める労働条件ではないこと，②1986年均等法においても募集・採用は使用者の努力義務にとどまること，③従来労働者の採用には使用者は広い選択の自由を有すること等．住友電工事件判決（大阪地判平12.7.31労判792号48頁）も，男女別コース制度を憲法14条の「趣旨」に反するとしながら，1986年均等法が採用における男女差別禁止を努力義務としていることを当時の社会意識の存在を配慮したものととらえ，公序違反ではないとする理由のひとつとした．

野村證券事件判決（東京地判平14.2.20労判822号13頁）は，上記判決と同

様に，1986年均等法が男女で差別的取扱いをしないことを努力義務に止めていることから男女別の処遇は公序に反して違法であるとまではいえないとしながらも，男女の性別によるコース別の処遇を維持することは，1999年均等法施行後は，配置における男女差別にあたり違法となり，無効となったものというべきであるとしている．

(2) セクシュアル・ハラスメント

均等法11条は，事業主に対するセクハラ防止措置義務という公法上の義務を定めているので，私法上の効力はない．したがって，私法上は，加害者に対しては民法709条の不法行為責任，使用者に対しては民法709条の不法行為責任，民法715条の使用者責任を問うことになる．

セクハラに関する初めてとされている判決では，男性上司が部下の女性の性的なうわさを流した一連の行為を女性の人格権を侵害したものであり，また，職場環境を悪化させる原因を構成するものとなっており，民法709条の不法行為責任を負うとした．会社に対しても，上司の一連の行為が業務の執行につき行われたものと認められるとして使用者責任を負うとした．さらに，使用者は，職場が労働者にとって働きやすい環境を保つよう配慮する注意義務もあると解し，その点においても不法行為性を認めている（福岡地判平4.4.16労判607号6頁）．

会社に対して，債務不履行責任を認めた判決がある．三重県厚生農協連合会事件判決（津地判平9.11.5労判729号54頁）は，労働契約上の付随義務として信義則上職場環境配慮義務を負っており，使用者が何も対応策を取らなかったことは，職場環境配慮義務を怠ったものと認め，債務不履行責任を負うとした．

2007年均等法は，男性に対するセクハラも事業主の措置義務の対象としたが，男性に対する行為がセクハラかどうか問題となった事件があった．1審はセクハラと判断したが，2審は，女性の上司の行為は職務上の正当な目的のために，その目的に沿って必要な範囲で，かつ基本的には相当な方法において行われた行為であるとしてセクハラに当たるとは判断しなかった（大阪地判平16.9.3労判884号56頁，大阪高判平17.6.7労判908号72頁）．

第2節　一般女性保護と母性保護

1　一般女性保護の廃止

(1)　一般女性保護廃止の経緯

　日本の労働立法は，工場法（明治44（1911）年成立，大正5（1916）年施行）から始まった．工場法は常時15人以上の職工を使用する工場に適用され，女性と年少者を原生的労働関係（低賃金，長時間労働，過酷な労務管理）から保護すべき労働者として位置づけた．当初，女性と15歳未満の者（12歳未満は工場労働に原則就労禁止）に対して，1日12時間を超える労働の禁止，深夜業（午後10時から午前4時）の禁止，危険有害業務の就労禁止，主務大臣が産婦の就業制限・禁止を規定できること（工場法施行規則9条1項により産前4週間の請求休暇，産後6週間の強制休暇）などを規定していた．

　工場法制定の背景には，労働運動の発展，労働力供給源の固渇問題，結核伝染による国民体位の低下問題，そして，明治39（1906）年に国際労働立法協会第1回国際会議で参加国によって女性労働者の深夜業禁止が批准されたことがあった（三瓶孝子「第2章日本における婦人労働の歴史」大河内一男・磯田進編『婦人労働』講座労働問題と労働法第6巻）所収，44－45頁）．

(イ)　**1986年3月31日までの旧労基法の一般女性保護**

　戦後制定された労働基準法は戦前の工場法の考え方を引き継ぎ，女性は年少者と共に，「保護すべき労働者」として位置づけ，労働条件に関して，男性と異なる取り扱いを規定した．1986年3月31日までの旧労基法の一般女性保護は，①作業内容及び作業場所に関する規制，②労働時間及び労働時刻に関する規制，③生理休暇の3つの面において行われた（有泉亨『労働基準法』有斐閣，1977年，403頁－412頁）．

　①作業内容及び作業場所に関する規制

　　命令で定める重量物を取扱う業務に就かせてはならない（旧63条1項）．断続的作業の場合は30キロ，継続的作業の場合は20キロが原則上限とされていた．一定の危険有害業務につかせてはならない（旧63条1項，3項）．坑内労働につかせてはならない（旧64条）．

②労働時間及び労働時刻に関する規制

　労基法36条による時間外労働は可能であるが，1日2時間，1週6時間，1年150時間以内に限られた．ただし，農林水産業については規制がなく，また，決算のために必要な計算などに従事させる場合には例外的に規制が緩和されていた（旧61条）．休日に労働させることはできなかった．深夜業（午後10時から午前5時）は，原則させてはならないが，一定の事業（農林水産業，保健衛生業など）及び業務（旅館業の業務など）については，例外的に認められていた（旧62条）．

③生理休暇

　使用者は，生理日の就業が著しく困難な女性，又は生理に有害な業務に従事する女性が，休暇を請求した場合には，その女性を，生理日に就業させてはならないとされていた（旧767条）．生理休暇については，一般女性保護か母性保護かについて争いがあるが，厚生労働省は，一般女性保護と解している．

㊁ **保護から平等へ**

当初は，母性保護も一般女性保護も，「女性保護」として区別せずにとらえられていたが，次第に母性保護と一般女性保護は区別してとらえられるようになった．産前産後休業などの妊娠・出産に関する母性保護は，女性の母性機能に着目した男女の生物学的な違いに基づく異なる取扱いであるのに対して，時間外労働の規制などの一般女性保護は，一般的に女性であることを理由とする男女異なる取り扱いである．したがって，性別にかかわらない平等な取扱いのためには，男女共通の労働条件に向けて，一般女性保護の見直しが必要になる．

　1985年の均等法の制定をめぐる議論の中で，労基法の女性保護規定のあり方が問題となった．最も労使間で意見が対立したのは，一般女性保護の見直しをめぐる問題であった．労働者側は，長時間労働などまだ十分に労働条件が整っていない状況で，女性の働き方を男性並みにすることに対して反対した．経営側は，雇用平等の前提は，一般女性保護の廃止であると主張した．

　結局，1985年の均等法の制定と共に，労基法も改正され（施行は1986年4月1日），妥協的な解決が図られた．すなわち，時間外労働，休日労働，深夜業に関しては，工業的業種か非工業的業種かでその規制内容を変え，指揮命令者及び専門業務従事者の規制は廃止した．

　さらに，1997年の均等法改正の際にも，労基法が改正された（施行は1999

年4月1日)．この時に，時間外労働，休日労働，深夜業という労働時間に関わる女性に対する規制が廃止された．

(2) 一般女性保護の現状

現在の労基法において，一般女性保護のほとんどは廃止されたが，危険有害業務，坑内業務，生理日の就労に関して残っている．

(イ) 危険有害業務の一部禁止（64条の3第2項，女性則3条）

危険有害業務の就業制限の対象業務の多くは廃止され，これまでは次の2つの業務の就労が，一般的に女性には禁止されていた（表7.4参照）．

1つは，重量物を扱う業務であり，断続作業の場合の上限は30キログラム，継続作業の場合は20キログラムとなっている．なお，満18歳未満の女性の場合は，年少者に対する就業制限がかかり，男女にかかわらず，満16歳未満の場合は，断続作業12キログラム・継続作業8キログラム，満16歳から満18歳未満の場合は，断続作業25キログラム・継続作業15キログラムが上限となっている．

もうひとつは，鉛，水銀，クロム，砒素，黄りん，フッ素，塩素，シアン化水素，アニリンその他これらに準ずる有毒物のガス，蒸気又は粉じんを発散する場所における業務である．

さらに，2012年10月1日に女性労働基準規則が改正され，施行されたことにより，生殖機能などに有害な化学物質が発散する場所での女性労働者の就業禁止対象が拡大された（25物質）．

(ロ) 坑内業務の就業制限（64条の2，女性則1条）

満18歳以上の女性は，坑内で行われる業務のうち，以下の業務への就労が禁止されている．

① 人力により行われる土石，岩石若しくは鉱物の掘削又は掘採の業務
② 動力により行われる掘削又は掘採の業務
③ 発破による鉱物等の掘削又は掘採の業務
④ ずり，資材等の運搬若しくは覆工のコンクリートの打設等鉱物等の掘削又は掘採の業務に付随して行われる業務

(ハ) 生理日の就業が著しく困難な女性に対する措置（68条）

1985年の労基法改正前は，「生理休暇」として規定されていた．生理休暇は，日本独特の制度であり，第2次世界大戦時の女子挺身隊受入側措置要綱（昭

表7.4　妊産婦等の就業制限の業務の範囲

× ……女性を就かせてはならない業務
△ ……女性が申し出た場合就かせてはならない業務
○ ……女性を就かせてもさしつかえない業務

女性労働基準規則第2条第1項	就業制限の内容 妊婦	産婦	その他の女性	女性労働基準規則第2条第1項	就業制限の内容 妊婦	産婦	その他の女性
1号　重量物を取り扱う業務（表7.5参照）	×	×	×	12号　岩石又は鉱物の破砕機又は粉砕機に材料を送給する業務	×	△	○
2号　ボイラーの取扱いの業務	×	△	○	13号　土砂が崩壊するおそれのある場所又は深さが5メートル以上の地穴における業務	×	○	○
3号　ボイラーの溶接の業務	×	△	○				
4号　つり上荷重が5トン以上のクレーン，デリック又は制限荷重が5トン以上の揚貨装置の運転の業務	×	△	○	14号　高さが5メートル以上の場所で，墜落により労働者が危害を受けるおそれのあるところにおける業務	×	○	○
5号　運転中の原動機又は原動機から中間軸までの動力伝導装置の掃除，給油，検査，修理又はベルトの掛換えの業務	×	△	○	15号　足場の組立て，解体又は変更の業務（地上又は床上における補助作業の業務を除く。）	×	△	○
6号　クレーン，デリック又は揚貨装置の玉掛けの業務（2人以上の者によって行う玉掛けの業務における補助作業の業務を除く。）	×	△	○	16号　胸高直径は35センチメートル以上の立木の伐採の業務	×	△	○
				17号　機械集材装置，運材索道等を用いて行う木材の搬出の業務	×	△	○
7号　動力により駆動される土木建築用機械又は船舶荷扱用機械の運転の業務	×	△	○	18号　鉛，水銀，クロム，砒素，黄りん，弗素，塩素，シアン化水素，アニリンその他これらに準ずる有害物のガス，蒸気又は粉じんを発散する場所における業務	×	×	×
8号　直径が25センチメートル以上の丸のこ盤（横切用丸のこ盤及び自動送り装置を有する丸のこ盤を除く。）又はのこ車の直径が75センチメートル以上の帯のこ盤（自動送り装置を有する帯のこ盤を除く。）に木材を送給する業務	×	△	○				
				19号　多量の高熱物体を取り扱う業務	×	△	○
				20号　著しく暑熱な場所における業務	×	△	○
9号　操車場の構内における軌道車両の入替え，連結又は解放の業務	×	△	○	21号　多量の低温物体を取り扱う業務	×	△	○
10号　蒸気又は圧縮空気により駆動されるプレス機械又は鍛造機械を用いて行う金属加工の業務	×	△	○	22号　著しく寒冷な場所における業務	×	△	○
				23号　異常気圧下における業務	×	△	○
11号　動力により駆動されるプレス機械，シャー等を用いて行う厚さが8ミリメートル以上の鋼板加工の業務	×	△	○	24号　さく岩機，鋲打機等身体に著しい振動を与える機械器具を用いて行う業務	×	×	○

表7.5　下の表の左欄に掲げる年齢の区分に応じ，それぞれ右欄に掲げる重量以上の重量物を取り扱う業務

年齢	重量（単位：kg）	
	断続作業	継続作業
満16歳未満	12	8
満16歳以上満18歳未満	25	15
満18歳以上	30	20

19.6.21次官会決議決定）において，生理中の女性を就業させる場合には特別の考慮を払うべきであることが定められていた．女性労働者の坑内労働の禁止規定を含む鉱夫就業扶助規則について，戦後も猶予期間を付して戦時特例を延長せざるをえなかったところ，猶予期間中は女性坑内労働者に生理休暇を保証することが条件の1つになり，このことが他産業の労働協約に入るようになり，労基法制定の時に組合が主張して，規定に取り入れられた経緯がある（赤松良子『詳説男女雇用機会均等法及び改正労働基準法』日本労働協会，1985年，423-424頁）．

　改正前は，「生理に有害な業務に従事している女性」についても生理休暇が認められていたが，改正によって，「生理日の就業が著しく困難な女性」に対して使用者の講じるべき措置として規定されている．生理日の就業が著しく困難な女性が請求したときは，使用者はその者を生理日に就業させてはならない．なお，生理日に就業しなかったことに対して，労基法は使用者に賃金の支払いを義務づけていない．

2　母性保護の充実

(1) 危険有害業務の就業制限（63条の3，女性則2条）

　妊娠中の女性及び産後1年を経過しない女性（以上を妊産婦という）は，表7.4にみるような妊娠，出産，哺育等に有害な業務の就業制限がある．

　妊婦は，危険有害業務について本人の意思にかかわらず就業禁止であるのに対し，産婦の場合は，就業が認められている業務（13号，14号）や，就業制限を本人の意思にかからせている点で，保護の程度が弱くなっている．

(2) 産前産後休業と妊娠中の他の軽易業務への転換 (65条)

使用者は，6週間（多胎妊娠の場合は14週間）以内に出産する予定の女性が休業を請求した場合には，その者の就業を禁止されている．産後8週間を経過しない女性については就業させてはならない．産前休業は，妊娠した女性が「請求」した場合に，使用者は就業させることを禁止されるのに対して，産後休業は，強制的な就業禁止である．なお，産後6週間を経過した女性が請求した場合に，医師が支障ないと認めた業務に就かせることは差し支えない．

出産とは，妊娠4か月以上（1か月＝28日，4か月以上＝85日以上）の分娩とし，生産のみならず死産も含む（昭23.12.23基発1885号）．出産当日は，産前6週間に含まれる（昭25.3.31基収4057号）．

また，妊娠中の女性が請求した場合，使用者は他の軽易な業務に転換しなければならない．原則として女性が請求した業務に転換させる趣旨であるが，新たに軽易な業務を創設して与える義務まで課したものではない（昭61.3.20基発151号　婦発69号）．

産前産後休業に関して，労基法は使用者に賃金を支払うことを義務づけていないので，ノーワークノーペイの原則から使用者は賃金を支払う法的義務はない．そこで，健康保険法から出産の日以前42日（多胎出産の場合は98日），産後56日までの間の労務に服さなかった期間については，所得保障として，標準報酬日額の3分の2に相当する金額が支給される（健康保険法102条）．

(3) 変形制・時間外・休日・深夜業制限 (66条)

かつての労基法は，一般的に女性に対して，労働時間に関する規制をしていたが，現在は，妊産婦に対して労働時間に関する規制がなされている．

妊産婦が請求した場合には，使用者は，1か月単位の変形労働時間制（32条の2第1項），1年単位の変形労働時間制（32条の4第1項），1週間単位の非定型変形労働時間制（32条の5第1項）の規定にかかわらず，1週間について40時間，1日について8時間の労働時間を超えて労働させてはならない．また，妊産婦が請求した場合には，労基法33条1項及び3項並びに36条1項の規定にかかわらず，使用者は時間外労働や休日労働をさせてはならない．同様に，深夜業をさせてはならない．

(4) 育児時間 (67条)

生後1年に達しない生児を育てる女性は，休憩時間（34条）のほかに，1日

2回各々少なくとも30分，その生児を育てるための時間を請求することができ，使用者は育児時間中の女性を使用してはならない．67条は，1日の労働時間を8時間とする通常の勤務形態を予想しているので，1日の労働時間が4時間以内である場合には，1日1回の育児時間の付与をもって足りる法意であるとされている（昭36.1.9基収8996号）．

育児時間についても，労基法は，賃金の支払いを使用者に義務づけていない．

(5) 母性健康管理（均等法12条，13条，均等法施行規則2条の3）

日本の労働法は，法律が厚生労働省の担当所管ごとに管理され，諸施策が行われているために，母性保護に含まれる母性健康管理は，立法の経緯から雇用均等・児童家庭局所管の均等法に規定されている．本来は，母性保護として労基法に規定されるべきである．

事業主は，雇用する女性労働者が母子保健法の規定による保健指導又は健康診査を受けるために必要な時間を確保することができるようにしなければならない（通院休暇）．受診すべき回数は，妊娠23週まで4週間に1回，妊娠24週から35週まで2週間に1回，妊娠36週から出産まで1週間に1回，産後1年以内については医師や助産師が指示する回数である．

また，事業主は，雇用する女性労働者が保健指導又は健康診査に基づく指導事項を守ることができるようにするため，勤務時間の変更，勤務の軽減等必要な措置を講じなければならない．

3 女性保護をめぐる判例

生理のために就業しなかった場合の賃金について，労基法は，前述したように使用者に賃金支払義務を課していないので，取扱いは労使自治に委ねられている．

精皆勤手当の支給に際し，生理休暇取得日を欠勤日数に参入し，同手当を減額したことが問題となった事件では，最高裁は，労基法67条（現68条）の趣旨は，当該労働者が生理休暇の請求をすることによりその間の就労義務を免れ，その労務の不提供につき労働契約上債務不履行の責めを負うことのないことを定めたにとどまり，生理休暇が有給であることまでも保障したものではないと解するのが相当であるとし，労使間に特段の合意がない限り，その不就労

期間に対応する賃金請求権も有しないこと，また，生理休暇は，平均賃金の計算や年次有給休暇の基礎となる出勤日の算定について特別の扱いを受けるものとはされていないので，67条は生理休暇取得日を出勤扱いにすることまでも義務づけるものではないことから，出勤扱いにするか欠勤扱いにするかは原則として労使間の合意に委ねられているものと解することができるとした．そして，使用者が，労働協約又は労働者との合意によって生理休暇を欠勤扱いにする措置ないし制度を設けることは，措置ないし制度の趣旨，目的，労働者が失う経済的利益の程度，生理休暇の取得に対する事実上の抑止力等諸般の事情を総合して，生理休暇の取得を著しく困難とし，労基法が女性労働者の保護を目的として生理休暇の規定を特に設けた趣旨を失わせるものと認められるのでない限り，67条違反とすることはできないとした（エヌ・ビー・シー事件・最三小判昭60.7.16労判455号16頁）．

また，それまで年間24日について生理休暇を有給としていたことを，就業規則を改定し，月2日を限度とし1日につき基本給の68％を補償するとしたことが問題となった事件では，最高裁は，就業規則の変更の合理性に関して，旧規定下における有給生理休暇の取得について濫用があり，社内規律の保持及び従業員の公平な処遇のために変更が必要であったか否か等も検討し，さらに，労働組合との交渉経過，他の従業員の対応，関連会社の取扱い，我が国における生理休暇制度の一般的状況等を総合勘案する必要があるとして，高裁に差し戻したところ，高裁は，変更による実際上の不利益が僅少であること，有給生理休暇の濫用があったと言わざるを得ないこと，生理休暇の取得に際して出勤率加給及び賞与の算定に当たって配慮していることなどから，就業規則の不利益変更を合理性のあるものと判断した（タケダシステム事件・最一小判昭58.11.25労判481号21頁，東京高判昭62.2.26労判492号16頁）．

それに対して，労働協約において，賃金引上げ対象者から前年度の稼働率が80％以下の者を除くという規定があり，稼働率の算定の基礎となる不就労時間には，欠勤によるもの等のほかに，年次有給休暇，生理休暇，産前産後休業，育児時間なども含めていたことが問題となった事件では，労基法又は労組法上の権利に基づく不就労を稼働率算定の基礎としている点を，そのような権利を行使したことにより経済的利益を得られないこととすることによって権利の行使を抑制し，ひいては各法が労働者に各権利を保障した趣旨を実質的に失わせ

るものというべきであるから，公序（民法90条）に反し無効であるとした（日本シェーリング事件・最一小判平元.12.14労判553号16頁）．

第3節 育児・介護への支援

1 育児・介護休業法の改正と労働者の権利性

　育児・介護休業法は，1992年に施行されて以降，少子化対策の影響を受けて，何度かの改正を経て，改正法が2009年7月1日に公布され，段階的に施行される．苦情の自主的解決，都道府県労働局長による紛争解決の援助，企業名公表制度の創設及び過料の創設は2009年9月30日から，調停制度の創設は2010年4月1日から，残りの部分は2010年6月30日から施行された．常時100人以下の労働者を雇用する事業主については，2012年6月30日までの間，次の改定規定の適用が猶予されていたが，現在は適用されている．①介護休暇の創設，②育児のための所定外労働の制限，③3歳未満の子を養育する労働者に対する短時間勤務制度の義務化，④3歳未満の子を養育する労働者に対する代替措置．

　育児・介護休業法は，労働者の権利として，3種類の権利を定めている．

　第一に，形成権としての全日休暇型の育児・介護休業等の権利である．育児・介護休業等の権利は，「申出」という労働者の一方的な意思表示により，労働者の就労義務が消滅する．その結果，民法536条により，休業（休暇）期間中の事業主の賃金支払義務は消滅する．したがって，形成権の行使には，事業主の承諾は不要であり，たとえ事業の正常な運営を阻害する場合でも，事業主は，労働者の申出を拒否することはできない．

　育児・介護休業法は，直接労働者に民事的な権利として，育児・介護休業等の権利を与えているので，たとえ就業規則等に規定がなくても，労働者は権利を行使できる．育児・介護休業法は，労働者の権利及び事業主の法的義務という形で規定している．

　第二に，事業主の措置があって初めて権利として主張できる所定労働時間短

縮等の権利である．育児・介護休業法は，上述の第一や後述の第三の権利のように，労働者に直接民事的な権利を付与しておらず，事業主の措置義務（公法上の義務）として規定している．そのため，事業主が措置を取らない限り，労働者は権利として事業主に主張することはできない．

　これまでは，事業主の措置義務は，育児・介護に関して，いくつかの選択肢のうち1つの制度を設ければよいことになっていた．2009年改正法は，3歳未満の子を養育する労働者に対して所定労働時間短縮制度を設けることを，事業主の必須の措置義務として定めた．しかし，必須の措置義務となったとしても，就業規則等で定めるなど，事業主がその措置を取らない限り，労働者は権利を行使できない．

　第三に，請求権としての時間外労働制限等の権利である．育児・介護休業法は，事業主の法的義務として規定している．就業規則等で定められていなくとも，事業主に対して請求できる権利であるが，形成権とは異なり，事業の正常な運営を阻害する場合には，事業主は労働者の請求を拒否できるのであり，事業主による解除事由が認められている．

　2009年法改正までは，育児・介護を理由とする時間外労働の制限及び深夜業の制限についての請求権を規定していたが，2009年改正法は，それらの請求権に加えて，3歳未満の子を養育する労働者に対して，所定外労働制限の請求権を新たに規定した．

　これから説明する育児休業，介護休業等の制度は，育児・介護休業法に規定されている制度である．育児・介護休業法に定める育児・介護休業は，雇用保険の雇用継続給付の対象となる．したがって，各企業で制度化されている育児・介護休業のうち，育児・介護休業法に適合する育児・介護休業と，育児・介護休業法には適合しない育児・介護休業が存在する．前者は，雇用保険の雇用継続給付の対象であるのに対し，後者は対象とはならない．

　雇用保険法から，被保険者で受給要件を満たした労働者に対して，育児休業給付として，休業期間中に休業開始前賃金の50％，介護休業給付として，休業期間中に休業前賃金の40％が支給される．

2　育児への支援

(1) 育児休業

1歳未満の子を養育する労働者は，事業主に申し出ることにより，育児休業をすることができる（5条1項）．そして，事業主は，その申出を拒むことができない（6条1項）．

育児休業の対象労働者から，法によって，①日々雇用労働者，②期間の定めのある労働者は，適用除外されている．一定の範囲の期間の定めのある労働者には，育児・介護休業法は適用される．申出の時点において，①同一事業主に引き続き雇用された期間が1年以上であること，②子が1歳に達する日を超えて引き続き雇用されることが見込まれること，③子が1歳に達する日から1年を経過する日までの間に，労働契約期間が満了し，かつ，労働契約の更新がないことが明らかでないこと，の全ての要件を満たしていることが必要である（5条1項）．なお，有期労働契約であっても，実質的に期間の定めのない労働契約と異ならない状態になっている場合には，育児休業をすることができる．

さらに，労使協定によって，①継続雇用1年未満の労働者，②育児休業申出の日から1年（1歳6か月までの育児休業の場合は6か月）以内に終了することが明らかな労働者，③1週間の所定労働日数が2日以下の労働者を，適用除外することができる（2条，5条1項，6条1項，表7.6）．労使協定によって適用除外できる労働者は，上記に限定される．

2009年法改正以前は，①配偶者が常態として育児休業に係る子を養育することができると認められる労働者，及び②育児休業申出に係る子の親であって当該育児休業申出をする労働者又は当該労働者の配偶者のいずれでもない者が常態として育児休業に係る子を養育することができると認められる場合も，労使協定により適用除外が可能であった．家に専業主婦（主夫）がいる場合は，①に該当し，労使協定があれば，専業主婦家庭の夫は育児休業を取ることができなかった．専業主婦のいる男性の育児休業を促進するために，労使協定による適用除外規定は，①と共に②も廃止された．

育児休業の対象となる「子」とは，法的な親子関係のある子である（平16.12.28職発1228001号，雇児発1228002号）．すなわち，実子及び養子である．里子や連れ子は対象となっていない．

表7.6　育児・介護休業等の権利の適用除外労働者

制度	法による適用除外労働者	労使協定によって適用除外できる労働者	事業主による解除事由
労働者の形成権			
育児休業	・日々雇用労働者 ・期間の定めのある労働者（一定の範囲の労働者を除く）	・継続雇用1年未満の労働者 ・育児休業申出の日から1年（1歳6か月までの育児休業の場合は6か月）以内に雇用関係が終了することが明らかな労働者 ・1週間の所定労働日数が2日以下の労働者	
介護休業	・日々雇用労働者 ・期間の定めのある労働者（一定の範囲の労働者を除く）	・継続雇用1年未満の労働者 ・介護休業申出の日から93日以内に雇用関係が終了することが明らかな労働者 ・1週間の所定労働日数が2日以下の労働者	
看護休暇	・日々雇用労働者	・継続雇用6か月未満の労働者 ・1週間の所定労働日数が2日以下の労働者	
介護休暇	・日々雇用労働者	・継続雇用6か月未満の労働者 ・1週間の所定労働日数が2日以下の労働者	
事業主の措置義務			
所定労働時間短縮（育児・必須の措置義務）	・日々雇用労働者 ・1日の所定労働時間が6時間以下の労働者	・継続雇用1年未満の労働者 ・1週間の所定労働日数が2日以下の労働者 ・業務の性質又は業務の実施体制に照らして、所定労働時間の短縮措置を講じることが困難と認められる業務に従事する労働者	
勤務時間短縮等（介護・選択的措置義務）	・日々雇用労働者		
労働者の請求権			
所定外労働の制限（育児）	・日々雇用労働者 ・労基法41条2号の管理監督者	・継続雇用1年未満の労働者 ・1週間の所定労働日数が2日以下の労働者	・事業の正常な運営を妨げる場合
時間外労働の制限（育児・介護）	・日々雇用労働者 ・継続勤務1年未満の労働者 ・1週間の所定労働日数が2日以下の労働者		・事業の正常な運営を妨げる場合
深夜業の制限（育児・介護）	・日々雇用労働者 ・継続勤務1年未満の労働者 ・深夜において対象家族を常態として保育・介護することができる同居の家族がいる労働者 ・1週間の所定労働日数が2日以下の労働者 ・所定労働時間の全部が深夜にある労働者		・事業の正常な運営を妨げる場合

作成　神尾真知子

育児休業の申出は，一定の時期に一定の方法によって行わなければならない（5条4項）．労働者が開始予定日の1か月前までに事業主に申し出ない場合，一定の範囲で事業主が開始予定日を変更できる（6条3項）．事業主が，開始予定日を変更すると，事業主の変更した日から当該労働者の労務提供義務が消滅し，変更された日から育児休業をすることができる．

　育児休業は，特別の事情のない限り1人の子につき1回であり，申し出ることのできる休業は連続したひとまとまりの期間の休業である（（2）の場合を除く）．ただし，期間を定めて雇用される労働者が育児休業をする場合，現在締結されている労働契約期間の末日まで休業した後，労働契約の更新に伴って更新後の労働契約期間の初日を育児休業開始予定日とする申出をする場合は，再度の申出をすることができる．

　育児休業をすることができる期間は，原則として子が出生した日から子が1歳に達する日（誕生日の前日）までの間で労働者が申し出た期間である．女性労働者については，産後休業終了後からとなる．子が出生した日から育児休業をすることができるのは男性労働者である．

　子が1歳に達した後の期間について休業することが雇用の継続のために特に必要と認められる場合には，子が1歳6か月に達するまでを限度として，事業主に申し出ることにより，育児休業ができる．育児休業に係る子が1歳に達する日において，労働者本人又は配偶者が育児休業をしている場合で，次のような場合が該当する．①保育所における保育の実施を希望し，申込みを行っているが，1歳に達する日後の期間について当面その実施が行われない場合，②常態として子の養育を行っている配偶者であって1歳に達する日後の期間について常態として子の養育を行う予定であったものが死亡，負傷・疾病等，離婚等により子を養育することができなくなった場合（5条3項，4項，則4条の2）．

　労働者は，出産予定日前に子が出生したことなど一定の場合に1回に限り育児休業を開始する日を繰上げ変更することができる（7条1項，則9条）．繰上げ変更するためには，労働者は，変更後休業を開始しようとする日の1週間前までに変更の申出をする必要がある．また，1か月前までに申し出ることによって，事由を問わず，1回に限り育児休業を終了する日を繰下げ変更し，育児休業期間を延長することができる（7条3項，則15条）．育児・介護休業法は，育児休業の開始予定日の繰下げ変更や終了予定日の繰上げ変更について規

定していないので，労使自治に委ねられている．

育児休業の期間は，労働者の意思にかかわらず，次の場合に終了する．①子を養育しないこととなった場合，②子が1歳に達した場合（1歳6か月までの育児休業をする場合には，子が1歳6か月に達した場合），③育児休業をしている労働者について産前産後休業，介護休業又は育児休業が始まった場合（9条）．

育児休業の開始の前日までであれば，労働者は育児休業の申出を撤回することができるが，撤回の対象となった子については，特別の事情のない限り再び育児休業の申出をすることはできない（8条）．

(2) 育児休業の特例

少子化対策から男性の育児参加が課題となり，その一環として男性の育児休業の取得を推進するために，父親である男性労働者に対する特例が，2009年法改正により新設された．

(イ) 出産後8週間以内の男性労働者の育児休業に関する特例

2009年法改正前は，育児休業を取得した場合，配偶者の死亡等の特別な事情がない限り，再度の取得はできないとされていたが，改正後は，配偶者の出産後8週間以内の期間内にされた最初の育児休業については，男性労働者は，特別な事情がなくても，再度の取得が可能である（5条2項）．この特例の対象となるためには，出産後8週間以内に育児休業を開始し，かつ終了していることが必要である．産後休業を取得した労働者には，この特例は適用されないので，女性労働者にはこの特例は適用されない．

(ロ) 両親とも育児休業をする場合の特例（パパ・ママ育休プラス）

両親ともに育児休業をした場合に，育児休業等の特例がある．これを，「パパ・ママ育休プラス」と称している．特例の対象となるためには，配偶者が1歳到達日以前のいずれかの日において育児休業をしていることが要件となる．ただし，①本人の育児休業開始予定日が，子の1歳到達日の翌日である場合，②本人の育児休業開始予定日が，配偶者がしている育児休業の初日前である場合には，特例の対象とはならない．

パパ・ママ育休プラスの場合，育児休業の対象となる子の年齢について，原則1歳までから原則1歳2か月までに延長される．ただし，育児休業が取得できる期間は，これまでどおり1年間であり，女性の場合，出生日以後の産前産

後休業期間を含む1年間である（9条の2，9条の2による読み替え後の5条1項，3項，4項，9条1項）．

(3) 看護休暇

2009年法改正前は，子の看護休暇の付与日数は，子の数にかかわらず，一の年度において5日を限度としていたが，改正後は，養育する小学校就学の始期に達するまでの子が1人の場合は年5日，2人以上の場合は年10日となる．看護休暇の権利も形成権として規定されており，事業主は，労働者の申出を拒むことができない（16条の2，16条の3，16条の4）．

看護休暇の取得理由は，①負傷し，若しくは疾病にかかった子の世話，②疾病予防を図るために必要なものとして，子の予防接種又は健康診断を受けさせるための子の世話とされている（16条の2，則29条の3）．

看護休暇の対象労働者から，法によって，日々雇用労働者は適用除外される．さらに，労使協定によって，①継続雇用6か月未満の労働者，②1週間の所定労働日数が2日以下の労働者を，適用除外できる（16条の3）．

(4) 所定労働時間の短縮措置

3歳に満たない子を養育する労働者で，育児休業をしていない者に対して，所定労働時間の短縮措置を取ることが，事業主の必須の措置義務となった（23条1項）．所定労働時間短縮措置は，1日の所定労働時間を原則として6時間とする措置を含むものとしなければならない（則34条）．

2009年法改正までは，3歳に満たない子を養育する労働者で，育児休業をしていないものに対して，①勤務時間の短縮，②フレックスタイム，③始業・終業時刻の繰上げ・繰下げ，④所定外労働をさせない制度，⑤託児施設の設置運営その他これに準ずる措置，⑥育児休業に準ずる措置（1歳以降）のうち，いずれかの措置を取ることが，事業主の措置義務となっていた．どの措置をとるかは，事業主の選択に委ねられていた．これらの措置のうち，①の勤務時間の短縮と，④の所定外労働をさせない制度に対する要望が高かったので，2009年法改正は，勤務時間の短縮は，「所定労働時間の短縮」として事業主が必ず取らなければならない措置義務とし，所定外労働をさせない制度は，労働者の請求権（後述（6）参照）という形で規定した．

所定労働時間短縮の措置義務の対象から，法によって適用除外されているのは，①日々雇用労働者，②1日の所定労働時間が6時間以下の労働者である．

労使協定により適用除外できる労働者は，①継続雇用1年未満の労働者，②1週間の所定労働日数が2日以下の労働者，③業務の性質又は業務の実施体制に照らして，所定労働時間の短縮措置を講じることが困難と認められる業務に従事する労働者である（表7.6）．

③に該当する場合は，事業主は，①育児休業に関する制度に準ずる措置，②フレックスタイム制，③始業・終業時刻の繰上げ・繰下げ，③保育施設の設置運営その他これに準ずる措置のいずれかを講じる義務がある（23条2項，③4条2項，指針第2の9）．

(5) 小学校就学の始期に達するまでの子を養育する労働者等に関する措置

改正後，小学校就学の始期に達するまでの子を養育する労働者に対して，事業主が講じるように努めなければならない措置義務として，次のように規定されている（24条）．

① 1歳（場合によっては1歳6か月）に満たない子を養育する労働者で育児休業をしていない者に対しては，始業時刻変更等の措置．

② 1歳から3歳に達するまでの子を養育する労働者に対しては，育児休業に関する制度又は始業時刻変更等の措置．

③ 3歳から小学校就学の始期に達するまでの子を養育する労働者に対しては，育児休業に関する制度，所定外労働の制限に関する制度，所定労働時間の短縮措置又は始業時刻変更等の措置（24条）．

ここでいう「始業時刻変更等の措置」とは，①フレックスタイム制，②始業・終業時刻の繰上げ・繰下げ，③労働者の養育する子に係る保育施設の設置運営その他これに準ずる便宜の供与をいう．

(6) 所定外労働の制限

3歳に満たない子を養育する労働者が請求した場合には，事業主は，その労働者を，所定外労働時間を超えて労働させてはならない．法によって適用除外されているのは，日々雇用労働者である．労使協定により適用を除外できる労働者は，①継続雇用1年未満の労働者，②1週間の所定労働日数が2日以下の労働者である．なお，労基法41条2項に定める管理監督者は，労働時間等に関する規定が適用除外されているので，所定外労働の制限の対象外となる．

労働者から所定外労働の制限の請求があった場合は，事業主は，事業の正常な運営を妨げる場合を除き，所定労働時間を超えて労働させることは禁止され

る（16条の8）．

　所定外労働制限の請求は，1回につき，1か月以上1年以内の期間について，開始の日及び終了の日を明らかにして，開始予定日の1か月前までにしなければならない．この請求は，何度でもすることができる．

　なお，所定外労働の免除の請求に係る免除期間は，時間外労働の制限の請求に係る制限期間と，一部又は全部が重複しないようにしなければならない．しかし，所定労働時間の短縮措置が適用されている期間と重複して請求することは可能である．

(7) 時間外労働の制限

　事業主は，小学校就学の始期に達するまでの子を養育する労働者が，その子を養育するために請求した場合においては，事業の正常な運営を妨げる場合を除き，1か月について24時間，1年間について150時間を超える時間外労働をさせてはならない（17条）．法によって適用除外されているのは，①日々雇用労働者，②継続勤務1年未満の労働者，③1週間の所定労働日数が2日以下の労働者である．労使協定による適用除外は規定されていない．

　時間外労働の制限の請求は，1回につき，1か月以上1年以内の期間について，開始の日及び終了の日を明らかにして，制限開始予定日の1か月前までにしなければならない．この請求は，何度でもすることができる

(8) 深夜業の制限

　事業主は，小学校就学の始期に達するまでの子を養育する労働者が，その子を養育するために請求した場合においては，事業の正常な運営を妨げる場合を除き，午後10時から午前5時までの間，労働させてはならない．法によって適用除外されているのは，①日々雇用労働者，②継続雇用1年未満の労働者，③深夜において対象家族を常態として保育することができる同居の家族がいる労働者，④1週間の所定労働日数が2日以下の労働者，⑤所定労働時間の全部が深夜にある労働者である．労使協定による適用除外は規定されていない．

　③にいう「同居の家族」とは，16歳以上の同居の家族であって，①深夜業に従事していないこと，②負傷，疾病等により子の保育が困難な状態でないこと，③6週間（多胎妊娠の場合は14週間）以内に出産予定でなく，又は産後8週間以内でないこと，のいずれにも該当する者をいう（則31条の11）．

　深夜業の制限の請求は，1回につき，1か月以上6か月以内の期間について，

開始の日及び終了の日を明らかにして，制限開始予定日の1か月前までにしなければならない．この請求は，何度でもすることができる．

3　介護への支援

(1) 介護休業

介護休業とは，要介護状態の対象家族を介護することである（2条2号）．「要介護状態」とは，負傷，疾病又は身体上若しくは精神上の障害により，2週間以上の期間にわたり常時介護を必要とする状態をいう（2条3号，則1条）．具体的な判断基準は，表7.7に示すとおりである．

要介護状態にある対象家族を介護する労働者は，事業主に申し出ることにより，介護休業をすることができる（11条1項）．そして，事業主は，その申出を拒むことはできない（12条1項）．

介護休業の対象労働者から，法によって，①日々雇用労働者，②期間の定めのある労働者は適用除外されている．一定の範囲の期間の定めのある労働者には，育児・介護休業法が適用される．申出の時点において，①同一事業主に引き続き雇用された期間が1年以上であること，②介護休業開始予定日から起算して93日を経過する日を超えて引き続き雇用されることが見込まれること，③93日を経過する日から1年を経過する日までの間に，労働契約期間が満了し，かつ，労働契約の更新がないことが明らかでないこと，の全ての要件を満たしていることが必要である（12条2項）．なお，有期契約であっても，実質的に期間の定めのない労働契約と異ならない状態になっている場合には，介護休業をすることができる．

さらに，労使協定によって，①継続雇用1年未満の労働者，②介護休業申出の日から93日以内に雇用関係が終了することが明らかな労働者，③1週間の所定労働日数が2日以下の労働者を，適用除外することができる（12条2項）．労使協定によって適用除外できる労働者は，上記に限定される．

介護休業をすることができる「対象家族」とは，配偶者（事実婚を含む），父母，子，配偶者の父母（以上は同居，かつ扶養は要件となっていない），祖父母，兄弟姉妹，孫（以上は同居，かつ扶養が要件となっている）である（2条4項，則2条）．

介護休業の申出は，一定の時期に一定の方法によって行わなければならな

表7.7 　　常時介護を必要とする状態に関する判断基準

「常時介護を必要とする状態」とは，次のいずれかに該当するものとする.
1 　日常生活動作事項（第１表の事項欄の歩行，排泄，食事，入浴及び着脱衣の５項目をいう）のうち，全部介助が１項目以上及び一部介助が２項目以上あり，かつ，その状態が継続すると認められること.
2 　問題行動（第２表の行動欄の攻撃的行為，自傷行為，火の扱い，徘徊，不穏興奮，不潔行為及び失禁の７項目をいう．）のうちいずれか１項目以上が重度又は中度に該当し，かつ，その状態が継続すると認められること.

第１表（日常生活動作）

事項 / 態様	1　自分で可	2　一部介助	3　全部介助
イ　歩行	・杖等を使用し，かつ，時間がかかっても自分で歩ける.	・付き添いが手や肩を貸せば歩ける.	・歩行不可能
ロ　排泄	・自分で昼夜とも便所でできる. ・自分では昼は便所，夜は簡易便器を使ってできる.	・介助があれば簡易便器でできる. ・夜間はおむつを使用している.	・常時おむつを使用している.
ハ　食事	・スプーン等を使用すれば自分で食事ができる.	・スプーン等を使用し，一部介助すれば食事ができる.	・臥床のままで食べさせなければ食事ができない.
ニ　入浴	・自分で入浴でき，洗える.	・自分で入浴できるが，洗うときだけ介助を要する. ・浴槽の出入りに介助を要する.	・自分でできないので全て介助しなければならない. ・特殊浴槽を使っている. ・清拭を行っている.
ホ　着脱衣	・自分で着脱できる.	・手を貸せば，着脱できる.	・自分でできないので全て介助しなければならない.

第２表（問題行動）

行動 / 程度	重度	中度	軽度
イ　攻撃的行為	人に暴力をふるう	乱暴なふるまいを行う	攻撃的な言動を吐く
ロ　自傷行為	自殺を図る	自分の体を傷つける	自分の衣服を裂く，破く
ハ　火の扱い	火を常にもてあそぶ	火の不始末が時々ある	火の不始末をすることがある
ニ　徘徊	屋外をあてもなく歩きまわる	家中をあてもなく歩きまわる	ときどき部屋内でうろうろする
ホ　不穏興奮	いつも興奮している	しばしば興奮し騒ぎたてる	ときには興奮し騒ぎたてる
ヘ　不潔行為	糞尿をもてあそぶ	場所をかまわず放尿，排便をする	衣服等を汚す
ト　失禁	常に失禁する	時々失禁する	誘導すれば自分でトイレに行く

い．労働者が開始予定日の2週間前までに事業主に申し出ない場合，一定の範囲で事業主が開始予定日を変更できる（12条3項）．

介護休業の申出は，特別の事情のない限り，対象家族1人につき，一の要介護状態ごとに1回である．申し出ることのできる休業は，連続したひとまとまりの期間の休業である．ただし，期間を定めて雇用される労働者が介護休業をする場合，現在締結されている労働契約期間の末日まで休業した後，労働契約の更新に伴って更新後の労働契約期間の初日を介護休業開始予定日とする申出をする場合は，再度の申出をすることができる．

介護休業をすることができる期間は，当該対象家族について，①介護休業をした日数，及び②法の定める介護のための勤務時間の短縮等の措置であって，介護休業等日数に算入される措置であること及び措置の初日が明示されたものが講じられた日数を合算した日数が，93日以内である．たとえば，介護休業を取った対象家族の要介護状態が小康状態となり，職場復帰したが，再び当該対象家族が要介護状態となった場合に，既に取った休業日数が93日に達しなければ再び介護休業をすることが可能である．

労働者は，2週間前までに申し出ることによって，事由を問わず，1回に限り終了予定日を繰下げ変更し，介護休業の期間を延長することができる（13条）．ただし，通算して93日を限度とする．育児・介護休業法は，介護休業の開始予定日の繰上げ・繰下げ変更や終了予定日の繰上げ変更について規定していないので，労使自治に委ねられている．

介護休業の期間は，労働者の意思にかかわらず，次の場合に終了する．①労働者が介護休業の申出に係る対象家族を介護しないこととなった場合，②介護休業をしている労働者について産前産後休業，育児休業又は新たな介護休業が始まった場合（15条3項）．

介護休業の開始の前日までであれば，労働者は介護休業の申出を撤回することができるが，同じ対象家族の同じ要介護状態について介護休業の申出がなされた場合，事業主は1回目は拒むことはできないが，2回目以降は拒むことができる（14条）．

(2) 介護休暇

2009年法改正により介護休暇が新設された．介護休暇の取得理由は，①要介護状態にある対象家族の介護，②対象家族の通院等の付き添い，対象家族が

介護サービスの提供を受けるために必要な手続の代行その他対象家族に必要な世話である（16条の5, 則30条の4）.「要介護状態」及び「対象家族」の定義は，介護休業と同じである.

　上記理由のある労働者は，事業主に申し出ることにより，要介護状態にある対象家族1人の場合は年5日，2人以上の場合は年10日となる（16条の5）. 介護休暇も形成権として規定されており，事業主は，労働者の申出を拒むことはできない（16条の6）.

　介護休暇の対象労働者から，法によって，日々雇用労働者は適用除外される. さらに，労使協定によって，①継続雇用6か月未満の労働者，②1週間の所定労働日数が2日以下の労働者を，適用除外できる（2条, 16条の6, 表5）.

(3) 勤務時間短縮等の措置

　事業主は，要介護状態にある対象家族を介護する労働者について，就業しつつ対象家族の介護を行うことを容易にするための次のような措置のいずれかを講じなければならない（23条2項）. ①短時間勤務の制度, ②フレックスタイム制, ③始業・終業時刻の繰上げ・繰下げ, ④労働者が利用する介護サービスの費用の助成その他これに準ずる制度（則34条2項）. いずれの措置を取るかは，事業主に委ねられている. これらの措置は，介護休業をしない労働者について講じるものであり，93日から同一対象家族の同じ要介護状態について介護休業した期間を差し引いた残りの期間以上の期間，この措置を講じることが必要である.

　勤務時間短縮等の措置について，法により，日々雇用労働者は適用除外となっている（2条）.

(4) 時間外労働の制限

　事業主は，要介護状態にある対象家族を介護する労働者が，その対象家族を介護するために請求した場合においては，事業の正常な運営を妨げる場合を除き，1か月について24時間, 1年間について150時間を超える時間外労働をさせてはならない（17条）. 法によって適用除外されているのは，①日々雇用労働者, ②継続勤務1年未満の労働者, ③1週間の所定労働日数が2日以下の労働者である. 労使協定による適用除外は規定されていない.

　時間外労働の制限の請求は，1回につき，1か月以上1年以内の期間について，開始の日及び終了の日を明らかにして，制限開始予定日の1か月前までに

しなければならない．この請求は，何度でもすることができる．

(5) 深夜業の制限

　事業主は，要介護状態にある対象家族を介護する労働者が，その対象家族を介護するために請求した場合においては，事業の正常な運営を妨げる場合を除き，午後10時から午前5時までの間，労働させてはならない．法によって適用除外されているのは，①日々雇用労働者，②継続雇用1年未満の労働者，③深夜において対象家族を常態として介護することができる同居の家族がいる労働者，④1週間の所定労働日数が2日以下の労働者，⑤所定労働時間の全部が深夜にある労働者である．労使協定による適用除外は規定されていない．

　③にいう「同居の家族」とは，16歳以上の同居の家族であって，深夜業に従事していないこと，負傷，疾病等により対象家族の介護が困難な状態でないこと，6週間（多胎妊娠の場合は14週間）以内に出産予定でなく，又は産後8週間以内でないこと，のいずれにも該当する者をいう（則31条の11）．

　深夜業の制限の請求は，1回につき，1か月以上6か月以内の期間について，開始の日及び終了の日を明らかにして，制限開始予定日の1か月前までにしなければならない．この請求は，何度でもすることができる．

4　育児・介護休業等を理由とする不利益取扱い，配置に関する配慮

(1) 不利益取扱い

　2009年法改正により，育児・介護休業法が禁止する不利益取扱いの理由を拡大した．事業主は，次のようなことを理由とする不利益取扱いを禁止されている（10条，16条，16条の4，16条の7，16条の9，18条の2，20条の2，23条）．育児休業，介護休業，看護休暇，介護休暇，所定外労働の制限，時間外労働の制限，深夜業の制限，所定労働時間短縮等の申出をしたこと，又は取得したこと．

　不利益取扱いとなる行為は，指針によると，例として，次のものが該当する．①解雇，②有期労働契約における更新拒否，③予め明示されている契約の更新回数を引き下げること，④労働契約内容の変更の強要，⑤自宅待機命令，⑥労働者の意に反する所定外労働の制限，時間外労働の制限，深夜業の制限，又は所定労働時間の短縮措置等を適用すること，⑦降格，⑧減給，又は賞与等における不利益な算定，⑨昇進・昇格の人事考課における不利益な評価，⑩不

利益な配置変更，⑪就業環境を害すること．

(2) 配置に関する措置

事業主は，労働者を転勤させる場合には，その育児又は介護の状況に配慮しなければならない（26条）．指針によると，配慮することの内容としては，たとえば，①その労働者の子の養育又は家族の介護の状況を把握すること，②労働者本人の意向を斟酌すること，③就業場所の変更を行う場合には，子の養育又は家族の介護の代替手段の有無の確認を行うこと等が考えられる．

5　育児休業をめぐる判例

期間の定めのある労働者の育児休業取得申出に対する事業主の拒否が問題となった事件では，裁判所は，1年の期間の定めのある初期の労働契約の締結後，約6年間継続し，その間更新手続がなかったことから，期間の定めの有無は別として，期間の定めのない契約と実質的に異ならない状態となっており，そのような事実を認識しつつ，女性労働者に対する育児休業の付与を拒否した事務局長には，故意又は過失があると判断した（日欧産業協力センター事件・平15.10.31労判862号24頁）．

賞与の支給要件として支給対象期間の出勤率を90％以上と定めた条項（90％条項）を適用し，産前産後休業及び勤務時間短縮措置（以下「勤務時間短縮措置等」）による育児時間を不就労と扱い，90％以上の出勤率を満たしていないことを理由に，賞与が支給されなかったことが問題となった．最高裁判所は，①単に労務が提供されなかった勤務時間短縮措置等による短縮分に対応する賞与の減額を行うにとどまるものではなく，勤務時間短縮措置等を欠勤日数に含めて算定した出勤率が90％未満の場合には，一切賞与が支給されないという不利益を被らせるものであること，②従業員の年間総収入に占める賞与の比重は相当大きく，本件90％条項に該当しないことにより賞与が支給されない者の受ける経済的不利益は大きなものであること，③90％という出勤率の数値からみて，勤務時間短縮措置等を受けた場合にはそれだけで90％条項に該当し，賞与の支給を受けられなくなる可能性が高いことから，90％条項のうち，出勤した日数に，産前産後休業の日数及び勤務時間短縮措置による短縮時間分を含めないとしている部分は，上記権利を抑制し，労基法等が上記権利を保障した趣旨を実質的に失わせるものであり，公序に反し無効であると判断した．

しかし，賞与の計算式の適用にあたっては，産前産後休業の日数及び勤務時間短縮措置の短縮分は，本件各回覧文書の定めるところに従って欠勤として減額の対象となるべきであるとして，各計算式は，90％条項とは異なり，①賞与の額を一定の範囲内でその欠勤日数に応じて減額するにとどまること，②勤務時間短縮措置を受けた労働者は，法律上，上記不就労期間に対応する賃金請求権を有しておらず，上告人（東朋学園）の就業規則においても無給とされることから，90％条項の上記一部無効は，賞与支給の根拠条項の効力に影響を及ぼさないものと解して，高裁に差し戻した（東朋学園事件・最一小判平15.12.4労判862号14頁）．

6 少子化対策と法

少子化対策は，1990年の1.57ショック（1989年の合計特殊出生率が，丙午のために異常に低かった1966年の出生率1.58よりも低くなり，社会に与えた衝撃のこと）を受けて始まった政策である．2002年に，夫婦の出生力自体の低下が出生率低下の新たな要因となったということが明らかになり，それまでの少子化対策をさらに展開した政策がとられるようになった．その一環として，2003年に少子化社会対策基本法（議員立法）と次世代育成支援対策推進法（閣法，以下次世代法）が制定された．少子化社会対策基本法は，少子化対策の基本的な方向性を示しているのに対し，次世代法は，具体的な取組みを，地方公共団体や企業に義務づけている．

次世代法は，厚生労働省所管の法律で，2003年から10年間の時限立法となっている．それは，少子化対策プラスワンの「個別施策推進のためのツール」と位置づけられ，個々の地方公共団体及び企業が，もう一段の子育て支援を進めるための枠組みを整備し，これに基づく取組みを国が支援するものである．

次世代法によると，国は地方公共団体や企業が行動計画を策定する際の指針である「行動計画策定指針」を策定し（2003年8月策定，2009年3月改定），そして，市町村は「市町村行動計画」を，都道府県は「都道府県行動計画」を，事業主として，国・地方公共団体は「特定事業主行動計画」を，企業等は「一般事業主行動計画」を，策定することを義務づけられた．地方自治体としての子育て支援の取組みである地域行動計画は，全ての都道府県・市町村で策

定されている．一方，特定事業主行動計画は，2009年10月1日現在で，都道府県で100%，市町村で98.1%の策定率となっている．

2011年4月1日以降，101人以上（100人を超える）の労働者を雇用する事業主は，一般事業主行動計画を策定し，公表し，従業員に周知することが義務づけられた．

企業は，行動計画の策定を義務づけられ，国の策定した「行動計画策定指針」に沿うことは求められるが，内容に関してはある程度の自由が認められている．なお，次世代法には，違反に対する刑事罰は規定されていない．2013年3月末現在，101人以上の企業の97.9%が一般事業主行動計画を策定している．

国として，少子化対策に沿った一般事業主行動計画の策定を企業に促すために，一定の要件に該当した計画を策定し目標を達成した企業に対して，その申請により都道府県労働局長による認定を行っている．認定されると，「くるみん」という認定マークを広告，商品などにつけることができるようになり，認定を受けた企業であることを対外的に示すことができ，企業のイメージアップなどが期待される．

認定されるための9つの基準は次のとおりである．①雇用環境の整備について，行動計画策定指針に照らし適切な行動計画を策定したこと，②行動計画の計画期間が，2年以上5年以下であること，③策定した行動計画を実施し，それに定めた目標を達成したこと，④2009年4月1日以降新たに策定・変更した一般事業主行動計画について，公表及び従業員への周知を適切に行っていること，⑤計画期間内に，男性の育児休業等取得者が1人以上いること，⑥計画期間内に，女性の育児休業等取得率が70%以上であること，⑦3歳から小学校に入学するまでの子を持つ従業員を対象とする「育児休業の制度または勤務時間の短縮等の措置に準ずる措置」を講じていること，⑧次のいずれかを実施していること，（ⅰ）所定外労働削減のための措置，（ⅱ）年次有給休暇の取得促進のための措置，（ⅲ）その他働き方の見直しに資する多様な労働条件の整備のための措置，⑨法及び法に基づく命令その他関係法令に違反する重大な事実がないこと．300人以下の企業に対しては，⑤について認定基準を緩和している．

2013年3月末現在で，認定企業は1471社となっている．

第8章 非正規雇用と法

本章のポイント

非正規雇用の問題が大きな社会問題となっているが，非正規雇用に関する法として，パート労働法，労働者派遣法，労働契約法がある．本章は主にパート労働法及び労働者派遣法について解説する．

第1節 雇用形態の多様化

　企業は，景気の変動への対応や労働コスト削減などのために，非正規雇用の労働者を雇い，あるいは受け入れる．非正規雇用は，正規雇用とどう違うのだろうか．一般的に，次のような違いがある．正規雇用労働者は，長期に雇用される基幹的労働者として位置づけられ，期間の定めのない労働契約を使用者と結び，月給制の賃金が保障され，勤続年数に応じて賃金が上昇し，家族手当などの様々な手当の対象となる．労働時間が長かったり，転勤を伴う配置転換などがあったりするが，昇進の対象であり，雇用が安定し，身分が保障されている．それに対して，非正規雇用労働者は，短期的に雇用される補助的労働者として位置づけられ，期間の定めのある労働契約を結び，時給や日給であり，勤続年数に応じる定期昇給はなく，手当の支給対象ではない．転勤を伴う配置転換や昇進の対象ではなく，雇止めによって企業外に簡単に排除される可能性が高い不安定な身分である．

　雇用形態という点から，労働者を分類すると，表8.1のとおりである．

　第一に，直接雇用か間接雇用かに分類できる．直接雇用というのは，労働者と使用者間で労働契約を結び，労働契約を結んだ当該使用者の事業所で，当該使用者に指揮命令される雇用形態である．間接雇用には，2つのタイプが含まれる．1つ目のタイプの派遣労働は，雇用と使用が分離しており，労働契約を結んだ使用者の事業所で働くのではなく，労働契約を結んでいない他の使用者の事業所で他の使用者の指揮命令を受ける雇用形態である．派遣労働者は，派遣元事業主と労働契約を結び，実際の指揮命令は労働契約を結んでいない派遣先から受ける．2つ目のタイプは，請負労働である．請負労働者は，労働契約を締結した使用者の指揮命令を受けて働くが，働く事業所は，注文主の事業所となる．この場合，注文主から指揮命令は受けないし，受けてはいけない．もし，請負労働者が注文主から指揮命令を受けて働いている場合には，労働者派遣法の適用を免れるために請負という形を取っているだけの違法な「偽造請負」である．

　間接雇用において，派遣先あるいは注文主は，法的に派遣労働者あるいは請

[表8.1] 雇用形態の多様化

	直接雇用		間接雇用
	期間の定めない労働契約	期間の定めのある労働契約	
フルタイム労働	通常の労働者（正規雇用）	契約社員 期間工 フルタイムパートタイム労働者 嘱託　など	派遣労働者
短時間労働	短時間パートタイム労働者		請負労働者

資料出所：厚生労働省「有期雇用契約者の雇用管理の改善に関する研究会」の第1回配布資料のうち，「資料5　本研究会における有期契約労働者の範囲について」を神尾真知子が一部手直しした．

負労働者の使用者ではないので，労働法や社会保障法の使用者責任を免れることができる．

　第二に，労働時間から，所定労働時間をフルに働くフルタイム労働か，短く働く短時間労働（パート労働）かに分類できる．日本の場合，パートタイム労働者の中に，本来の意味の短時間労働をするパートタイム労働者ではなく，フルタイム働くパートタイム労働者が存在していることが特異である．

第2節　非正規雇用労働者と労働法の適用

　日本の労働法の多くは，雇用形態にかかわらず，適用される．
　非正規雇用労働者も，労基法9条の労働者に該当するので，労基法が適用される．ただし，労基法39条3項は，週所定労働時間が30時間未満で所定労働日数が通常の労働者より少ない労働者については，年次有給休暇の日数に関して，比例付与となっている．

雇用形態による適用除外を法律自体が規定しているのは，第7章第3節で述べた育児・介護休業法である．第7章の表7.6に見るように，法律自体が，日々雇用労働者を適用除外としており，期間の定めのある労働者や1週間の所定労働日数が2日以下の労働者は，法による適用除外，あるいは労使協定による適用除外となっている．

　労働安全衛生法自体は，非正規雇用労働者を適用除外としていないが，一般健康診断の対象を「常時使用する労働者」としているので，非正規雇用労働者が，「常時使用する労働者」に該当するか否かが問題となる．行政解釈では，契約を更新する等により1年以上雇用されることが予定されており，かつ，週の所定労働時間が同一の事業場において同種の業務に従事する通常の労働者の4分の3以上である者は，「常時使用する労働者」に該当するとしているので（昭59.12.3 基発641号），この要件に該当する非正規雇用労働者も，一般健康診断の対象となる．

　非正規雇用労働者も労組法3条の労働者に該当するので，労組法が適用され，労働組合に加入し，あるいは作ることができる．しかし，労組法は，労働組合が雇用形態を「組合員の資格」とすることを禁止していないので（労組法5条4号），企業別労働組合は，組合規約において，正社員のみを組合加入資格としているケースがほとんどである．そのため，非正規雇用労働者は，企業別労働組合に加入できないことが多い．間接雇用労働者は，その企業の従業員ではないので，企業別組合の組織化の対象外に位置づけられている．非正規雇用労働者に対して門戸を開いているのは，企業外にあって，個人で加入できる合同労組である．

　社会保障法は，正規労働者を想定して制度設計されているので，非正規雇用労働者は，被保険者資格を満たさない場合が生じる．労災保険法は，非正規労働者も労基法の労働者に該当するので，適用される．雇用保険法が適用されるためには，まず被保険者資格を有していなければならない．被保険者資格は，所定労働時間が週20時間以上であり，かつ6か月以上の雇用の見込みがあることであったが，雇用保険法が改正され，2010年4月1日から，「6か月以上の雇用見込み」（これまでは，行政内部の業務取扱要領に規定）を「31日以上雇用見込み」（今後は，雇用保険法に規定）に緩和した．

　厚生年金保険及び健康保険の被保険者となるためには，1日又は1週間の所

定労働時間，1か月の所定労働日数がそれぞれ当該事業所において同種の業務に従事する通常の就労者のおおむね4分の3以上でなければならない（年収は問わない）．なお，2016年10月1日から，通常の労働者の1週間の所定労働時間が4分の3未満である短時間労働者，または，1か月の所定労働日数が通常の労働者の4分の3未満である短時間労働者であっても，次に述べる要件をすべて満たしている場合には，厚生年金保険及び健康保険が適用される．①1週間の所定労働時間が20時間以上であること，②月額賃金が8.8万円（年収106万円）以上であること，③勤務期間が1年以上であること，④従業員501人以上の企業に働いていること．④の従業員数は，現行の適用基準で適用となる被保険者数で算定する．要件を満たしていても，学生は適用除外となっている．

　非正規雇用労働者に関する特別の法律として，パートタイム労働者に関する「短時間労働者の雇用管理の改善等に関する法律」（以下「パート労働法」），派遣労働者に関する「労働者派遣事業の適正な運営の確保及び派遣労働者の就業条件の整備等に関する法律」（以下「労働者派遣法」）がある．

　労働法による非正規雇用に対する規制方法には，入口において規制する方法と出口において規制する方法がある．前者は，使用者が，派遣労働などを使うことができる場合を限定する方法であり，後者は，有期労働契約であっても，一定の期間雇用したら期間の定めのない労働契約を締結したものとみなすという規制方法である．

　2013年4月1日から労働契約法が改正され，同一の使用者との間の有期労働契約が繰り返し更新されて通算5年を超えた時は，労働者の申込みにより期間の定めのない労働契約に転換することになった（労働契約法18条）．

第3節　パートタイム労働と法

　本節では，パート労働法について説明する．パート労働者に関する賃金の裁判例については第4章第2節，雇止めに関する裁判例については第9章第2節で述べているので，本節では言及しない．

1　パート労働法の改正

　パート労働法は，2007年に大幅に改正された．改正前のパート労働法は，事業主の雇用管理上の努力義務を定めているにすぎなかった．2007年法改正は，労基法に上乗せする法的措置義務を事業主に課している．

　パート労働法に関しては，厚生労働省令（「短時間労働者の雇用管理の改善等に関する法律施行規則」，以下「施行規則」），指針（「事業主が講ずべき短時間労働者の雇用管理の改善等に関する措置等について」），及び行政解釈である施行通達（「短時間労働者の雇用管理の改善等に関する法律の一部を改正する法律の施行について」，以下「施行通達」）がある．

2　パート労働法について

(1) パートタイム労働者の定義

　パート労働法は，パートタイム労働者（法律では「短時間労働者」）を，1週間の所定労働時間が同一の事業所に雇用される通常の労働者（当該事業所に雇用される通常の労働者と同種の業務に従事する当該事業所に雇用される労働者にあっては，厚生労働省令で定める場合を除き，当該労働者と同種の業務に従事する当該通常の労働者）の1週間の所定労働時間に比し短い労働者であると定義している（2条）．したがって，パート労働法は，フルタイムパート労働者には適用されない．

　厚生労働省令で定める場合とは，「同一の事業所に雇用される通常の労働者の従事する業務が二以上あり，かつ，当該事業所に雇用される通常の労働者と同種の業務に従事する労働者の数が当該通常の労働者の数に比して著しく多い業務（当該業務に従事する通常の労働者の1週間の所定労働時間が他の業務に従事する通常の労働者の1週間の所定労働時間のいずれよりも長い場合に係る業務を除く）に当該事業所に雇用される労働者が従事する場合」をいう（施行規則1条）．

　パート労働法にいうパートタイム労働者かどうかを判断する具体的な手順は，施行通達によると，以下のようになる．
①同一の事業所における業務の種類が一の場合．
　当該事業所における1週間の所定労働時間が最長である通常の労働者と比較

し，1週間の所定労働時間が短い通常の労働者以外の者がパートタイム労働者となる（2条括弧書以外の部分）．なお，当該業務にいわゆる正規型の労働者がいない場合は，フルタイムの基幹的労働者との比較となる．

②同一の事業所における業務の種類が二以上あり，同種の業務に従事する通常の労働者がいない場合．

当該事業所における1週間の所定労働時間が最長である通常の労働者と比較し，1週間の所定労働時間が短い通常の労働者以外の者がパートタイム労働者となる（2条括弧書以外の部分）．

③同一の事業所における業務の種類が二以上あり，同種の業務に従事する通常の労働者がいる場合．

(i)原則として，同種の業務に従事する1週間の所定労働時間が最長の通常の労働者と比較して1週間の所定労働時間が短い通常の労働者以外の者がパートタイム労働者となる（2条括弧書）．なお，フルタイムの基幹的労働者が通常の労働者である業務においては，必然的に，その者より1週間の所定労働時間が短い者がパートタイム労働者となる．

(ii)同種の業務に従事する通常の労働者以外の者が，当該業務に従事する通常の労働者に比べて著しく多い場合（当該業務に従事する通常の労働者の1週間の所定労働時間が他の業務に従事する通常の労働者の1週間の所定労働時間のいずれよりも長い場合を除く）は，当該事業所における所定労働時間が最長の通常の労働者と比較して1週間の所定労働時間が短い当該業務に従事する者がパートタイム労働者となる（2条括弧書中厚生労働省令で定める場合．施行規則1条）．

上記の「同種の業務」の範囲を判断するにあたって，「労働省編職業分類」の細分類の区分等を参考にして，個々の実態に即して判断する．

なお，ILOのパートタイム労働に関する条約（第175号，1994年採択，1998年発効）は，パートタイム労働者を，「通常の労働時間が比較可能なフルタイム労働者の通常の労働時間よりも短い被用者」と定義している（1条）．また，統計上の定義は，パート労働法とは異なっているので注意が必要である．総務省労働力調査は，「週間就業時間が35時間未満の雇用者」となっており，厚生労働省パートタイム労働者総合実態調査は，「正社員以外の労働者で，パートタイマー，アルバイト，準社員，嘱託社員などの呼称の如何にかかわらず，週

所定労働時間が正社員より短い者」としている．

(2) 労働条件の文書交付等

労基法15条は，使用者に対して，労働者を雇い入れる場合に，一定の労働条件を明示することを義務づけている．パート労働法は，労基法15条の労働条件明示義務に加えて，パートタイム労働者に対して，①昇給の有無，②退職手当の有無，③賞与の有無の3つの事項を，文書の交付等により，速やかに明示することを事業主に義務づけている（6条）．雇い入れには，労働契約の更新時も含まれる．違反した場合は，行政指導による改善が見られなければ，パートタイム労働者1人につき契約ごとに10万円以下の過料に処せられる．

上記3つの事項以外のものについても，文書の交付等により明示することが，事業主の努力義務となっている．

(3) 待遇の決定についての説明義務

事業主は，雇用するパートタイム労働者から求めがあった時は，その待遇を決定するに当たって考慮した事項を説明しなければならない（13条）．説明義務が課せられるのは，労働条件の文書交付等，就業規則の作成手続，待遇の差別的取扱い禁止，賃金の決定方法，教育訓練，福利厚生施設，通常の労働者への転換を推進するための措置（6条から11条，12条1項）である（13条）．

説明義務は，パートタイム労働者が納得するまで説明することを求めていない．

(4) 均衡のとれた待遇の確保の推進

2007年法改正の最も大きな改正点は，均衡待遇の原則を導入したことである．

均衡待遇とは，パートタイム労働者の待遇について，通常の労働者との働き方の違いに応じて，均衡（バランス）を取ることである．就業実態が同じなら「均等な待遇」の確保が必要である．改正前は，法律ではなく，指針において，事業主の努力義務として規定されていた．

パート労働法は，事業主に対する均衡待遇の措置義務規定の適用要件として，①職務の内容，②職務の内容及び配置の変更の範囲（有無を含む），③労働契約期間の定めの有無の3つの要件としている（8条，施行通達）．比較は，事業所単位で行う．

①職務の内容とは，業務の内容及び当該業務に伴う責任の程度をいう．業務と

は，職業上継続して行う仕事である．責任の程度とは，業務に伴って行使するものとして付与されている権限の範囲・程度等をいう．具体的には，授権されている権限の範囲（単独で契約締結可能な金額の範囲，管理する部下の数，決裁権限の範囲等），業務の成果について求められる役割，トラブル発生時や緊急時に求められる対応の程度，ノルマ等の成果への期待の程度等を指している．

②職務内容の変更と配置の変更は，重複が生じ得る．職務内容の変更は，配置の変更によるものであるか，業務命令によるものであるかを問わず，職務の内容が変更されることである．配置の変更は，人事異動等によるポスト間の移動を指し，結果として職務の内容の変更を伴う場合もあれば，伴わない場合もある．

③労働契約期間は，期間の定めのない労働契約であることが要件となるが，反復して更新されることによって期間の定めのない労働契約と同視することが社会通念上相当と認められる期間の定めのある労働契約を含むとされている（8条2項）．

上記3つの適用要件から，パートタイム労働者は，4つのタイプに区別できる．①通常の労働者と同視すべきパートタイム労働者，②職務の内容は同じであるが，職務内容の変更と配置の変更は一定期間同じパートタイム労働者，③職務の内容のみ同じパートタイム労働者，④全て異なるパートタイム労働者．

パート労働法は，パートタイム労働者のタイプに応じて，事業主に対し，以下のような法的義務を課している．

①に対しては，賃金，教育訓練，福利厚生について，パートタイム労働者であることを理由とする差別的取扱いが事業主に対して禁止されている（8条1項）．②に対しては，職務関連賃金（基本給，賞与，役付手当等）について同一の方法で決定する努力義務（9条2項），職務遂行に必要な能力を付与する教育訓練の実施義務（10条1項），それ以外の教育訓練の努力義務（10条2項），福利厚生のうち給食施設・休憩室・更衣室についての配慮義務（11条）を課している．③に対しては，職務関連賃金について職務内容等を勘案して決定する努力義務（9条1項），職務遂行に必要な能力を付与する教育訓練の実施義務（10条1項），それ以外の教育訓練の努力義務（10条2項），福利厚生のうち給食施設・休憩室・更衣室についての配慮義務（11条）を課している．④に対

しては，職務関連賃金及び教育訓練について職務内容等を勘案して決定する努力義務（9条1項，10条2項），福利厚生のうち給食施設・休憩室・更衣室についての配慮義務（11条）を課している．

(5) 通常の労働者への転換の推進

これまでは，パートタイム労働者は，正社員とは異なる「身分」と捉えられ，正社員になることはほとんど考えられないという実態があった．そこで，改正されたパート労働法は，パートタイム労働者から通常の労働者に転換する機会を整える措置を取ることを，事業主の義務とした（12条）．事業主は，以下のうちいずれかの措置を取らなければならない（施行通達）．

①通常の労働者を募集する場合，その募集内容を当該事業所に雇用するパートタイム労働者に周知する．

②通常の労働者の配置を新たに行う場合，当該配置に係る事業所において雇用するパートタイム労働者にも当該配置の希望を申し出る機会を与える．

③一定の資格を有するパートタイム労働者を対象とした通常の労働者への転換のための試験制度を設ける．

④その他通常の労働者への転換を推進するための措置を講ずる．

(6) 苦情処理・紛争の解決

パートタイム労働者と事業主の紛争解決の仕組みとして，パート労働法は，均等法におけると同じ仕組みを規定している．

第一に，企業内の苦情処理機関による自主的な紛争解決である（19条）．苦情処理機関とは，事業主を代表とする者及び当該事業所の労働者を代表とする者を構成員とする当該事業所の労働者の苦情を処理するための機関であるが，設置は任意であり，自主解決は事業主の努力義務となっている．

第二に，国による紛争解決の援助があり，都道府県労働局長による紛争解決の援助（助言，指導，勧告）と調停がある（20～24条）．紛争当事者の双方または一方から申請があり，都道府県労働局長が当該紛争の解決のために必要があると認めるときは，個別労働関係紛争解決促進法6条1項の紛争調整委員会（均衡待遇調停会議）による調停が行われる．これら国による紛争解決の援助は，いずれも事業主に対する法的強制力はない．

第4節 労働者派遣と法

1 労働者派遣法の制定と改正

　職業安定法44条は，何人も，雇用する労働者を他の使用者に使用させる目的で供給する労働者供給事業を行うこと及びそのような労働者供給事業を行う者から労働者の供給を受けて，自らの指揮命令下において労働させることを原則禁止している．しかし，情報処理産業などでは仕事の繁閑があり，一時的に労働者を必要としたため，違法な労働者供給事業が実態として行われていた．そこで，禁止される労働者供給事業のうち，一定のものについて，「労働者派遣事業の適正な運営の確保及び派遣労働者の就業条件の整備等に関する法律」（以下「労働者派遣法」）によって合法化したのが，「労働者派遣」である．

　労働者派遣法は，当初，労働者派遣を「原則禁止・例外容認」としていたが（ポジティブリスト方式），のちに「原則自由化・例外禁止」（ネガティブリスト方式）に変え，労働者派遣ができる範囲は拡大した．

　2008年暮れの日比谷公園に現れた「年越し派遣村」は，雇止めや解雇によって仕事も住まいも失うという労働者派遣の問題点を社会に示した．それを受けて，2009年12月に，労働政策審議会が「今後の労働者派遣制度の在り方について」を答申し，2010年3月19日，労働者派遣法改正案は閣議決定された．当初の労働者派遣法改正法案は修正され，2012年3月28日に可決成立し，4月6日に公布された．一部を除き，同年10月1日から施行された．労働者派遣法の改正内容は大きく3つに分けられる．

　第一に，いわゆる「派遣切り」の多発や雇用の安定性に欠ける派遣形態が横行した問題に対して，労働者派遣事業の規制を強化する．

①日雇派遣（日々または30日以内の期間を定めて雇用する労働者派遣）を原則禁止する．ただし，日雇派遣が常態であり，かつ，労働者の保護に問題がない業務等について，政令によりポジティブリスト化して認める．

②グループ企業内派遣の8割規制を行う．

③離職した労働者を離職後1年以内に派遣労働者として受け入れることを禁止する．

第二に，派遣労働者の不透明な待遇決定や低い待遇の固定化という問題に対して，派遣労働者の無期雇用化や待遇の改善を行う．
①派遣元事業主に，一定の有期期間の派遣労働者につき，無期雇用への転換推進措置を努力義務とする．
②派遣労働者の賃金等の決定にあたり，同種の業務に従事する派遣先の労働者と均衡を考慮する．
③派遣料金と派遣労働者の賃金の差額の派遣料金に占める割合（いわゆるマージン率）などの情報公開を義務化する．
④雇入れ等の際に，派遣労働者に対して，1人当たりの派遣料金の額を明示する．
⑤労働者派遣契約の解除の際の，派遣元及び派遣先における派遣労働者の新たな就業機会の確保，休業手当等の支払いに要する費用負担等の措置を義務化する．
　第三に，偽装請負等の違法派遣の増加や行政処分を受ける企業の増加という問題に対して，違法派遣に対する迅速・的確な処分を行う．
①違法派遣の場合，派遣先が違法であることを知りながら派遣労働者を受け入れている場合には，派遣先が派遣労働者に労働契約を申し込んだものとみなす．次のような場合である．（ⅰ）禁止業務への派遣受け入れ，（ⅱ）無許可・無届の派遣元からの派遣受入れ，（ⅲ）期間制限を超えての派遣受入れ，（ⅳ）いわゆる偽装請負の場合．
　　派遣先が労働契約の成立を認めない場合，労働者は，いずれかの手段を選択できる．（ⅰ）派遣先に雇用される労働者であることの地位確認の民事訴訟を提起する．（ⅱ）派遣先に対しての行政による勧告を求める．
　　労働契約申込みみなし制度は，2015年10月1日から施行される．
②処分逃れを防止するため労働者派遣事業の許可等の欠格事由を整備する．
　以上のほかに，法律の名称に，「派遣労働者の保護」を明記し，「派遣労働者の保護・雇用の安定」を目的規定に明記する．
　当初の労働者派遣法改正法案にあった「登録型派遣・製造業務派遣の原則禁止」は削除されたので，「登録型派遣・製造業務派遣の在り方」を検討事項とすることとなった．
　労働者派遣については，法律として，「労働者派遣事業の適正な運営の確保

及び派遣労働者の保護等に関する法律」(以下「派遣法」), 命令として, 労働者派遣事業の適正な運営の確保及び派遣労働者の保護等に関する法律施行令 (昭61.4.3政令95号) 及び労働者派遣事業の適正な運営の確保及び派遣労働者の保護等に関する法律施行規則 (昭61.4.17.労働省令20号), 告示として, 「派遣元事業主が講ずべき措置に関する指針」, 「派遣先事業主が講ずべき措置に関する指針」, 「労働者派遣事業と請負により行われる事業との区分に関する基準」, 行政解釈として, 「労働者派遣事業業務取扱要領」がある.

2 労働者派遣の定義

(1) 労働者派遣, 請負, 職業紹介

労働者派遣とは, 「自己の雇用する労働者を, 当該雇用関係の下に, かつ, 他人の指揮命令を受けて, 当該他人のために労働に従事させることをいい, 当該他人に対し当該労働者を当該他人に雇用させることを約する者を含まないもの」である (2条). 図8.1に見るように, 派遣労働者は, 派遣会社 (派遣元事業主) と派遣先との間で結ばれた労働者派遣契約に基づいて, 派遣先に派遣される. 派遣労働者と雇用関係にあるのは, 派遣会社であるので, 賃金は派遣会社から支払われる. しかし, 指揮命令を行うのは派遣先である. 雇用と使用が分離している.

それに対して, 請負は, 請負業者と発注者との間の請負契約に基づいて, 請負労働者は発注者のところで働く. 請負労働者に賃金を支払い, 指揮命令するのは, 雇用関係のある請負会社であり, 発注者から指揮命令を受けない (図8.1). 派遣法の適用を免れるために, 実態は労働者派遣であるにもかかわらず請負を偽装して労働者を働かせる場合がある.

「労働者派遣事業と請負により行われる事業との区分に関する基準」(昭61.4.17労働省告示) によると, 請負であるといいうるためには, ①自己の雇用する労働者の労働力を自ら直接利用すること (業務の遂行に関する指示その他の管理を自ら行うこと, 労働時間等に関する指示その他の管理を自ら行うこと, 企業秩序の維持, 確保等のための指示その他の管理を自ら行うこと) 及び請負業務を自己の業務として契約の相手方から独立して処理すること (業務の処理に要する資金につき, 全て自らの責任の下に調達し, 支弁すること, 業務の処理について, 民法, 商法その他の法律に規定された事業主としての全ての責任

【労働者派遣】

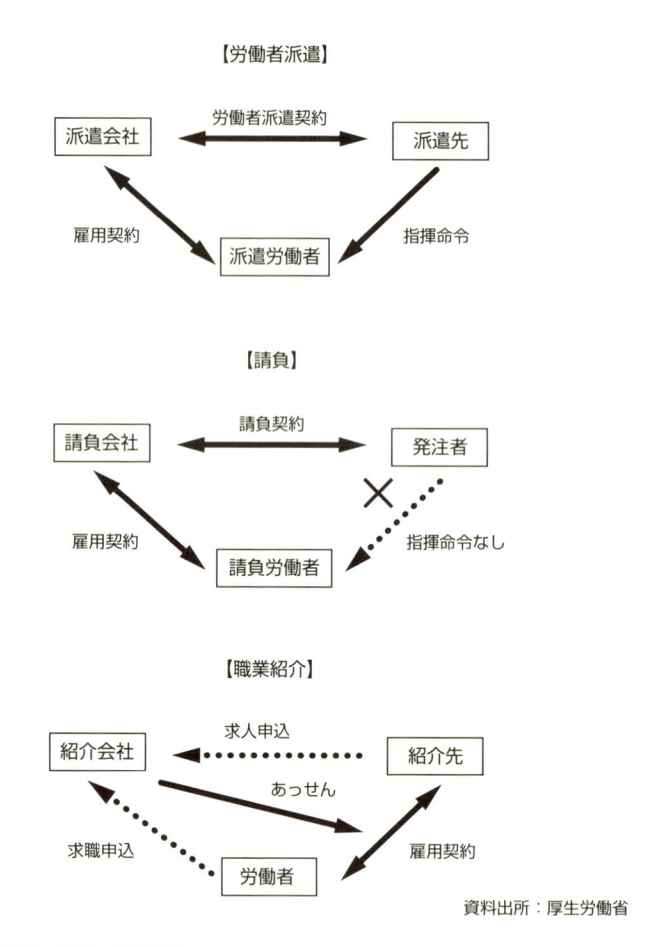

```
派遣会社 ←―労働者派遣契約―→ 派遣先
   ↘                          ↙
  雇用契約                  指揮命令
       ↘  派遣労働者  ↙
```

【請負】

```
請負会社 ←―請負契約―→ 発注者
   ↘                    ×
  雇用契約          指揮命令なし
       ↘ 請負労働者
```

【職業紹介】

```
紹介会社 ←‥‥求人申込‥‥ 紹介先
    ↘   あっせん   ↗
 求職申込          雇用契約
       ↘ 労働者 ↗
```

資料出所：厚生労働省

[図8.1] 労働者派遣・請負・職業紹介

を負うこと，単に肉体的な労働力を提供するものでないこと）が求められる．

　職業紹介は，求人及び求職の申込みを受けて，求人者（紹介先）と求職者（労働者）の間における雇用関係のあっせんをすることをいう．職業紹介を行う紹介会社と労働者の間には雇用関係がないことや，紹介が成功した場合には紹介先と労働者の間に雇用契約が成立する点で，労働者派遣とは異なっている．なお，紹介料は紹介先が紹介会社に支払う（図8.1）．

230

(2) 労働者派遣できる業務・労働者派遣できない業務

労働者派遣法は，労働者派遣を禁止する業務を示すネガティブリスト方式を取っている．労働者派遣が禁止されている業務は，①港湾運送業務，②建設業務，③警備業務，④医療関係業務で一定の施設（医療法上の病院・診療所・助産所，介護保険法上の介護老人保健施設，医療を受ける者の居宅）で行われる業務（紹介予定派遣や社会福祉施設等の医療関連業務は可），⑤人事労務に関係する業務のうち，派遣先の団体交渉・労使協議の際，使用者側の直接当事者として行う業務，⑥弁護士等の専門的個人資格業務，⑦他の法令で禁止されている業務である（4条，施行令1条，2条）．

以上の適用除外とされている業務以外の業務は，労働者派遣ができる業務である．現在は，製造業は労働者派遣ができる業務であるが，改正法が施行されると，製造業への労働者派遣は原則禁止されるが，例外的に製造業派遣が認められる場合がある．

3　労働者派遣事業

労働者派遣事業には，2種類ある．

(1) 特定労働者派遣事業

特定労働者派遣事業は，その事業の派遣労働者が常時雇用される労働者のみである労働者派遣事業である（2条5号）．いわゆる「常用型」の労働者派遣事業であり，派遣労働者は派遣元事業主に常用雇用されている．

「常用雇用」と判断される労働者は，①期間の定めなく雇用されている労働者，②過去1年を超える期間について，引き続き雇用されている労働者，③採用時から1年を超えて引き続き雇用されると見込まれる労働者のいずれかに該当する場合である．

特定労働者派遣事業の場合は，派遣労働者が派遣元事業主に常時雇用されているので，一般労働者派遣事業よりも規制がゆるやかになっている．特定労働者派遣事業を行おうとする者は，一定の事項を記載した届出書を厚生労働大臣に提出しなければならない（5条，16条）．

(2) 一般労働者派遣事業

一般労働者派遣事業とは，特定労働者派遣事業以外の労働者派遣事業である．いわゆる「登録型」の労働者派遣事業である．

登録型のみを行う労働者派遣事業や常用型及び登録型の両方を行う労働者派遣事業は，一般労働者派遣事業である．一般労働者派遣事業を行おうとする者は，一定の事項を記載した申請書を厚生労働大臣に提出して，許可を受けなければならない（5条）．
　登録型というのは，通常は派遣元事業主に名前を登録しておき，仕事がある時だけ派遣元事業主と労働契約を結ぶので，労働契約は期間の定めのあるものとなり，雇用は不安定になる．改正法が施行されると，登録型派遣は原則禁止されるが，専門26業務等では例外的に認められる．

4　派遣法が禁止していること

　派遣先は，派遣労働者の国籍，信条，性別，社会的身分，派遣労働者が正当な労働組合活動をしたこと等を理由として，労働者派遣契約を解除することは禁止されている（26条）．
　労働者派遣事業が専ら労働者派遣の役務を特定の者に提供することを目的として行う「専ら派遣」は，禁止されている（48条2項）．
　また，派遣元事業主が派遣先に労働者を派遣し，雇用関係のない派遣先が派遣元となり，派遣労働者をさらに別の派遣先に派遣する「二重派遣」は，実態は労働者供給に当たるので，職安法違反であり，禁止される．
　派遣元事業主は，グループ企業など厚生労働省令で定める特殊な関係のある者に労働者派遣をするときは，関係派遣先への派遣割合を8割以下となるようにしなければならない．また，離職した労働者を離職後1年以内に派遣労働者として元の勤務先で受け入れることも禁止される．

5　労働者派遣の仕組み

(1) 労働者派遣契約

　労働者派遣を行う場合は，派遣元と派遣先の間で，労働者派遣契約を結ぶ．労働者派遣契約には，次の事項を定めなければならない（26条）．①派遣労働者の人数，②派遣労働者の業務内容，③派遣先事業所の名称・所在地・派遣就業場所，④派遣先の指揮命令者，⑤労働者派遣の期間・派遣就業日，⑥派遣就業の開始及び終了の時刻・休憩時間，⑦安全・衛生，⑧苦情処理，⑨労働者派遣契約解除に当たって講じる派遣労働者の雇用の安定のために必要な措置，⑩

紹介予定派遣の場合の紹介予定派遣に関する事項，⑪派遣元責任者・派遣先責任者，⑫派遣就業時間の延長時間数，派遣就業日以外の就業日数，⑬派遣先の福利厚生施設などの便宜供与，⑭派遣受入れ期間の制限を受けない業務について行う労働者派遣に関する事項．

労働者派遣契約に基づいて，派遣労働者は，派遣元から派遣先に派遣される．

(2) 派遣受入期間

労働者派遣の受入期間に制限のない業務と制限のある業務がある．

(イ) 派遣受入期間の制限のない業務

制限のない業務は，政令で定められた26業務，3年以内の有期プロジェクト業務，日数限定業務（1か月の勤務日数が通常の労働者の半分以下かつ10日以下），産前産後休業，育児休業等を取得する労働者の業務，介護休業等を取得する労働者の業務（40条の2）である．

26業務とは，①ソフトウェア開発，②機械設計，③放送機器等操作，④放送番組等演出，⑤事務用機器操作，⑥通訳，翻訳，速記，⑦秘書，⑧ファイリング，⑨調査，⑩財務処理，⑪取引文書作成，⑫デモンストレーション，⑬添乗，⑭建築物清掃，⑮建築設備運転，点検，整備，⑯案内・受付，駐車場管理等，⑰研究開発，⑱事業の実施体制の企画・立案，⑲書籍等の制作・編集，⑳広告デザイン，㉑インテリアコーディネータ，㉒アナウンサー，㉓ＯＡインストラクター，㉔テレマーケティングの営業，㉕セールスエンジニアの営業，金融商品の営業，㉖放送番組等における大道具・小道具である．

(ロ) 派遣受入期間の制限のある業務

(イ)の業務以外は，派遣受入期間の制限のある業務である．1999年に労働者派遣の対象業務が原則的に自由化されたので，「自由化業務」といわれている．また，政令で定める26業務であっても，自由化業務を併せて行う場合は，原則として派遣受入期間の制限がある．

派遣受入の制限のある業務では，派遣先が派遣受入期間を定めなかった場合は，派遣受入可能期間は原則1年となり，派遣先が派遣受入期間を定めた場合は最長3年となる（40条の2第2項）．その場合は，派遣先の労働者の過半数を組織する労働組合等から意見の聴取が必要である．

派遣受入期間は，派遣会社や派遣労働者が変わっても通算する．

(ハ) **派遣先による抵触日の通知**

　派遣先でないと，派遣受入期間の制限に抵触する日はわからないので，派遣先は，新たな労働者派遣契約による労働者派遣の役務の提供を受けようとする時は，予め派遣元事業主に対して，派遣受入期間の抵触日を通知しなければならない（26条5項）．派遣元事業主は，抵触日の通知を派遣先から受けない場合には，そのような派遣先とは労働者派遣契約を締結することが禁止されている（26条6項）．

　派遣元事業主は，派遣労働者と労働契約を締結するときには，労基法15条に定める労働条件の明示義務があり，さらに派遣就業を開始するときに，就業条件等を明示することが義務づけられているが，その際に，抵触日も明示しなければならない（34条）．就業条件明示書における必要項目は，抵触日のほか，①業務内容，②就業場所，③派遣労働者を直接指揮命令する者に関する事項，④派遣期間及び就労する日，⑤始業・終業時間及び休憩時間，⑥安全及び衛生に関する事項，⑦苦情処理に関する事項，⑧契約解除に当たっての派遣労働者の雇用安定のための必要措置事項，⑨紹介予定派遣に関する事項（該当する場合），⑩派遣元・派遣先責任者に関する事項，⑪休日労働・時間外労働上限時間数，⑫福祉増進のための便宜供与，⑬期間制限のない業務に関する事項（政令の号番号を記載のこと）である．

(ニ) **日雇派遣**

　派遣法は，これまで日雇派遣を禁止していなかったので，合法的に日雇派遣は行われてきたが，派遣元事業主が使用者としての法的義務を果たさなかったり，様々な問題が生じた．改正法が施行され，日雇派遣（日々又は30日以内の期間を定めて雇用する労働者派遣）は原則禁止された．原則禁止の例外として日雇派遣が認められるのは，①政令で定める18の業務について派遣する場合，②(ｱ)60歳以上の人，(ｲ)雇用保険の適用を受けない学生，(ｳ)副業として日雇派遣に従事する人，(ｴ)主たる生計者でない人である．

(3) 使用者責任

　派遣労働者の使用者は，派遣元事業主であるが，派遣先は，一定の労働法の事項について，使用者となる．労基法における特例適用による，派遣元と派遣先の責任分担は以下のとおりである．

[表8.2] 労働基準法における特例適用について

労働基準法の適用がある条文と派遣元、派遣先の責任分担一覧表

適用条項（　）内は条文	派遣元	派遣先	備　考
第1章　総則			
均等待遇（3）	○	○	
男女同一賃金の原則（4）	○		
強制労働の禁止（5）	○	○	
中間搾取の排除（6）	（何人も）		
公民権行使の保障（7）		○	
第2章　労働契約			
この法律違反の契約（13）、契約期間（14）	○		
労働条件の明示（15）、賠償予定の禁止（16）	○		
前借金相殺の禁止（17）、強制貯金（18）	○		
解雇制限（19）、解雇の予告（20、21）	○		労働者の解雇権は派遣元
使用証明（22）、金品の返還（23）	○		
第3章　賃金			
賃金の支払（24）、非常時払制（25）	○		
休業手当（26）、出来高払制の保障給（27）	○		
第4章　労働時間、休憩、休日及び休暇			
労働時間（32～33）		○	変形労働時間の定めは派遣元
休憩（34）		○	
休日（35）		○	
時間外及び休日の労働（36）		○	三六協定の締結・届出は、派遣元
時間外、休日及び深夜の割増賃金（37）	○		
年次有給休暇（39）	○		
労働時間及び休憩の特例（40）		○	
適用の除外（41）		○	監視断続業務の許可を含む
第6章　年少者			
最低年齢、年少者の証明書（57）	○		
労働時間及び休日（60）		○	
深夜業（61）		○	
危険有害業務の就業制限（62）、坑内労働の禁止（63）		○	
帰郷旅費（64）	○		

適用条項（ ）内は条文	派遣元	派遣先	備考
第6章の2　女性			
坑内労働の禁止（64の2）		○	
妊産婦等に係る危険有害業務の就業制限（64の3）		○	
産前産後（65）	○		休業に関するもの
産前産後（66）		○	時間外・休日労働、深夜業に係るもの
育児時間（67）		○	
生理日の就業が著しく困難な女性に対する措置（68）		○	
第7章　技能者の養成			
徒弟の弊害排除（69）	○	○	
職業訓練に関する特例（70〜74）	○		
第8章　災害補償			
災害補償（75〜87）	○		いずれについても派遣元
第9章　就業規則			
作成及び届出の義務（89）、作成の手続（90）	○		
制裁規定の制限（91）	○		
法令及び労働契約との関係（92）	○		
効力（93）	○		
第10章　寄宿舎			
寄宿舎（94〜96の3）	○		いずれについても派遣元
第12章　雑則			
法令等の周知、義務（106）	○	○	派遣先は就業規則を除く
労働者名簿（107）、賃金台帳（108）	○		
記録の保存（109）	○	○	
第13章　罰則			
罰則（117〜120）、両罰規定（121）	○	○	

資料出所：静岡労働局

(4) 紹介予定派遣

　紹介予定派遣とは，派遣先への職業紹介を予定して派遣するものであり，派遣先が派遣労働者として受入れてから，派遣先と派遣労働者の希望が合えば，派遣先が派遣労働者を直接雇用する（2条，図8.2）．

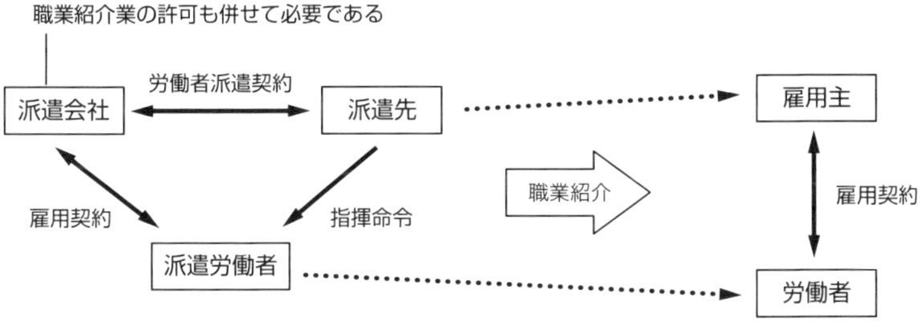

[図8.2] 紹介予定派遣

6 派遣先の直接雇用義務

(イ) **派遣受入期間に制限のある自由化業務の場合**

　派遣先は，労働者派遣契約を締結する時に，派遣元に当該派遣先の派遣受入期間制限に抵触する日を通知しなければならない．派遣の開始前に，派遣元事業主は，派遣労働者に派遣先の派遣受入期間制限に抵触する日を明示する．派遣元は，派遣受入期間の制限に抵触する日の1か月前から前日までに，派遣労働者及び派遣先に派遣の事前停止を通知しなければならない．

　派遣受入期間の制限に抵触する日以降も派遣労働者を使用する場合は，派遣先は，抵触日の前日までに派遣労働者に対して雇用契約の申込みをしなければならない（40条の4）．

　同一業務に1年以上の派遣可能期間受入れて，同一業務に新たに労働者を雇い入れる場合で，派遣労働者が，派遣先に同一業務に従事することを希望する旨を申出て，派遣期間経過後7日以内に派遣元との雇用契約が終了することを要件に，派遣先は，派遣労働者を雇用する努力義務がある（40条の3）．

(ロ) **派遣受入期間に制限のない業務の場合**

　同一業務に同一の派遣労働者を3年を超えて受け入れており，その同一の業務に新たに労働者を雇い入れようとする場合は，派遣先は，派遣労働者に雇用契約の申込みをしなければならない．

　なお，派遣先の直接雇用義務は，公法上の義務と解されており，派遣労働者に対する私法上の効力はないと解されている．

7 労働者派遣に関する裁判例

　労働者派遣に関する裁判において，派遣労働者と派遣先の間に，「黙示の労働契約」が成立するか否かが問題となったのが，松下プラズマディスプレイ（パスコ）事件である．大阪高裁は，元請会社と下請会社間の業務委託契約は脱法的な労働者供給契約であるとし，職安法44条及び中間搾取を禁じた労基法6条に違反し，強度の違法性を有し，公の秩序に反するとして民法90条により無効と判断した．製造業への労働者派遣が解禁された2004年以降も，元請会社と下請会社間，下請会社と下請従業員との間の各契約は，契約当初の違法，無効を引き継ぎ，公の秩序に反するとして民法90条により無効というべきであるとした．そして，元請会社は下請労働者を直接指揮監督していた者として，その間に使用従属関係があったと認めるのが相当であること，また元請会社は下請労働者が受領する金員の額を実質的に決定する立場にあったことから，元請会社は下請労働者を直接指揮，命令監督して工場において作業せしめ，その採用，失職，就業条件の決定，賃金支払等を実質的に行い，下請労働者がこれに対応して工程での労務提供をしていたということができるとした．

　そうすると，無効である上記各契約にもかかわらず，継続した下請労働者と元請会社間の上記実態関係を法的に根拠づけ得るのは，両者の使用従属関係，賃金支払関係，労務提供関係等の関係から客観的に推認される両者の労働契約のほかなく，元請会社と下請労働者間には黙示の労働契約の成立が認められるとした（大阪高判平20.4.25労判960号5頁）．

　しかし，最高裁判所は，派遣法の趣旨及びその取締法規としての性質，派遣労働者を保護する必要性等にかんがみて，仮に派遣法に違反する労働者派遣が行われた場合においても，特段の事情のない限り，そのことだけで労働者と派遣元との間の労働契約は無効になることはないとし，元請会社が下請会社の労働者採用に関与していたとは認められないこと，労働者が下請会社から受けていた給与等の額を事実上決定していたという事実もうかがわれないこと，かえって，下請会社は労働者の具体的就業形態を一定の限度で決定しうる地位にあること等を総合して，2005年7月20日までの間に元請会社と下請労働者との間に雇用関係が黙示的に成立していたと評価できないとした（最二小判平21.12.8労判993号5頁）．

第9章 雇用の終了

本章のポイント

　雇用の終了事由は，大きくみて労働者による退職，使用者による解雇，そして定年退職がある．このうち特に法的な争いとなるのは労働者の意に反して行われる解雇である．ドイツとともに日本は先進国では解雇に対する法的規制の厳しい国とされている．しかしドイツと違って解雇制限に関する特別な法律は存在しない．日本では解雇に対して法的規制にどのような規制があるのだろうか．とりわけその中心的な役割を果たしている解雇権濫用論とはどのようなものか，また解雇権濫用論はどのような広がりと展開をみせているのだろうか．

第1節　労働者の退職

1　任意退職と合意解約

　雇用終了の事由としてもっとも多いのは労働者の退職である．労働者の退職とは，法的には，労働者の側からなされる労働契約の解約の意思表示をいう．もっともこれには2つのタイプがある．1つは労働者による労働契約の一方的解約の意思表示（任意退職または辞職という）の場合と，いま1つは使用者の承諾をまって労働契約を解約する合意解約の申込の意思表示とされる場合である．退職の意思表示がどちらに当たるかは実態によって判断される．

　任意退職（辞職）の意思表示は労働者の意思表示が使用者に到達すれば撤回できないが，合意解約の意思表示は使用者の承諾があるまでは信義則に反するなど特段の事情のない限り自由に撤回できると解されている（全自交広島タクシー支部事件・広島地判昭60.4.25労判487号84頁，学校法人白頭学院事件・大阪地判平9.8.29労判725号40頁）．労働者が合意解約の意思表示をした後にこれを撤回した場合に，使用者が拒否すれば，使用者の承諾の有無をめぐって合意解約の効力が争われることになる．使用者の承諾については経営トップでなく人事部長の承諾でよいとされ，また就業規則に特段の定めがない場合には承諾の意思表示には辞令書の交付等の形式も必要ではないとされている（大隈鐵工所事件・最三小判昭62.9.18労判504号6頁）．

　任意退職（辞職）および合意解約のいずれの意思表示についても，錯誤による場合は無効である（大隈鐵工所事件・名古屋地判昭52.11.14判時880号85頁は退職理由に当たらない事実につき錯誤があったとして退職の意思表示を無効としている）．また詐欺・強迫による場合も後に取り消すことができる．

2　任意退職の自由と退職の時期

　任意退職の意思表示は，労働契約に期間の定めがなければ（正規労働者の契約），法的には自由になすことができる（退職の自由）（民法627条1項）．労働者の「退職の自由」は公序性を有するから，これを実質的に制約することは違法無効である（日本高圧瓦斯工業事件・大阪高判昭59.11.29労民集35巻6

号641頁）．労働者が実際に任意退職（辞職）する場合，その旨の意思表示があってから2週間経過後に労働契約は終了する．もっとも「期間によって報酬を定めた場合」（例えば月給制）には退職の意思表示は「次期以降」にするものとされ，その意思表示は「当期の前半にしなければならない」とされている．したがって月給制の場合，当月の15日以前に退職の意思表示をすることによって翌月1日から労働契約は終了する．当月の16日以降に退職の意思表示をしたときは労働契約の終了は翌々月の1日からとなる．なお期間の定めのある労働契約の場合（有期雇用の労働契約）には，その期間中は「やむを得ない事由」による他は，退職することはできない（民法628条）．

第2節 解雇の制限

1 解雇の意義と法的制限

(1) 民法における「解雇の自由」

解雇とは，使用者によってなされる労働契約の解約の意思表示である．民法では，前述のように，雇用契約に期間の定めがなければ，労働者による雇用契約の解約（任意退職・辞職）は2週間前に予告することによって自由に行うことができ（退職の自由），使用者による解約（解雇）も等しく自由（解雇の自由・解雇権）である（民法627条1項）．

しかし労働法では，「退職の自由」に制限はないものの，「解雇の自由（解雇権）」にはいくつかの制限がある．

(2) 解雇の種類と一般的制限

解雇には，労働者が労務の遂行ができないことを理由（例えば病気）とする普通解雇，経営秩序を乱したことを理由とする懲戒解雇，そして経営悪化等使用者側の都合によって行われる「整理解雇」（「会社都合解雇」あるいは「指名解雇」）がある．普通解雇と懲戒解雇は労働者側に理由のある解雇であり，かつ個別的に行われるのに対して，整理解雇は，使用者側に理由があり，かつ大量に行われることがあるので社会的に大きな問題になることがある．このような解雇には以下のような法的制限がある．

(イ) **法律による制限**

a．労働契約法による制限　解雇権および懲戒解雇権の濫用に当たる場合は当該解雇・懲戒解雇は無効である（労契法15条，16条）．解雇権濫用論については後述する．

b．労組法による制限　労働者が，労働組合の「組合員」であること，労働組合に「加入」または「結成」し，もしくは「労働組合の正当な行為（正当な組合活動）」をしたことを理由とする解雇は無効とされる（7条1号）．労組法7条1号は強行規定とされているからである（医療法人新光会事件・最三小判昭43.4.9民集22巻4号845頁）．これは不利益取扱の不当労働行為といわれるものであり労働組合がらみの解雇事件でよく問題となる．

c．労基法による制限　①国籍，信条（政治的，宗教的信条），社会的身分（本人の意思によらないで生じた身分）を理由とする解雇は無効となる（3条）．②産前産後の休業期間中とその後の30日間および業務災害で休業中とその後の30間は，解雇（および解雇の予告）が禁止され，これに違反する解雇は無効である（19条）．③使用者は労働者を解雇するときには30日前に予告するか，または予告手当（30日分の平均賃金）を支払って行わなければならない（20条）．これに違反する解雇については，使用者が即時解雇に固執するときには，当該解雇は無効とされるが，即時解雇に固執しなければ解雇予告をした時点または予告手当を支払った時点で当該解雇は有効とされる（細谷服装事件・最二小判昭35.3.11民集14巻3号403頁）．これを相対的無効説とよんでいる．④労働者は労基法違反の事実については労働基準監督署長に申告することができるが，申告したことを理由とする解雇は無効である（104条2項）．

d．労働安全衛生法による制限　労働者は労働安全衛生法違反について労働基準監督署長に申告することができるが，そのことを理由とする解雇は無効となる（97条2項）．

e．育児・介護休業法による制限　育児休業の申出・取得をしたこと（10条），および介護休業の申出・取得をしたこと（16条）を理由とする解雇は無効である．

f．男女雇用機会均等法による制限　①労働者の性別を理由とする解雇は無効

とされる（6条4号）. ②女性労働者が婚姻，妊娠，出産したこと，産休を請求・取得したことを理由とする解雇も無効である（9条2項，3項）. ③妊娠中または出産後1年を経過していない女性の解雇は，使用者がその解雇が妊娠，出産，産休の請求・取得を理由とするものでないことを証明しないかぎり無効となる（9条4項）. ④さらに労働者が男女雇用機会均等法に関する紛争について都道府県労働局長に援助を求めたことを理由とする解雇も無効とされる（17条2項）.

g．公益通報者保護法による制限　労働者が平成18年より施行されている公益通報者保護法によって，公益保護に関する法律（刑法，食品衛生法，金融商品取引法，大気汚染防止法，破棄物処理法，個人情報保護法等）に違反する事実が生じているか，または生じようとしていることを「内部ホットライン」や「関係行政機関」，「マスメディア」に通報（公益通報）したことを理由とする解雇は無効である（3条）. ちなみに公益通報者保護法施行前に生じた内部告発を理由とする懲戒解雇が解雇権の濫用として無効とされたケースがある（大阪いずみ市民生協（内部告発）事件・大阪地堺支判平15.6.18労判855号22頁，宮崎信用金庫事件・福岡高宮崎支判平14.7.2労判833号48頁）. 公益通報者保護法が労働者による「公益通報」を理由とする解雇を無効とする規定（3条）については解雇権濫用論（労契法16条）の適用を排除するものではない（6条）.

h．労働者派遣法による制限　派遣労働者が厚生労働大臣（職安）に対して申告権を行使したことを理由とする解雇は無効である（49条の3第2項）.

i．個別労働紛争解決促進法による制限　労働者が個別労働紛争に関して都道府県労働局長に援助を求めたことを理由とする解雇（4条3項）および労働者が個別労働紛争の解決のために都道府県の紛争調整委員会に「あっせん」を求めたことを理由とする解雇（5条2項）も無効である.

(ロ) **就業規則・労働協約による制限**

　就業規則あるいは労働協約に懲戒解雇の事由を定める場合には，使用者は懲戒解雇権をその事由に自ら限定したもの（限定列挙）と考えられるので，原則として就業規則・労働協約所定の事由以外の事由にもとづく懲戒解雇は無効と考えられる. 普通解雇事由については以下のように考えられている. 労働協約に普通解雇事由が定められている場合は特段の事情がない限り限定列挙であり

協約所定の解雇事由以外の事由に基づく解雇は無効と解される．しかし就業規則に普通解雇事由を定めた場合には，多くの学説判例はかかる解雇事由は限定列挙と解しているが（例，高知放送事件・高松高判昭44.9.4労民20巻5号881頁），例示列挙と解する考え方もある（ナショナルウェストミンスター（第三次仮処分）事件・東京地決平12.1.21労判782号23頁）．また労働協約に解雇同意・協議条項（「組合員を解雇することは組合の同意を得て，あるいは協議の上これを行うものとする」）は強行規定と解し，あるいは重大な手続違反と解して同意または協議なく行われた当該解雇は無効とされる（洋書センター事件・東京高判昭61.5.29労判489号89頁，ただし結論は「協議すること自体，到底期待し難い状況にあった」として懲戒解雇を有効としている）．

(ハ) **解雇権濫用論**

　使用者は原則として労働者を解雇する権利（労働契約を解約する自由）を有するが，その濫用は許されない（民法1条3項，労契法3条5項）．これが解雇権濫用論の考え方である．解雇権濫用論は長年の判例の積み重ねの中で形成されてきた法理である．「濫用」かどうかの一般的基準は，当該解雇が，「客観的にみて合理性の認められる社会通念上相当なものとして是認できるかどうか」である（高知放送事件・最二小判昭52.1.31労判268号17頁，日本食塩事件・最二小判昭54.4.25労判227号32頁）．この解雇権濫用の判断基準は現在では法律によってオーソライズされ，「解雇は，客観的に合理的な理由を欠き，社会通念上相当であると認められない場合は，その権利を濫用したものとして，無効とする」とされている（労働契約法16条）．したがって今後は解雇の効力が争われる多くの場合，労働契約法16条の解釈問題が中心になる．すなわち，「客観的合理性，社会通念上相当性」という右の一般基準の具体化が個別事案の処理に当たって問題となる．それは特に整理解雇について問題となる．

(3) 整理解雇と解雇権の濫用

(イ) **整理解雇の濫用基準**

　解雇は「客観的に合理性な理由を欠き，社会通念上相当であると認められない場合」は権利の濫用として無効である（労契法16条）．この解雇権濫用の一般基準が整理解雇については以下の4つの基準に具体化されている．

①経営上の必要性　整理解雇をしなければならないほどの重大な経営上の必要性があったかどうかである．整理解雇をしなければ経営が重大な危殆に陥る

程度の高度の必要性が求められる．余剰人員が生じたというだけでは経営上の必要性は認められない．

②解雇回避措置　整理解雇は雇用調整の最終的な措置であるから，そこにいたるまでに整理解雇を避けるためのよりソフトな雇用調整措置を採っていなけれならない．余剰人員に対する雇用調整策としては，新規採用停止，操業短縮（労働時間短縮），配転・転勤・出向，自宅待機，希望退職募集などが考えられる．とくに希望退職募集は整理解雇回避措置として重要と考えられる．

③人選の合理性　整理解雇は指名解雇ともいわれるように，使用者が整理解雇者を指名して行われるが，その人選は「合理的」でなければならない．「女性」を人選（指名）することは，前述のように，許されない（男女雇用機会均等法6条4号）．「高齢者」を基準にすることも（経営にとっては合理的であっても），法的な「合理性」，「社会通念上の相当性」が直ちに認められるわけではない．被解雇者の生活上の負担の程度，転職の難易，勤務態度，雇用形態（有期・パート）などの基準によって判断される．

④手続の履践　労働者・労働組合と整理解雇に至る「理由」について「誠意」をもって時間をかけて「説明・協議」を行うなど，手続を十分に尽くさなければならない．

(ロ) **4要件と4要素**

これら①〜④の4要件のすべてを満たさなければ当該整理解雇は解雇権の濫用として無効とされる（東洋酸素事件・東京高判昭54.10.29労判330号71頁）．これを4要件説とよんでいる．一方，上の①〜④は当該整理解雇が解雇権濫用にあたるかどうかを判断するにあたって考慮される要素であって，これらすべてを満たさなければならないわけではないとして，4要件を緩やかに解する判例もみられる（前掲・ナショナルウェストミンスター銀行（第三次仮処分）事件・東京地決）．これを4要素説というが，4要素説では整理解雇の濫用判断にあたってかならずしも①〜④に拘束されるわけではない．4要素説は判例における解雇制限の規制緩和といえよう．

(4) 雇用期間中の解雇

これまで期間の定めのない労働契約を前提にみてきたが，期間の定めのある労働契約（有期雇用）の場合，契約の有効期間中は原則として解雇できないこ

とはいうまでもない．しかし「当事者が雇用の期間を定めた場合であっても，やむを得ない事由があるときは，各当事者は，直ちに契約の解除をすることができる」（民法628条）とされている．判例は，民法628条に関して，有期雇用の契約期間中の解雇は，「やむを得ない事由がある場合に限って」許されるとし，「やむを得ない事由」とは「雇用期間の中途でなければならないほどのやむを得ない事由」としたうえで，3ヵ月の有期雇用労働者の期間途中の当該解雇についてはやむを得ない事由は認められないとして無効としたものがある（安川電機八幡工場（パート解雇・本訴）事件・福岡地小倉支判平16.5.11労判879号71頁，安川電機八幡工場（パート解雇・仮処分抗告）事件・福岡高判平14.9.18労判840号52頁）．「やむを得ない事由」とは一般的には解雇権濫用の基準（「客観的に合理的な理由を欠き社会通念上相当であると認められない場合」）よりも厳しいものとされている．もっとも判例の中には民法628条は，「やむを得ない事由」がある場合の当事者の雇用契約解除権を保障したものであるから，当事者間において解除事由をより緩やかにする合意まで禁ずる趣旨とは解されないとして，解除事由（「やむを得ない事由」）を緩和した就業規則所定の解雇条項（「当事者の都合により契約期間内においても解約することができる」）を有効としたうえで，当該契約期間中の解雇には解雇権濫用論を適用して処理したものがある（ネスレコンフェクショナリー関西支店事件・大阪地判平7.3.30労判892号5頁，結論として解雇権濫用により当該解雇を無効としている）．

　このように民法628条の理解について判例にいくぶんの食い違いがみられたが，その後労働契約法は「使用者は，期間の定めのある労働契約について，やむを得ない事由がある場合でなければ，その契約期間が満了するまでの間において，労働者を解雇することができない」（同法17条）と規定した．これは，基本的には前掲安川電機八幡工場（パート解雇・本訴）事件判決を継承しながら，解雇（解除）事由（「やむを得ない事由」）を緩和するネスレコンフェクショナリー関西支店事件大阪地裁判決の民法628条の解釈を否認するものといえる．今後有期雇用労働者の契約期間中の解雇は労契法17条の解釈問題となる．

(5) 変更解約告知

　変更解約告知とは，労働条件の変更の意思表示と解雇の意思表示を併せ持っ

た意思表示，あるいは労働条件変更の意思表示を伴った解雇の意思表示をいう．既述のように（第3章第3節参照），ドイツで形成されてきたこの法理は，労働者に労働条件の引き下げか解雇かのいずれかの厳しい選択を迫るものであることから，労働条件の変更の当否を争う制度的裏付けのない日本では，判例は概して消極的であるが（大阪労働衛生センター第一病院事件・大阪地判平10.8.31労判751号27頁，同大阪高判平11.9.1 労判862号94頁，同最二小判平14.11.8労旬1548号36頁），この有効性を認めた判例がある（スカンジナビア航空事件・東京地決平7.4.13労判673号13頁）．変更解約告知の有効性を前提とした場合，労働者が当該変更解約告知の意思表示に対して，労働条件の変更を拒否すれば解雇される．

　スカンジナビア航空事件は，労働条件の不利益変更となる新契約の締結の申込みを拒否したことによって労働者が解雇された事案であるが，同判決は解雇の効力について次のように述べている．「労働者の職務，勤務場所，賃金及び労働時間等の労働条件の変更が会社業務の運営にとって必要不可欠であり，その必要性が労働条件の変更によって労働者が受ける不利益を上回っていて，労働条件の変更をともなう新契約締結の申込みがそれに応じない場合の解雇を正当化するに足るやむを得ないものと認められ，かつ，解雇を回避するための努力が十分に尽くされているときは，会社は新契約締結の申込みに応じない労働者を解雇することができるものと解するのが相当である」としたうえ，結論的に本件解雇は有効であるとしている．解雇の効力に関する右判断は解雇権濫用の法理（労契法16条）の具体的な適用として位置づけることができよう．この事案は雇用調整に関する解雇（変更解約告知）事件であるが，解雇の効力の判断は前記の整理解雇の濫用基準（4要件）とは異なって，当事者の利益調整の観点から判断され，かつ4要件よりも解雇の効力がいくぶん緩やかに解されている点に特徴がみられる．

2　有期雇用の契約更新拒否と無期雇用への転換

(1)　有期雇用の契約更新拒否

　有期労働契約は，その期間満了によって当該契約は当然に終了する．しかし契約の更新を重ねたり，契約更新が期待されるような事情があるときは，その後の契約更新拒否（雇止め）が解雇として扱われる場合がある．判例による

と，①有期労働契約が反復更新を重ねて「実質的にみて期間の定めのない契約と同視できる状態」にある場合には，契約更新拒否（雇止め）は実質的には解雇の意思表示にあたり，解雇権濫用の法理が類推適用され（労契法16条），契約更新拒否を正当とする理由がなければ更新拒否は無効とされ，有期契約は存続するものとされる（東芝柳町工場事件・最一小判昭49.7.22労判206号27頁）．②あるいは「雇用関係の継続が合理的に期待される状態」にある場合には，当該雇止めには解雇権濫用の法理が類推適用されるが，解雇権濫用法理の類推適用にあたっては正社員の解雇に比べれば緩やかに適用されるとするものがある（日立メディコ事件・最一小判昭61.12.4労判486号6頁）．

前者では，解雇権濫用の法理が類推適用される要件（「実質的にみて期間の定めのない契約と同視できる状態」）はかなり厳しいが，その要件が満たされれば解雇権濫用論は基本的に正社員の解雇の場合と同じように適用されるのに対して，後者の場合は，解雇権濫用論が類推適用される要件（「雇用関係の継続が合理的に期待される状態」）は緩やかだが，反面その適用に当たっては正社員の解雇の場合とは自ずと別個に，緩やかに適用される．

有期雇用の契約更新拒否（雇止め）に関する上の法理は，平成24年8月の労働契約法改正によって立法化された（平成25年4月1日施行）．これによると，上の「東芝型」または「日立メディコ型」の基準を満たす場合であって，労働者が期間満了までに（または満了後遅滞なく）有期労働契約の更新の申込みをしたときは，使用者が雇止めをすることが，客観的に合理的な理由を欠き，社会通念上相当であると認められないときは，使用者は，従前の労働契約と同一の労働条件で，当該申込みを受諾したものとみなされることになった（労契法19条）．今後，有期雇用労働者の雇止めの当否は，労契法19条の解釈問題になるが，実質的には，これまでの判例の基準によって処理されることになる．

(2) 有期雇用の無期雇用への転換

平成25年4月1日施行の前記改正労働契約法は，有期雇用から無期雇用への転換制度を導入した．すなわち，同一の使用者との間の有期労働契約の期間を通算して5年を超える労働者が，現に締結している有期契約の期間満了日までに，期間の定めのない労働契約の締結の申込みをしたときは，使用者は契約期間を除いて同一の労働条件で，当該申込みを承諾したものとみなすとした．た

だし，有期労働契約の間に原則として6か月以上の空白期間（クーリング期間）があるときは，前の有期労働契約の期間は通算されない（労契法18条）．クーリング期間がなく更新によって雇用関係が5年以上継続している場合は，労働者の申込みによって有期雇用は無期雇用に転換される．

3　被解雇者の解雇期間中の賃金

　解雇された労働者が当該解雇を裁判所で争い，解雇無効とされた場合，解雇期間中の賃金（得べかりし賃金）はどのように処理されるか．解雇が無効ならば当該解雇によって被解雇者が就労できなかったことは使用者の責めに帰すべき事由（故意・過失）によるものであるから，当該被解雇者は使用者に対して解雇期間中の賃金全額請求権を有する（民法536条2項）．だが解雇期間中に被解雇者が他で就労して利益（中間利益）を得ていた場合には，右中間利益は労働者が労働義務を免れたことによって得た利益であるから，右利益額を使用者に償還（得べかりし賃金からの控除）しなければならない（民法536条2項後段）．

　一方，労基法26条は，使用者の責めに帰すべき事由で労働者が休業した場合には，使用者は休業期間中平均賃金の100分の60以上の手当（休業手当）を支払わなければならないとしている．同条は，「使用者の責めに帰すべき事由」（故意過失よりも広く使用者側に起因する経営・管理上の障害を含む）によって休業した労働者の生活保障を目的とした強行規定と考えられ，かつ同条と民法536条2項は競合関係にあると解されている．したがって，解雇期間中の得べかりし賃金から中間利益額を控除する場合にも平均賃金の6割に達するまでの部分については労基法26条によって控除することは禁止されている．使用者は解雇期間中の賃金支払債務の額のうち平均賃金の6割を超える部分から中間利益を控除することができる．また前記のように中間利益は労働者が労働義務を免れたことによって得た利益であるから，得べかりし賃金から控除することができる中間利益額は当該得べかりし賃金の支給対象期間と時期的に対応する期間内に得た利益額に限られる．かかる中間利益額が解雇期間中の使用者の賃金支払債務の額のうち平均賃金の6割を超える部分から控除されることになる．中間利益額を控除しても残額がある場合には右残額が得べかりし請求可能額となる．他方，中間利益額が平均賃金額の6割を除いた残りの4割を超

える場合には，一時金（賞与）等（労基法12条4項の賃金）も全額控除の対象となる．中間利益額を右の一時金等の額から控除して，一時金等の額に残額がある場合にはその額が被解雇労働者の請求可能額であり，中間利益額を一時金等の額から控除して，中間利益額に残額がある場合には請求できる得べかりし賃金額は存在しないことになる（以上につき，あけぼのタクシー事件・最一小判昭62.4.2労判506号20頁，社会福祉法人いずみ福祉会事件・最三小判平18.3.28労判933号127頁参照）．

第3節　定年制

1　定年制の種類

(1)　一律定年制

　定年制とは，従業員が一定年齢に達したことを理由に雇用を終了させる制度である．一律定年制ともいう．判例はかつて，定年制について「一般に，老年労働者にあっては当該業種又は職種に要求される労働の適格性が逓減するところから，人事の刷新・経営の改善等，企業の組織および運営の適正化のために行われるのであって，一般的にいって，不合理な制度ということはできない」（秋北バス事件・最大判昭43.2.25民集22巻13号3459頁）としていた．これは使用者側からみた合理性判断の傾向が強いが，労働能力の逓減という労働者側の要因，日本的雇用慣行（長期雇用・年功制）およびそれを前提とした解雇権制限の法理（労契法16条），右判例の言う「人事の刷新・経営の改善等，企業の組織および運営の適正化」という企業の要請，さらには公的年金制度等の社会保障制度と定年年齢との関係等の諸要素を考慮してその合理性を判断すべきである．こうした諸要素にかんがみれば現行の60歳定年制には合理性が認められよう．現在，法律上，定年年齢（一律定年年齢）は民間・公務員とも60歳となっている（高年齢者雇用安定法4条，国家公務員法81条の2第2項，地方公務員法28条の2第2項）．判例のなかには「55歳定年制から60歳定年制への移行段階」における就業規則所定の55歳定年制の定めが違法無効とは言えないとしたものがある（アール・エフ・ラジオ日本事件・東京高判平8.8.26労

判701号12頁).しかし現在では60歳未満の定年制は違法無効である.実際にも60歳定年制はすでに定着しており,今後は65歳定年制の普及あるいは一律定年制の廃止に向けた取り組みが課題となろう.

　一律定年制には2つのタイプがある.1つは定年退職制であり,他は定年解雇制である.定年退職制は,定年年齢に達しことによって当然に雇用が終了するものであり,定年解雇制は定年年齢に達したことを理由に使用者がその労働者を解雇するものである.就業規則に「満60歳に達した日をもって退職する」とあるのは定年退職制であり,「満60歳に達したことによって解雇する」とあるのは定年解雇制といえる.両者に特に大きな違いはないが,定年解雇制の場合には解雇予告制度（労基法20条）が適用される.

(2) その他の定年制

　職種によって定年年齢を設ける職種別定年制が少数ながらみられる.これは定年年齢が60歳を超えていることを前提に合理性が認められる.例えば夜勤が不可欠な職種と日勤のみの職種との間で定年年齢に一定の格差を設けることは,定年年齢が60歳を超えていることを条件に合理性が認められよう.

　男女の間で定年年齢に格差を設ける男女別定年制は現在では男女雇用機会均等法に違反して許されない（男女雇用機会均等法6条4号）.判例も,均等法施行以前に,男性60歳,女性55歳の定年年齢を設けた男女別定年制を公序良俗（民法90条）に違反して許されないとしていた（日産自動車事件・最三小判昭56.3.24労判360号23頁）.男女別定年制が設けられている場合には,直ちに（猶予期間をおくことなく）是正しなければならない.

　一律定年制の存在を前提にして,それよりも早い年齢で（例えば,50歳,55歳）労働者が自ら選択することのできる定年制を選択定年制という.退職金の優遇措置を伴うので早期退職優遇制ということもある.選択定年制は,一律定年年齢に達する前に早期に第2の人生のスタートを選択する労働者とっては有効な定年制であり,制度自体は合理性が認められるが当該年齢に達した労働者に退職を迫るような運用は違法である.

(3) 退職勧奨

　退職勧奨（肩たたき）とは,労働者に自発的な退職意思の形成を促す説得等の行為である.それ自体は法律等に根拠があるわけではなく,その法的性質は事実行為であるが,場合によっては労働契約の合意解約の申入れの誘引とい

う法律行為の性格を有する場合もある（下関商業高校事件・山口地下関支判昭49.9.28判時759号4頁）．いずれの場合であっても被勧奨者がこれに応ずる義務はない．

退職勧奨はかつて定年制のなかった時代の公務員に対して定年制に変わるものとして実施されていた（実質的定年制）．だが退職勧奨は定年制のもとでも問題になる．定年年齢に達する前の労働者に対して人事の刷新，雇用調整その他さまざまな理由によって行われることがある．この場合，退職勧奨が「その本来の目的である被勧奨者の自発的な退職意思の形成を勧める限度を超え，心理的圧力を加えて退職を強要する場合は，違法な権利侵害として不法行為を形成する（前掲下関商業高校事件・山口地下関支判，同事件最一小判昭55.7.10労判345号20頁）．

2　高年齢者雇用確保措置

高年齢者雇用安定法（平成16年改正，平成18年4月1日施行）は，65歳未満の定年を定めている事業主に対して，その雇用する高年齢者が65歳に達するまで以下のいずれかの雇用確保措置を講じなければならないとしている（9条）．すなわち，①当該定年の引き上げ，②継続雇用制度の導入，③当該定年の定めの廃止のいずれかである．ただし「65歳」に達するまでの雇用確保措置には経過措置があった．㋑平成18年4月1日から平成19年3月31日までは「62歳」，㋺平成19年4月1日から平成22年3月31日までは「63歳」，㋩平成22年4月1日から平成25年3月31日までは「64歳」であった（同法附則4条1項）．しかし，平成24年8月，高年齢者雇用安定法が改正され（平成25年4月1日施行），64歳までの経過措置（附則4条1項）は削除されて，平成25年4月1日以降はすべて65歳までの雇用確保措置を求められることになった．

なお，上の3つの雇用確保措置のうち，「継続雇用制度」は高年齢者が希望するときは定年後も引き続いて雇用する制度であり，これには定年時にいったん雇用を終了させた後に新たに雇用契約を締結する「再雇用制度」と，定年に達した際に従来の雇用契約を終了させないで雇用を継続する「勤務延長制度」がある．しかし実際には，大多数が「再雇用制度」をとっている．この場合，各企業の経営状況や労使関係の実状等を考慮して，事業主が当該事業所の従業員の過半数を代表する者（過半数を代表する労働組合があればその労働組

合）との書面の協定（労使協定）を結ぶことによって「継続雇用制度」の対象となる高年齢者に関する「基準」を定めることができるとされていた（9条2項）．しかし前記の改正高年齢者雇用安定法は，「継続雇用制度」の対象者を労使協定によって限定する制度を廃止し，平成25年4月1日以降，使用者に対し，希望する定年退職者のすべてを継続雇用制度の対象とするよう求めることになった．もっとも高齢者が継続雇用（再雇用）される企業の範囲はグループ企業（特殊関係事業主）にまで拡大された（改正高年齢者雇用安定法9条2項）．

　高年齢者雇用確保措置は，平均寿命がほぼ80歳台まで伸びている今日，就労意欲の旺盛な60歳代の高齢労働者の積極的な活用を図るとともに，民間労働者の厚生年金（定額部分および比例報酬部分とも）の受給開始年齢が平成25年4月からすべて65歳になるため60歳の定年退職と65歳の年金受給開始との接続を図ることを主な目的とするものである．

失業と基本手当

労働者（被保険者）が失業した場合には，雇用保険法に基づいて基本手当が支給される．要件は，離職した日以前の2年間に被保険者であった期間が12か月（賃金支払の基礎日数が11日以上ある日が被保険者期間の1か月とする）以上あることである（雇用保険法13〜14条）．もっとも倒産，解雇等による離職者の場合には被保険者期間が6か月（各月とも賃金支払の基礎日数が11日以上）あれば基本手当を受給できる．このような受給資格者が実際に基本手当を受給するには，離職後に使用者の発行する離職票を持参して公共職業安定所（ハローワーク）に出頭し，求職の申込をし，失業の認定を受けなければならない（15条1〜2項）．「失業」とは，「被保険者が離職し，労働の意思及び能力を有するにもかかわらず，職業に就くことができない状態にあること」（4条3項）である．この失業の認定はハローワークに最初に出頭した日から起算して4週間に1回ずつ受けることになる（同法15条3項）．

基本手当の日額は，以下の式のように，受給者が受けていた離職前6か月の賃金総額を180で除して得た額に給付率（50〜80%）を乗じて得た額である（同法16〜17条）．給付率は賃金の高い人は低く，賃金の低い人ほど高くなる．

$$\text{基本手当日額} = \frac{\text{離職前6か月の賃金総額}}{180} \times \frac{50〜80}{100}$$

基本手当は，原則として，離職の日から1年間である（受給期間）．受給期間中に基本手当が所定の日数分支給される（20条）．受給日数は，受給資格者の年齢，被保険者期間，離職理由，障害者等の就職困難者か否かによって異なる(22〜23条)．通常の離職者の場合，被保険者期間が10年未満の場合は基本手当は90日分支給され，10年以上20年未満は120日分，20年以上は150日となっている．

第10章 個別的労働紛争の解決

本章のポイント

　労働紛争は，労働者にとっても使用者にとっても好ましいことではない．そのため紛争を起こさないようにすることが重要である．しかし紛争が起きた場合には迅速，簡便で実効性のある解決策が望まれる．本章では労働組合が紛争の当事者にならない紛争，すなわち個別的労働紛争の解決システムを取り上げる．個別的労働紛争の解決手続にはどのようなものがあるか，その特徴と手続の内容を知ってもらいたい．

第1節 労働紛争の種類

1 労働紛争の種類と個別的紛争の増加

　使用者が人事労務管理を遂行する過程で，ときには利害の異なる個々の労働者や労働組合との対立や紛争が生じることがある．こうした労働紛争には，図10.1にみるように，労働組合が一方の当事者になる「集団的紛争」と，個々の労働者と使用者の「個別的紛争」とがある．集団的紛争の解決には，労働関係調整法による労働争議調整制度と，労働組合法による不当労働行為救済制度が設けられている．いずれの紛争もその解決は労働委員会が担当する．労働争議調整制度は労働条件や労使関係に関する紛争が対象となる．これに対して不当労働行為救済制度は使用者による団結権・団体交渉権等のいわば集団的権利の侵害がなされた場合の救済手続である．

　個別的紛争には，労基法等の法律違反に関わる紛争と，法律違反を構成しない紛争に分けられる．前者には労働基準監督官による行政監督制度が設けられている．後者の紛争には解雇の効力，労働条件の不利益変更の当否，配転命令の効力，賃金の額をめぐる紛争など今後も増加することが予想される．それは，例えば，成果主義賃金（その典型は賃金の年俸制）にみられるように，労働者の賃金が個々の労働者と使用者の個別的合意によって決められることが多くなる一方で（目標管理），このような成果主義に基づく処遇は事柄の性質上労働組合の画一的・集団的規制になじみにくい面があるため，紛争は必然的に個別的紛争となって現れる．またパートタイマーや有期雇用労働者など非正規雇用労働者の増大も，彼らの多くは組合資格がなく労働組合の規制力は及びにくいため，その紛争は個別的紛争の増加をもたらすことになる．このように個別的労働紛争は今後も増加するものと考えられる．

　そこで2001（平成13）年にこれらの個別的紛争の解決を目的に「個別労働関係紛争の解決の促進に関する法律」（個別労働関係紛争解決促進法）が制定され労使当事者は都道府県労働局の援助を受けることができるようになった．さらに個別労働関係紛争解決促進法の用意する援助によって解決できない個別的労働紛争の処理のために平成18年4月から労働審判手続が施行されている．

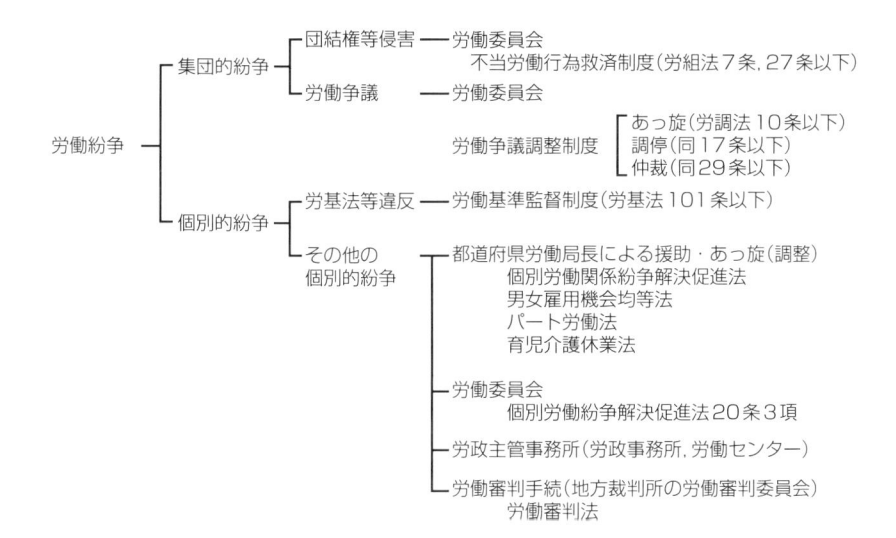

```
                        ┌ 団結権等侵害 ── 労働委員会
             ┌ 集団的紛争 ┤                  不当労働行為救済制度(労組法7条,27条以下)
             │          └ 労働争議   ── 労働委員会
             │                                            ┌ あっ旋(労調法10条以下)
             │                         労働争議調整制度 ┤ 調停(同17条以下)
労働紛争 ─┤                                            └ 仲裁(同29条以下)
             │          ┌ 労基法等違反 ── 労働基準監督制度(労基法101条以下)
             │          │
             └ 個別的紛争┤          ┌ 都道府県労働局長による援助・あっ旋(調整)
                        │          │    個別労働関係紛争解決促進法
                        │          │    男女雇用機会均等法
                        │          │    パート労働法
                        └ その他の ┤    育児介護休業法
                          個別的紛争│
                                   ├ 労働委員会
                                   │    個別労働紛争解決促進法20条3項
                                   ├ 労政主管事務所(労政事務所,労働センター)
                                   └ 労働審判手続(地方裁判所の労働審判委員会)
                                        労働審判法
```

図10.1　労働紛争の種類と解決手続

第2節　個別的労働紛争の解決手続

　個別的労働紛争の解決は最終的には裁判によって行われるが，裁判外の個別労働紛争解決手続としては，主に個別労働関係紛争解決促進法のほか男女雇用機会均等法・パート労働法・育児介護休業法による紛争解決手続と，労働審判法に基づく労働審判手続が用意されている．そのほか各都道府県には労政主管事務所や労働委員会においても個別的労働紛争解決のための援助が行われている．ここでは個別労働関係紛争解決促進法等による紛争解決手続と労働審判手続について説明しておきたい．

1　個別労働関係紛争解決促進法等による解決手続

　個別労働関係紛争解決促進法は，個別的労働紛争が起こったときには，①まず当事者による「自主的解決」を求めている（2条）．それに対して都道府県労働局長による必要な「情報の提供・相談等」の援助が用意されている（3

条).②また都道府県労働局長は当事者の双方または一方から紛争解決のための援助を求められたときは必要な「助言・指導」を行う(4条).③さらに労働局長は,当事者の双方または一方からの申請にもとづいて都道府県労働局に設置された紛争調整委員会に「あっせん」を行わせることができる(5条).「あっせん」を含めてすべて当事者を拘束する強制力はない.その点で実効性に問題があるが,しかし強制力のないことがこの制度の特徴であり,また紛争解決後に当事者が職場復帰するなど「もとの鞘に収まる」ための強制力がないことがかえって好ましいこともある.

　平成20年度の個別労働紛争解決制度の施行状況についてみると,全国で「総労働相談件数」は約108万件,「民事上の個別労働紛争相談件数」約24万件,「助言・指導申出件数」約7600件,「あっせん申請受理件数」約8500件となっている(厚労省調べ).これらの数字はいずれも年々増加傾向にある.

　男女雇用機会均等法・パート労働法・育児介護休業法のもとでの個別的労働紛争についても,個別労働関係紛争解決促進法の手続とは別個の解決手続が各法律によって用意されているが,紛争解決手続の流れは個別労働関係紛争解決促進法と同様である.いずれの紛争とも「自主的解決」を基本にしながら,都道府県労働局長の「助言・指導・監督」,および都道府県紛争調整委員会による「調停」が用意されている.「調停」についても当事者を法的に拘束する強制力はない.これらの紛争解決手続を図示すると図10.2のようになる.

2　労働審判手続とその特色

(1)　労働審判手続

　個別的労働紛争の新たな解決制度として労働審判手続が労働審判法(平成16年5月公布,平成18年4月施行)によって導入された.これは個別労働関係紛争解決促進法が設けた都道府県労働局長による「相談」,「助言・指導」,「あっせん(調停)」では解決できない紛争に対して,民事訴訟手続と連携して,短期間に簡便で実効性のある解決を図ろうとしたものである.

　労働審判法によると,個々の労働者と事業主との間の「個別労働関係民事紛争」の解決を図るために(1条),地方裁判所に設けられた労働審判委員会に,「申立の趣旨及び理由」を記載した書面によって労働審判手続の申立を行うことができる(5条).申立に代理人を立てるときは原則として弁護士が代理人

```
┌─────────────────────────────────────────────┐
│        企業内における自主的解決              │
│ (個別紛争法2条，均等法15条，パート労働法19条，育介法52条の2) │
└─────────────────────────────────────────────┘
                    ▼
┌─────────────────────────────────────────────┐
│        都道府県労働局による労働相談          │
│   労働相談・情報提供などによる自主的解決への援助  │
│              (個別紛争法3条)                 │
└─────────────────────────────────────────────┘
                    ▼
┌─────────────────────────────────────────────┐
│        紛争解決の対象とすべき事案            │
└─────────────────────────────────────────────┘
```

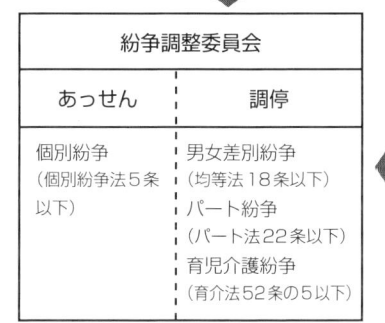

紛争調整委員会		都道府県労働局長	
あっせん	調停	助言・指導	助言・指導・勧告
個別紛争 (個別紛争法5条以下)	男女差別紛争 (均等法18条以下) パート紛争 (パート法22条以下) 育児介護紛争 (育介法52条の5以下)	個別紛争 (個別紛争法4条1項)	男女差別紛争 (均等法17条) パート紛争 (パート法21条) 育児介護紛争 (育介法52条の4)

★都道府県労働委員会も情報の提供，相談，あっせん等の業務を行うことができるが（個別紛争法20条3項），都道府県により異なることがある．

図10.2　個別労働紛争解決システム

になる（4条）．労働審判委員会は裁判官である「審判官1人」と労働関係の専門的知識を有する「労働審判員2人」で構成される（7条）．審判員は労使の代表ではなく事件ごとに裁判所によって指名された「中立かつ公正な立場」の者である（9条）．労働審判委員会は原則として「3回以内の期日」で審理を終えることになっており（15条2項），おおむね3か月以内で紛争の解決を図ることをめざしている．労働審判手続は非公開であり（16条），委員会は「必要と認める証拠調べ」を民事訴訟の例によって行うことができる（17条）．その間に「調停」による解決の見込みがあればこれを試みるが（18条），調停による解決の見込みがなければ労働審判に移行する．この労働審判が労働審判手続の解決案となる．労働審判を下す評議や決議は3人の委員会の「過半数」によって決められる（12条）．審判書には当事者間の「権利関係の確認」のほか「金

銭の支払い，物の引渡しその他の財産上の給付」その他紛争を「解決するために相当と認める事項」を定めることができる（20条）．労働審判に対し当事者は2週間以内に裁判所に異議の申立ができる（21条）．異議申立がないと労働審判は確定し「裁判上の和解」と同じ効力（確定した民事訴訟の判決と同じ効力）を持つものとされている（21条4項）．異議申立があると，労働審判手続の申立時に遡って当該地方裁判所に民事訴訟の訴えの提起があったものとみなされる（22条）．労働審判手続の申立人は訴えを取り下げることも可能である．以上の手続の流れについては図10.3を参照．

(2) 労働審判手続の特色

労働審判手続は次のようないくつかの特色を備えている．

まず労働審判手続は，「個別労働関係民事紛争」（労働契約の存否その他の労働関係に関する事項について個々の労働者と事業主との間に生じた民事に関する紛争）を対象とする手続である（1条）．したがって労働組合が当事者となるような集団的紛争は対象外である．また民事紛争を対象とするから刑事事件はもとより，公務員の懲戒処分のような行政事件訴訟法で扱われる行政事件も対象とされない．

また労働審判は，「権利関係を踏まえつつ」（1条）行われる審判であるから，労働審判手続の対象は「権利紛争」であって利益紛争は対象外である．この点は労働審判に異議申立がなされた場合に訴えの提起があったものとみなされることからも明らかである．

労働審判手続は，労働審判委員会が「調停の成立による解決の見込みがある場合はこれを試み」ることができるとされている．この点で労働審判手続はその手続の中に調停（民事調停）を組み入れているのも大きな特色の1つである．

さらに労働審判委員会は，「当事者間の権利関係及び労働審判手続の経過を踏まえて，労働審判を行う」（20条1項）とあるように，労働審判は権利関係の判断を行わなければならない．この点では労働審判は民事訴訟と同様に判定的機能を基礎にしている．しかし反面，労働審判は「権利関係」や「手続の経過」（手続の経過の中から認められる当事者の真意や意向など）を「踏まえて」行うものとされているように（20条1項），労働審判は民事訴訟のように「権利関係」の存否の判断とそれに対応する法律効果に厳格に拘束されるわけでは

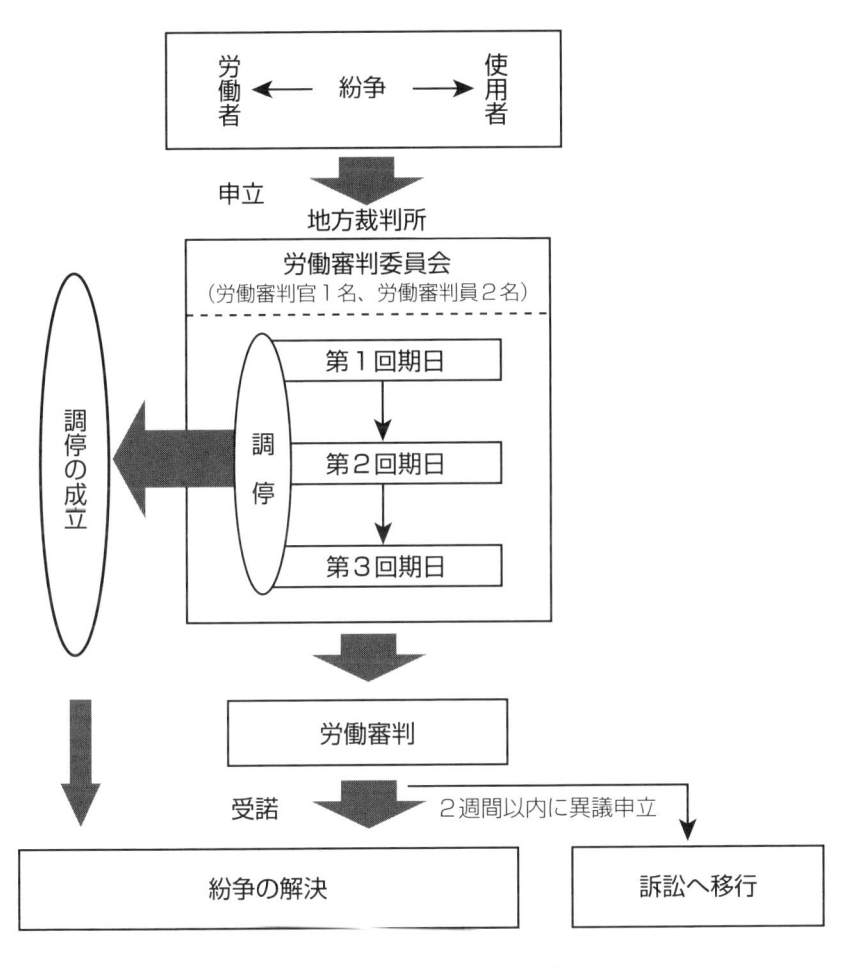

```
            ┌─────────────────────┐
            │ 労働者 ←紛争→ 使用者 │
            └─────────────────────┘
                     │
               申立  ▼
                地方裁判所
        ┌─────────────────────────────┐
        │       労働審判委員会           │
        │ (労働審判官1名、労働審判員2名)  │
        │ ─────────────────────────── │
        │         ┌─────────┐         │
        │         │ 第1回期日 │         │
        │         └─────────┘         │
        │  ┌──┐       │              │
   ←─── │調停│   ┌─────────┐         │
調停の    │  │   │ 第2回期日 │         │
成立     │  │   └─────────┘         │
        │  │       │              │
        │  │   ┌─────────┐         │
        │  │   │ 第3回期日 │         │
        │  │   └─────────┘         │
        └─────────────────────────────┘
                     │
                     ▼
                  労働審判
             受諾 ▼      2週間以内に異議申立 ─┐
          ┌──────────┐              ┌──────────┐
          │ 紛争の解決 │              │ 訴訟へ移行 │
          └──────────┘              └──────────┘
```

(司法制度改革推進本部資料より作成)

図10.3　労働審判手続の概要

ない．すなわち労働審判は「当事者間の権利関係を確認し，金銭の支払い，物の引渡しその他の財産上の給付」その他個別労働関係民事紛争の解決のために「相当と認める事項」を定めることができるとされている（20条2項）ことからもわかるように，労働審判は「権利関係の確認」という判定的機能を基礎にしながらも，その裁量的判断によって権利義務の具体的な内容を形成する非

訴事件手続の性格をも有している．この点では労働審判は判定的機能を基礎にしながらも，調整的機能を併せ持った手続といえる．したがって，例えば，解雇事件に関する労働審判において，①当該解雇を無効としながら，②雇用関係の存在確認ではなく，解雇期間中の賃金相当額（及び／または）解決金等の金銭の支払いを命じ，③労働者は雇用契約の解約に同意する，ことを審判書に定めることも可能である．実際そのような審判内容も少なくない．

このように労働審判手続は，多面的で複合的な構造を保持しながら柔軟な個別的紛争の迅速な解決を企図した手続であるといえる．

---

column

労働審判手続の運用状況

労働審判手続の施行後1年間（平成18年4月～平成19年3月）における運用状況は以下のようになっている．申立受付件数は1163件である．そのうち既済事件919件について終局事由をみると，「調停」によるもの約70.1%，「労働審判」によるもの約17.6%，「取り下げ」8.1%，「その他」4.2%となっている．全体の4分の3が調停によっていることがわかる．労働審判に至った事件のうち，「異議申立」（民事訴訟への移行）がなされたケースが58.6%，異議申立がなされず労働審判が「確定」したものが41.4%（事件全体の7.3%）である．事件の性質についてみると，最も多いのは解雇事件などの「地位確認」の49.4%，ついで「賃金・退職金」34.6%となっている．

申立の方法についてみると本人による申立は13.6%，弁護士を代理人として選任する事件が86.0%となっている．弁護士以外の者を代理人とする事件（労働審判法4条1項但書により裁判所の許可が必要）は0.4%にとどまる．申立人および相手方双方に代理人がついていないケースは3.7%である．

事件の終局期日についてみると，「第1回期日」で終了した事件が16.0%，「第2回期日」で終了36.0%，「第3回期日」で終了40.2%となっており，大部分は2回期日～3回期日で終了している．平均審理期間は74.2日であり，およそ2か月余りである．（大竹昭彦「開始後1年を経た労働審判制度の現状と課題」季刊労働法217号46頁による）

第11章 労働基本権の保障

本章のポイント

　労働基本権は，国際労働運動の長い歴史を経て，国家が労働組合を適法な団体であると承認し，その活動を保障したことを意味する．日本国憲法28条は，労働者の団結権，団体交渉権及び団体行動権（争議権）を明文で保障している．これらの労働基本権は，欧米諸国の産業別組合とは異なり，わが国労使関係が企業別組合を中心に成り立っていることを考慮して解釈されなければならない．公務員は，国家公務員，地方公務員を問わず，労働基本権が制限・禁止されている．特に争議権は，全面一律に禁止されている．この法的状況は，違憲の疑いを生じさせるが，最高裁は「国民全体の共同利益」の見地から合憲と判断している．

第1節 労働基本権の保障

1 労働基本権とは

　憲法28条は「勤労者の団結する権利及び団体交渉その他の団体行動をする権利は，これを保障する」と定める．同条は，労働者の基本的人権として広く団結権を保障したものであるが，このいわゆる労働三権（団結権，団体交渉権，争議権）を一般に労働基本権という．憲法28条は，労働三権をそれぞれ独立した権利として保障しており，これら3つの権利に優劣関係はなく，相互に密接な関連を有するものとして理解すべきである．なお，広義では，憲法27条1項の勤労権と憲法28条の団結権をあわせて労働基本権とよぶ場合もある．以下では，労働基本権とは憲法28条の団結権を意味するものとする．

2 なぜ労働基本権が必要か

　労働者団結とは，労働者が人間らしい生活を確保するために，労働条件の向上その他経済的・社会的地位の向上をめざして連帯し行動する団体である．労働法の歴史は，団結禁止の時代，団結放任の時代，団結保障の時代という3段階に区分することができる．まず，19世紀初期の欧米における労働運動においては，労働組合の存在そのものが否定され，厳しい弾圧にさらされた（団結禁止）．それにもかかわらず労働組合は発展を続け，国家は労働組合を巨大な社会的勢力として容認せざるを得なくなった．しかし使用者は，労働組合の活動や争議行為に対しては，威力業務妨害罪や損害賠償請求などの刑事責任，民事責任を追及した（団結放任）．20世紀に入り，労働運動のいっそうの進展，第一次世界大戦（1914〜18年）やロシア革命（1917年）などの国際政治情勢を背景として，ドイツのワイマール憲法（1919年）が初めて団結権を保障するに至った[1]（団結保障）．

　労働基本権を保障するということは，何よりも労働組合を合法的な団体とし

---

[1] ワイマール憲法159条「労働及び経済条件の維持促進のためにする団結の自由は，何人に対してもかつすべての職業に対して，これを保障する．この自由を制限し又は妨害しようとするすべての約定及び措置は違法である．」（訳文は，楢崎二郎・蓼沼謙一訳『ジンツハイマー・労働法原理第2版』307頁，東京大学出版会1971年）

て国家が承認したことを意味する．労働組合の活動は，本質的に一般的な市民的自由の範囲におさまらないものが多い．たとえばビラ貼りやビラ配布，組合旗の掲揚，団体交渉と労働協約の締結及びストライキなどの組合活動においては，表現の自由，取引の自由，財産権の保障などの市民的権利に抵触する可能性がある．労働基本権の保障は，労働者及び労働組合を，これらの市民法レベルでの違法評価から解放するという意義をもつ．もちろん，解放といっても労働組合は何をしても許されるという意味ではなく，労働組合の行為のうち「正当なもの」に限り，刑事免責（労組法1条2項），民事免責（8条）及び不当労働行為（7条）の保護を受けることができるのである．

3　労働基本権の性格

憲法における労働基本権の保障は，具体的には次のような性格をもっている．

第一に，法令の違憲審査としての性格をもつ．すなわち，労働基本権を制限・禁止する法令は違憲である．たとえば公務員は，一律に争議行為が禁止されているが（国公法98条2項，地公法37条1項など），これらの争議行為禁止規定の合憲性が裁判で争われている（後述．最近では熊本県教委事件・最判平12.12.15労判803号5頁，新潟県教委事件・最判平12.12.15労判803号8頁がいずれも合憲としている）．

第二に，労働基本権の保障は，国家からの規制の排除だけではなく，使用者による労働組合への妨害や干渉も排除することになる．憲法28条は，他の基本的人権とは異なり私人間にも直接適用される（通説）．たとえば，団結権侵害を内容とする契約は私法上無効であり，そのような行為は不法行為（民法709条）となる．

第三に，労働組合の正当な行為については，刑事免責及び民事免責が認められている．たとえば，労働者の多数が参加するストライキは，刑法上の脅迫罪，強要罪，威力業務妨害罪などに該当するおそれがあるが，暴力行為を伴わない限りは正当行為として免責される（労組法1条2項，刑法35条）．またストライキは，民事上も多数労働者の債務不履行として，使用者による解雇，懲戒処分，損害賠償請求などの脅威にさらされるが，やはり正当なものであれば免責される（労組法8条）．

4　労働基本権の内容

(1) 団結権

　近代的労使関係は，労働組合の結成→団体交渉の促進→労働協約の締結というプロセスを経て形成される．労働協約はある意味で平和協定であり，その結果労使関係の安定と産業平和がもたらされるのである．

　憲法28条の「勤労者の団結する権利」とは，第一に，労働者個人が労働組合を結成し，これに加入し，組合活動に参加する権利を意味する．使用者は，労働者の団結活動を妨害・干渉してはならない．

　第二に，団結権は，労働組合という団結体が，組織の維持・強化のために行動する権利を意味する．使用者は，組合活動への介入・妨害をしてはならないことはもちろん，わが国における企業別組合の性格上，組合活動への便宜供与（組合事務所，会議室，光熱費の負担など）を容認すべき場合がある．また，企業内に複数の組合が並存する場合には，使用者は，中立的立場でそれぞれの団結権を尊重しなければならない（中立保持義務）．

　第三に，団結内部の問題として，強固な内部統制が求められる．なぜなら，労働組合はストライキを武器にもつ闘争的な性質を秘めている団体であり，一般の市民的団体とは性格が異なるからである．したがって，いわゆる労働組合の統制権も団結権に由来すると考えられる．

　なお，以上の積極的団結権に対して，団結しない自由または労働組合からの脱退の自由を内容とする消極的団結権は認められるかという問題がある．これについては肯定説と否定説が対立しているが，否定説が通説である[*2]．

(2) 団体交渉権

　団体交渉（団交）とは，労働組合が労働協約の締結を目的として，使用者と労働条件等について交渉・協議することである．使用者は，団結否認の態度に終始して労働組合からの団交申入れを無視することは許されず，団交に応じる義務がある（団交応諾義務）[*3]．また，いったん団交のテーブルについた以上

[*2] 消極的団結権肯定説は，西谷敏『労働組合法第3版』55頁（有斐閣，2012年）．否定説は，菅野和夫『労働法第10版』28頁（弘文堂，2012年）．

[*3] 憲法28条から具体的な団交応諾請求権を導くことができるかどうかは争いがある．判例は，給付の訴えではなく確認の訴えとして労働組合の「団体交渉を求める地位」確認を容認している（国鉄団交拒否事件・最三小判平3.4.23労判589号6頁）．

は，使用者は誠実に説明・回答・協議すべき義務がある（誠実交渉義務）．使用者が正当な理由なく団交を拒否することは，不当労働行為として禁止されている（労組法7条2号）．

団体交渉は，労使という利害の対立する当事者の交渉の場であり，ときにエキサイトする場面がある．団体交渉において，市民法的にみれば行き過ぎた表現や行動が現れるかもしれないが，当然には刑事上民事上の責任を追及されることはない．すなわち団体交渉にも刑事免責・民事免責が適用される．

なお，使用者の団交権は認められるか，いいかえれば労働組合にも団交応諾義務があるか，という問題があるが，少なくとも憲法レベルでの権利義務という意味では問題とならない．憲法28条の主体は，あくまでも勤労者及びその団結体だからである．

(3) **争議権**

憲法28条の「その他の団体行動をする権利」（団体行動権）の中心は，争議権である．刑事免責・民事免責の保障は争議行為に対して重要な意義をもつのであって，一般に団体行動権といえば争議権ないしストライキ権を意味する．

争議権の主体は，労働者個人と労働組合である．ストライキは労働放棄であるから，団結放任の時代にあっては，個々の労働者は労働契約違反ないし債務不履行責任を追及された．また労働組合は，集団的ストライキにより使用者の営業権を妨害し，損害を発生させる．しかし争議権保障の効果として，正当な争議行為については，個々の労働者は債務不履行責任を免除され，労働組合も不法行為責任を免れるのである．

なお，使用者にはストライキに対抗する争議手段として，ロックアウト（作業所閉鎖）が許容されている．ロックアウトは，憲法上の権利ではなく，労働者の争議権行使に対抗して労使間の勢力の均衡を保つために，いわば反射的権利として認められるものであって，防衛的・対抗的なロックアウトに限り許される（丸島水門事件・最三小判昭50.4.25民集29巻4号481頁）．

5　労働基本権と使用者の財産権

労働者は使用者と労働契約を締結して労務を提供するのであるが，労働の現場は使用者の所有権に属する工場や事業所にほかならない．労働者には労働基本権が保障され，使用者には職業選択の自由及び財産権が保障されている（憲

法22条1項，29条)．したがって，労使間の権利の調整が問題となる．

かつて具体的に争われたのは，労働者の組合活動権と使用者の施設管理権の関係であった．労働組合が組合活動の一環として使用者の事務室に置かれたロッカーにビラを貼ったところ，懲戒処分を受けたという事件である．最高裁は，労働組合が「使用者の所有し管理する物的施設であって定立された企業秩序のもとに事業の運用の用に供されているものを使用者の許諾を得ることなく組合活動のために利用することは許されないというべきである」と判示して，いわば使用者の財産権を優先する考え方をとっている（国鉄札幌駅事件・最三小判昭54.10.30民集33巻6号647頁)．しかし，労働基本権と財産権は，どちらかが優先するという関係ではなく，2つの基本権を尊重しながら調整すべきものと解すべきであろう．

6　労働基本権の主体

憲法28条は「勤労者」に団結権を保障する．勤労者とは，職業の種類を問わず賃金その他これに準ずる収入によって生活する者をいう（労組法3条参照)．したがって，民間企業の労働者はもとより公務員及び失業者も勤労者に含まれる（通説判例)．他方，農民や自営業者は，団結権の主体としての勤労者には含まれない．なぜなら，それらの者は対抗すべき使用者をもたず，団結権を保障する意義がないからである．

勤労者とは，第一義的には個人の労働者を意味する．したがって，団結権はまず個人の権利であるが，労働者が団結すると同時に集団としての団結体（典型的には労働組合）も団結権の主体となる．憲法28条が「団体交渉その他の団体行動をする権利」を保障しているのは，団結体自体が権利主体となりうることを認めたものと解される．なお，労働組合以外にも争議団のような一時的団体も，労働者が中心となった団体であるかぎり，団結権の主体となりうる．

第2節 労働基本権の社会的基盤

1 日本型労使関係と企業別組合

　国際労働運動は，19世紀の熟練労働者を中心とした職業別組合（craft union）に始まり，資本主義の発展とともに非熟練労働者による産業別組合（industrial union）や一般組合（general union）へと進化してきた．これらの労働組合は，たとえば全米自動車労組（UAW）やドイツ金属労組（IG-Metall）のように，企業の外に組合本部を置き，企業横断的に労働者を組織している．

　わが国でも，1897年に労働組合期成会が結成され，企業横断的な鉄工組合活版工組合などの職業別組合が相次いで誕生した．しかしその後，戦時色が強まるにつれて治安維持法（1925年）等によって労働組合運動は厳しく弾圧され，戦争に協力的な産業報国運動へと変質していった．

　第二次大戦後は，連合軍総司令部（GHQ）が労働組合の結成を奨励したこともあって，労働者たちは身近な職場を基盤として続々と労働組合を結成した．これが，今日，終身雇用，年功序列賃金と並んで日本の労使関係の特徴の1つといわれる企業別組合（enterprise union）である．企業別組合は，欧米型の産業別組合とは異なり，その企業の正規従業員で組織され，企業内に組合事務所を持ち，組合活動も企業内で行う．欧米型の労使関係が，個別企業を超えた産業全体の労使関係を形成するのに対し，企業別組合は，企業内労使関係が中心となる．したがって，憲法の保障する労働基本権も，企業別組合という実態に即して解釈されなければならない．

2 企業別組合と労働基本権

　わが国の労使関係においては，企業別組合が中心的役割を果たしていることを考慮すると，労働基本権の保障とは，何よりも企業内で労働組合を結成する権利及び企業内で組合活動を展開する権利を保障することを意味する．使用者は，従業員が企業内で自由に団結し，あるいは労働組合に加入する権利を侵害してはならないし，憲法上団結権が保障された団体として企業内の組合を承認

しなければならない．

　企業別組合の団体交渉は，しばしば企業内で，しかも就業時間中に行われる．使用者が，企業内でのスムーズな団体交渉を妨げるような条件を提示することは，団交応諾義務及び誠実交渉義務に違反する場合がある．また，企業内に複数の労働組合が併存する場合には，使用者はいずれの労働組合に対しても中立的立場をとったうえで（中立保持義務），それぞれの労働組合と団体交渉を行わなければならない．

　争議行為は，欧米のウォークアウト型に対し，企業別組合の場合には，ストライキの実をあげるためにどうしても職場滞留型（職場占拠型）になりやすい．このことは，企業別組合の争議権保障の意義及び民事刑事免責の適用を考えるうえで，十分に考慮する必要がある．

第3節　労働基本権の制限

1　労働基本権制限の経過

　1945年8月15日わが国は終戦を迎え，アメリカを中心とする連合軍総司令部（GHQ）の占領下に置かれることとなった．GHQは民主化政策の一環として労働組合の保護助成を掲げ，早くも同年12月に旧労組法が制定された．同法は，適用される労働者の範囲を広くとらえ，公務員にも労働三権を認めていた（ただし警察官，消防職員，監獄勤務者を除く）．翌1946年9月には労調法が制定され，法文上は非現業公務員の争議行為が禁止された．しかし官民を問わず多数の労働組合が結成され，とりわけ官公労働者が当時の労働運動の指導的役割を担っていた．

　1947年2月1日，全官公労働組合は，賃金引上げを要求してゼネラルストライキを計画したが，直前になって連合軍総司令部長官マッカーサーがスト中止命令を発し，ゼネストは中止された（二・一スト）．この事件をきっかけにしてGHQは日本の占領政策を転換し，公務員の労働基本権が制限されることとなった．すなわち1948年7月の芦田首相宛てマッカーサー書簡と政令201号（同年7月31日）によって，公務員の争議権が否認されると同時に団体交渉権

も制限された．その後，国公法の改正（1948年），公共企業体労働関係法の制定（同），地公法の制定（1950年），地方公営企業労働関係法の制定（1952年）によって国内法が整備され，公務員の労働基本権を制限する法体系が形づくられた（表11.1）．その後の民営化により，公労法は「国営企業労働関係法」「国営企業及び特定独立行政法人の労働関係に関する法律」と改称され，現在は「特定独立行政法人等の労働関係に関する法律」（特独労法）に移行している．

[表11.1] 公務員の労働基本権の制限

		団結権	団体交渉権	協約締結権	争議権
国家公務員	警察職員 海上保安庁職員 刑事施設職員 自衛隊員	×	×	×	×
	現業（特独労法）	○	○	○	×
	非現業（国公法）	○	○	×	×
地方公務員	警察職員，消防職員	×	×	×	×
	現業（地公労法）	○	○	○	×
	非現業（地公法）	○	○	×	×

2　労働基本権の制限の内容

(1) 団結権の制限

　国家公務員，地方公務員は労働基本権の全部または一部が制限されている．まず，国家公務員としての警察職員，海上保安庁職員，刑事施設職員は，職員団体を結成すること自体が禁止されている（国交法108条の二5項）．地方公

務員としての警察職員及び消防職員も同様である（地公法52条5項）．このほか自衛隊員も労働組合を結成することができない（自衛隊法64条1項）．したがって，これらの公務員は，団体交渉権，争議権も否定されている．

　非現業の一般職国家・地方公務員は，職員団体を結成できる（国公法108条の二2項，地公法52条3項）．これらの職員団体は，国家公務員の場合は人事院に，地方公務員の場合は人事委員会または公平委員会に登録を申請することができる（国公法108条の三1項，地公法53条1項）．登録しない職員団体は，在籍専従が認められず，また法人格を取得できないなどの不利益があり，登録制度は公務員の団結の自由を制約する機能を果たしている．これに対し，現業公務員もまた職員団体を結成でき，登録制度等の制限はない[*4]．

(2) 団体交渉権の制限

　非現業国家公務員の職員団体は「職員の給与，勤務時間その他の勤務条件」に関し，当局と団体交渉する権利を認められている（国公法108条の五1項）．ただし「団体協約を締結する権限」（労働協約締結権）は除かれている（2項）．非現業地方公務員も同様である（地公法55条1項，2項）．これに対し，現業の国家・地方公務員については，労働協約締結権を含む団体交渉権が認められている（特独労法8条，地公労法7条）．

　交渉対象事項については，現業公務員に関しては賃金，労働時間，安全衛生などが列挙されている（同）．非現業公務員については例示がないが，ほぼ同様と解される．しかし，管理運営事項については，現業・非現業を問わず，交渉事項から除外されている（国公法108条の五3項，地公法55条3項，特独労法8条，地公労法7条）．

(3) 争議行為の禁止

　公務員の争議行為は，現業・非現業を問わず一律・全面的に禁止されている（国公法98条2項，地公法37条1項，特独労法17条1項，地公労法11条1項）．たとえば，国家公務員は「政府が代表する使用者としての公衆に対して同盟罷業，怠業その他の争議行為をなし，又は政府の活動能率を低下させる怠業的行

[*4] 現業，非現業という区別は，法律用語ではない．一般に現業国家公務員とは，特独労法の適用を受ける国家公務員をいう．たとえば，造幣局，印刷局，林野庁などの職員がこれにあたる．また現業地方公務員とは，地方公営企業等の労働関係に関する法律（地公労法）の適用を受ける地方公務員をいう．たとえば，地方公営企業としての電気，ガス，水道等の事業に従事する職員がこれに該当する．これに対し，非現業公務員とは，上記の現業公務員以外の者をいう．

為をしてはならない」と規定されている（国公法98条2項）．そして，非現業公務員の争議行為を「共謀し，そそのかし，若しくはあおり，又はこれらの行為を企てた者」は，刑事罰が科せられる（3年以下の懲役または罰金．国公法110条1項17号，地公法61条4号）．これに対し，現業公務員の争議行為に関しては，刑罰規定はなく，解雇されるにとどまる（特独労法18条，地公労法11条）．

3 最高裁判例の変遷

　前述のように，公務員もまた憲法28条の「勤労者」に含まれることは通説判例であり，公務員に対する労働基本権の制限は，憲法28条にてらし違憲の疑いを生じさせる．この点につき初期の判例は「憲法28条が保障する勤労者の団結する権利及び団体交渉その他の団体行動をする権利も公共の福祉のために制限を受けるのはやむを得ないところである」として，公共の福祉を理由に合憲としていた（国鉄弘前機関区事件・最大判昭28.4.8刑集7巻4号775頁）．

　その後，官公労働者によるILO闘争の展開とILO87号条約の批准（結社の自由及び団結権の保護に関する条約，1965年）などの社会情勢の変化もあり，最高裁は，憲法28条が公務員にも適用されることを認め「国民生活全体の利益」との調整の観点から，労働基本権の制限は合理的最小限のものでなければならないと判示した（全逓東京中郵事件・最大判昭41.10.26刑集20巻8号901頁）．さらに，地方公務員法の争議行為禁止規定を文字通りに一切の争議行為を禁止する趣旨と解釈するなら「違憲の疑いを免れない」とする判決も現れた（都教組事件・最大判昭44.4.2刑集23巻5号305頁）．

　しかし最高裁は再び立場を変更し，公務員の地位の特殊性と職務の公共性にかんがみ，公務員の争議行為及びあおり行為等を禁止するのは「国民全体の共同利益の見地からするやむをえない制約というべきであって，憲法28条に違反するものではない」とする合憲論に転じた（全農林警職法事件・最大判昭48.4.25刑集27-4-547）．同判決は，合憲論の根拠として「国民全体の共同利益」のほかに，公務員の勤務条件法定主義（憲法73条4号）及び人事院勧告制度などの代償措置の存在をあげている．その後の判決で，現業公務員に関しては，財政民主主義論（憲法83条）が合憲論の根拠として示された．現在では，これらの合憲論が判例として定着している（岩手県教組事件・最大判昭51.5.21

刑集30巻5号1178頁,全逓名古屋中郵事件・最大判昭52.5.4刑集31巻3号182頁,熊本県教委事件・最二小判平12.12.15前掲,新潟県教委事件・最二小判平12.12.15前掲).

第12章 不当労働行為制度

本章のポイント

　労組法7条の不当労働行為制度は，憲法28条の団結権保障を具体化したものである．同条により，個々の組合員の団結権及び組合活動権，労働組合の団体交渉権が保護され，使用者からの組合活動への支配介入が禁止されている．不当労働行為の救済には，労働委員会による行政救済と裁判所による司法救済がある．行政救済は，労働委員会の救済命令を通じて，適正かつ迅速な団結権侵害状態の是正を図る手続である．司法救済は，労組法7条の私法的効力により，使用者の行為を団結権侵害ないし団体交渉権侵害ととらえ，不法行為として裁判所に訴えて使用者の損害賠償責任を追求して不当労働行為の救済を図るものである．

第1節　不当労働行為制度の意義と沿革

1　不当労働行為制度の意義

(1) 不当労働行為とは

　労組法は，憲法28条の団結権を具体的に保障するために，使用者に一定の行為を禁止する不当労働行為制度（unfair labor practice）を設けている（7条）．すなわち，使用者は，①労働者が正当な組合活動をしたこと等を理由として解雇等の不利益な取扱いをしてはならない（不利益取扱い，1号），②労働者が労働組合に加入しないこともしくは労働組合を脱退することを雇用条件としてはならない（黄犬契約，同），③団体交渉を正当な理由なく拒否してはならない（団交拒否，2号），④労働組合の結成，運営に支配介入してはならない（支配介入，3号），⑤労働組合の運営に経費を援助してはならない（経費援助，同），⑥労働者が労働委員会に不当労働行為の申立てをしたこと等を理由として解雇等の不利益な取扱いをしてはならない（4号）．

　これらのうち，①不利益取扱い，②黄犬契約，⑥労働委員会への申立てを理由とする不利益取扱いは，団結活動にかかわる労働者個人を救済することを目的とするものである．これに対し，上記③団交拒否，④支配介入，⑤経費援助は，労働組合という団体自体を救済するものである．とはいえ，現実の労使関係においては，しばしば両者は密接に結びついている．たとえば，組合役員に対する不利益取扱いは，労働組合自体への支配介入を意味することが多い．したがって，7条1号と3号が同時に成立することもありうるのである．

(2) 不当労働行為制度と行政救済

　これらの使用者の行為は，団結権を侵害する不当なものであると同時に，労働組合の存在を前提とする労使関係のルールに違反する不公正な行為である．労組法は，団結権侵害に対する民事免責（8条），刑事免責（1条2項）という司法救済とは別に，労働委員会という行政機関を通じて簡易迅速に団結権侵害の法状況を除去し，もって労使関係の正常化を図るための手続を設けている（20，27条）．団結権侵害に対する司法救済が，労働組合の市民法上の責任を免除するという消極的な性質を有するのに対して，不当労働行為制度は，使用

者の典型的な団結否認行為を禁止して労働委員会命令により適正かつ迅速に労働組合を救済するという積極的な性格をもっている．

なお，労働組合が不当労働行為制度を利用するためには，当該労働組合が労組法2条の自主性及び5条2項の民主性の要件に適合していることを立証しなければならない（5条1項）．

2　不当労働行為制度の沿革

不当労働行為制度は，すでに戦前の労働組合法案のなかにみられる．そこでは，組合員に対する不利益取扱い及び労働組合への不加入・脱退を雇用条件とすることが禁止され，違反した使用者に対しては刑罰を科すという科罰主義がとられていた（1920年内務省案，1925年内務省社会局原案）．この考え方は戦後の旧労組法に受け継がれ，科罰主義が維持された（1945年旧労組法11条）．その後旧労組法は，労働組合の結成・加入及び正当な組合活動をしたことを理由とする不利益取扱いを不当労働行為として追加し（12条），現行労組法7条1号の原型が形成された．1949年労組法が改正され，アメリカのワグナー法（1935年）を参考にして団交拒否（7条2号）及び支配介入・経費援助（3号）が導入された．また，不当労働行為の救済方法が科罰主義から原状回復主義に転換された．さらに1952年改正で，すでに旧労調法40条（1946年）で規定されていた労働委員会における発言等を理由とする不利益取扱いの禁止を不当労働行為として取り入れ（4号），現在の労組法7条が誕生した．

なお2004年の労組法改正では，不当労働行為の申立て件数の減少や審査手続の遅延が問題化してきたことから，労働委員会の審査計画の策定，証拠調べの権限強化などの手直しが行われた．これにより，不当労働行為の審査の迅速化が図られた．

第2節　不当労働行為制度の性格

1　団結権保障と不当労働行為制度

わが国の不当労働行為制度は，前述のように，アメリカのワグナー法を母体

とするものである．1930年代のアメリカは，世界恐慌の影響による不況対策としてニューディール政策が行われており，不当労働行為制度も不況対策の一環として導入された．それは，労働組合の活動を使用者の不当な妨害から保護し，労働組合の交渉力を高めて商業の自由な流通を促進し，労働者の購買力を高めることによって景気回復を図ることを目的とするものであった．そこにみられるのは，政策目的としての不当労働行為制度であって，労働組合の権利保障という発想はうかがえない．ワグナー法の改正法であるタフト・ハートレー法（1947年）は，強大化した労働組合を規制するため，労働組合に対しても不当労働行為（たとえば組織強制など）を規定するに至った．

これに対し，わが国の不当労働行為制度は，憲法28条の団結権保障を具体化する意義を有している．これに加えて，戦前戦中の労働組合運動に対する弾圧の歴史と，戦後の企業別組合の台頭という事情をかんがみれば，アメリカと異なり，労使関係のバランスを失わせるほど労働組合が強大化する心配はほとんどない．したがって，わが国の労使関係に労働組合の不当労働行為という概念を導入する意義はない．

2　労組法7条の性格

前述のように，労組法7条は憲法28条を具体化した規定である．したがって，各号の不当労働行為類型は，単なる行政救済のための規定にとどまらず，私法上の強行規定としての効力をも有する．たとえば，不当労働行為としての解雇は無効とされる（医療法人新光会事件・最三小判昭43.4.9民集22巻4号845頁）．また，正当な理由のない団交拒否に対しては，団交に応ずべき地位の確認訴訟を提起しうる（国鉄団交拒否事件・最三小判平3.4.23労判589号6頁）．さらに，使用者の不当労働行為は団結権侵害として不法行為に該当し（民法709条），労働組合は使用者に対し損害賠償を請求することができる．

第3節　不当労働行為の類型

1　不利益取扱い，黄犬契約

(1) 成立要件
①労働者が組合員であること，労働組合に加入しもしくはこれを結成しようとしたこと，労働組合の正当な行為をしたこと

　労組法7条1号は，使用者が「労働者が組合員であること，労働組合に加入し，若しくはこれを結成しようとしたこと若しくは労働組合の正当な行為をしたことの故をもって，その労働者を解雇し，その他これに対して不利益な取扱いをすること」を禁止している．前述のように，この規定は，労働者個人に対する不当労働行為を救済するものであり，不利益取扱いまたは差別待遇とよばれる．

　第一の成立要件で問題となるのが「労働組合の正当な行為」とは何かという点である．これには「労働組合の行為」であることと「正当な行為」であることの2つが含まれる．

　まず，組合員個人の行為が「労働組合の行為」といえるかどうかは「労働条件の維持改善その他経済的地位の向上を図ること」（2条本文）という労働組合の目的にてらして，広い意味でこれに適合するものであれば労働組合の行為に該当するといってよい．次に「正当な行為」についても，行政救済としての不当労働行為制度の性格から，民事・刑事上の正当性判断よりは広く解してさしつかえない．

②「故をもって」

　7条1号の成立要件として，労働者の組合活動等の事実と使用者の不利益取扱いという行為との間に，何らかの関連性が認められることが必要である．使用者が，組合嫌悪の感情ないし反組合的意図（不当労働行為意思）を明確に抱いていれば「故をもって」の要件に該当する．しかし不当労働行為意思が明確でない場合，どのように判断するかが問題となる．

　通説は，不当労働行為意思は必要であり，これが明確でない場合には日ごろの使用者の言動から推定する（意思必要説）．これに対し，不当労働行為意思

にこだわる必要はなく組合活動の事実等と不利益取扱いとの間になんらかの因果関係があれば足りるとする説がある（客観的因果関係説）．

不利益取扱いの原因が競合する場合，判例は不当労働行為意思とそれ以外の動機のどちらが決定的動機だったかを判断する傾向にある（決定的動機説，東京焼結金属事件・最三小判平10.4.28労判740号22頁）．他方，不当労働行為に至った経緯等を総合的に判断して「組合活動等の事実がなかったならば不利益取扱いもしなかったであろう」という関係が推認されれば足りるとする説も有力である（相当因果関係説）．

企業内に複数の組合が並存し，使用者が一方の組合員らの賞与を低く査定した事例において，それぞれの組合に所属する組合員らの平均考課率を「全体として」比較し，一方組合に対する査定差別を不当労働行為と認定して，差額分の支払いを命じた労働委員会命令を適法とした例もある（紅屋商事事件・最二小判昭61.1.24労判467号6頁）．これは大量観察方式とよばれる．

③解雇その他の不利益取扱い

使用者による不利益な取扱いには，労働者にとっての経済上，精神上，組合活動上，家庭生活上の一切の不利益が含まれる．不利益取扱いの具体的態様は，解雇はもとより，配転，出向，賃金差別，昇進昇格差別など多岐にわたる．栄転も，組合活動上の不利益を及ぼす場合には不当労働行為となる（関東醸造事件・東京高判昭34.4.28労民集10巻2号257頁）．営業譲渡や会社分割などの企業再編過程において，組合員を再採用しないことも不当労働行為とされる（青山会事件・東京高判平14.2.27労判824号17頁）．

(2) 黄犬契約

使用者が，労働者の募集・採用の際に，労働組合に加入しないこと，または脱退することを雇用条件とすることもまた，不当労働行為として禁止される（7条1号本文）．これを黄犬契約（yellow dog contract）という[*1]．このような労働契約は，団結の存在自体を否認することになるからである．なお，使用者が第三者と労働者の「労働組合運動に関する通信」をすることや退職証明書に「秘密の記号」を記入して労働者の就業を妨げることは，労働基準法で禁止されている（ブラックリストの禁止，労基法22条4項）．

[*1] yellow dogとは，臆病者，腰抜け，卑怯者という意味がある（ランダムハウス英語辞典）

ところで，労働組合は「従業員は組合員とすること」「労働組合を脱退した者は解雇すること」を内容とする労働協約を締結することがある．これをユニオンショップ協定（ユシ協定）という．黄犬契約は，労働組合への不加入を雇用条件とするものであるが，ユシ協定は加入を強制する性格をもつ．したがって，両者は本来まったく異なる性質のものであり，黄犬契約の禁止がユシ協定の締結を妨げることにはならない（7条1号ただし書）．

2　団交拒否

(1) 団交応諾義務

　使用者は，その雇用する労働者の代表者と団体交渉をすることを正当な理由なく拒否してはならない（7条2号）．団体交渉権は，憲法28条が保障する労働基本権の1つである．労組法における団交拒否の禁止は，この基本権を具体化したものである．この2つの規定により，使用者には団交応諾義務があると解されている．とはいえ，現行法において，団体交渉の方法や態様のルールを定めた規定は存在しない．その大部分は労使自治にゆだねられているのである．

(2) 雇用する労働者

　「雇用する労働者」（7条2号）とは，かならずしも使用者と直接労働契約を締結している労働者に限られない．要は，労働契約またはそれに類似した関係を前提として，当該労働者の労働条件を団体交渉により集団的に決定するのにふさわしい関係にあるかどうかによって判断される．また，使用者については，労働契約関係がなくても「雇用主と部分的とはいえ同視できる程度に現実的かつ具体的に労働条件を支配決定することができる地位にある場合」であれば使用者性が認められている（朝日放送事件・最三小判平7.2.28労判668号11頁）．したがって，下請労働者，派遣労働者，被解雇者，採用予定者などは団体交渉を申し入れることができると解される．

(3) 義務的交渉事項

　義務的交渉事項とは，使用者に団交応諾義務が課せられている事項であって，一般的には労働者の労働条件その他経済的地位の向上に関する事項（労組法2条本文参照）及び当該労使関係のルール（組合活動など）に関する事項などをさす．使用者は，経営戦略，役員人事，事業所の統廃合などについて「経

営権事項」であることを理由に団交拒否することがある．しかしこれらの事項であっても，労働者の労働条件等に関わる限りで義務的交渉事項になる（通説・判例）．むしろ，企業及び産業における労働者の地位と無関係な問題というのはまれであって，最初から経営権事項を広く想定してそこから義務的交渉事項を確定することは，団体交渉権保障の意義にてらして適切ではない．

これに対し，労働条件等に関係のない事項及び使用者の処理になじまない事項は義務的交渉事項ではなく任意的交渉事項となる．たとえば純粋に政治的な事項や他企業の経営に関わる事項などがこれにあたる．使用者は，これらの事項に関する団体交渉を拒否しても団交応諾義務に反しない．

団交拒否の「正当な理由」の有無については，義務的交渉事項にあたるかどうかを諸事情から総合的に判断するほかはない．会社の経営方針にかかわる事項，たとえばリストラ計画，事業所再編，株主の動向なども，従業員の労働条件にかかわる限りで義務的交渉事項となりうる．また，パートなど非組合員の労働条件についても，それが組合員の労働条件に影響を及ぼす場合には義務的交渉事項となる（国・中労委［根岸病院］事件・東京高判平19.7.31労判946号58頁）．

(4) 誠実交渉義務

使用者が労働組合側の団交当事者や担当者，団交の日時や場所などについてことさら難癖をつけ，実質的に団体交渉に応じない場合は，正当な理由のない団交拒否とみなされる（窓口拒否）．また，たとえ交渉のテーブルについたとしても，使用者は労働組合の団体交渉権を尊重して誠実に団体交渉を行う義務がある（カール・ツァイス事件・東京地判平元.9.22労判548号64頁）．たとえば，使用者が必要な資料を提示しない，あるいは初めから聞く耳をもたないというような態度に終始する場合には，合意形成に向けて誠実に努力したとはいえず，実質的な団交拒否にあたる．

(5) 中立保持義務，平等取扱い義務

企業内に複数の労働組合が併存する場合，使用者はどの労働組合に対しても中立な立場で平等に団体交渉に望まなければならない．たとえ少数組合であっても，憲法28条の団結権が保障されているからである．最高裁も次のように述べている．

「複数組合併存下にあっては，各組合はそれぞれ独自の存在意義を認められ，

固有の団体交渉権及び労働協約締結権を保障されているものであるから，その当然の帰結として，使用者は，いずれの組合との関係においても誠実に団体交渉を行うべきことが義務づけられているものといわなければならず，また，単に団体交渉の場面に限らず，すべての場面で使用者は各組合に対し，中立的態度を保持し，その団結権を平等に承認，尊重すべきものであり，各組合の性格，傾向や従来の運動路線のいかんによって差別的な取扱いをすることは許されないものといわなければならない」（日産自動車事件・最三小判昭60.4.23労判450号23頁）．

(6) 差違え条件の固執

使用者は，団体交渉における労働組合の要求を受諾するのと引き換えに，自らもある条件を提示して，労働組合がこれを受け入れなければ使用者も受諾しないと迫ることがある．このような差違え条件の提示は，団体交渉が集団的取引である以上，取引の自由の一環として可能であるが，その条件の内容及び交渉態度いかんによっては不当労働行為となる．たとえば，使用者が「生産性向上に協力すること」という差違え条件を示しこれに固執したため，その条件を拒否した少数組合に一時金が支給されなかったケースにつき，不当労働行為の成立が認められている（日本メールオーダー事件・最三小判昭59.5.29労判430号15頁，ただし労組法7条2号ではなく1号及び3号の事案であった）．

3 支配介入，経費援助

(1) 支配介入

使用者は，労働組合の結成・運営に関しこれを支配介入してはならない（7条3号本文）．企業別組合は，使用者の言動による影響を受けやすく，その結果労使関係における対抗的性格を失い，労働組合の自主性が損なわれるおそれが強い．支配介入の禁止は，企業別組合を中心とするわが国の労働組合にとって，とくに重要な意義をもつ規定といえよう．なお，支配と介入は区別する実益はなく同義と解してよい．

支配介入には，組合結成の妨害・嫌がらせ，組合役員選挙への介入，脱退勧奨，分裂工作，スパイ・買収行為などさまざまな態様がみられる．問題となるのは，使用者の言論の自由と不当労働行為との関係である．使用者の言論に労働組合に対する報復・暴力の威嚇・利益の約束などの要素（プラスファクター）

が含まれていれば，支配介入が成立する場合が多い．しかしプラスファクターが含まれていなくても，企業別組合の性質からして，その言論の時期や場所等の事情により労働組合に多大な影響を及ぼすことがありうる．

(2) 経費援助

使用者が「労働組合の運営のための経費の支払いにつき経理上の援助を与えること」も禁止されている（同）．使用者が金銭により労働組合を支配することを防止する趣旨である．ただし例外として，①労働時間中の協議・交渉を有給とすること，②福利厚生基金への寄付，③組合事務所の供与は，経費援助にあたらないとされている（7条3号ただし書）．いわゆるチェックオフ（使用者による組合費の天引き）については例示されていないが，労働組合の自主性を損なうおそれがなければ経費援助（便宜供与）にあたらないと解すべきである．

4　労働委員会への申立て・証拠提示・発言を理由とする不利益取扱い

労組法7条4号は，労働者が労働委員会との関係で不当労働行為の申立て，審問，労働争議の調整の過程で発言等をしたことを「理由として」使用者がその労働者を不利益取扱いすることを禁止する．成立要件等は1号の不利益取扱いと同じである．

第4節　不当労働行為制度における「使用者」

1　労組法における「使用者」

不当労働行為制度は「使用者」の一定の行為を禁止するものであるところ，労組法は使用者に関し労基法（9条）及び労働契約法（2条2項）のような定義規定をおいていない．そこで労組法上の使用者とは何かが問題となる．

この点，労働組合法は集団的労使関係を規律するものであるから，使用者とはかならずしも個別的労働契約の相手方に限定されるものではなく，集団的観点から当該労働組合及び組合員に影響を及ぼす立場にあれば，労組法上の使用者とみなされることがある．最高裁も，早くから社外工や楽団員の労働関係に

関し，労働契約の有無にかかわらず元請会社や受入れ企業の使用者性を肯定してきた（油研工業事件・最一小判昭51.5.6民集30巻4号409頁，中部日本放送事件・最一小判昭51.5.6労判252号27頁，阪神観光事件・最一小判昭62.2.26労判492号6頁）．

2 使用者概念の拡大

この考え方をより明確に判示したのが，最高裁朝日放送事件判決（前掲281頁）である．この判決は，放送局におけるAD，音響，照明などの業務に従事する下請労働者に関し，元請会社の使用者性を肯定した．やや詳しく引用しておこう．

「労働組合法7条にいう『使用者』の意義について検討するに，一般に使用者とは労働契約上の雇用主をいうものであるが，同条が団結権の侵害に当たる一定の行為を不当労働行為として排除，是正して労使関係を回復することを目的としていることにかんがみると，雇用主以外の事業主であっても，雇用主から労働者の派遣を受けて自己の業務に従事させ，その基本的な労働条件について，雇用主と部分的とはいえ同視できる程度に現実的かつ具体的に支配，決定することができる地位にある場合には，その限りにおいて，右事業主は同条の『使用者』に当たるものと解するのが相当である」．

この判決は事例判断にとどまるとはいえ，今後は親子会社，派遣先会社，買収会社，持株会社，投資ファンド，破産会社及び破産管財人などにも使用者性が拡大されていく可能性がある．

第5節 不当労働行為の救済

1 行政救済と司法救済

労組法7条は，憲法28条の団結権保障を具体化したものと解されることから，労働委員会による行政救済のための規定にとどまらず，典型的な団結権侵害行為を禁止した裁判規範としての性格をあわせもっている．したがって労働組合及び組合員は，本条を根拠に裁判所に対し，不法行為に基づく損害賠償請

求などの民事訴訟を提起することができる（通説・判例）．

2　行政救済

(1) 初審手続

　労働委員会（都道府県労働委員会，中央労働委員会）は，労働組合または組合員個人（申立人）から不当労働行為の申立てを受けたときは，遅滞なく審査（調査，審問）を開始しなければならない（27条1項）．不当労働行為の申立ては，行為の日から1年以内，継続する行為にあってはその終了した日から1年以内に行わなければならない（2項）．たとえば，組合員であることを理由とする賃金査定差別は「毎月の賃金の支払いとは一体として1個の不当労働行為」となり「右査定に基づく賃金が支払われている限り不当労働行為は継続することになる」とされる（紅屋商事事件・最三小判平3.6.4労判595号6頁）．労働委員会は，審問開始前に当事者双方の意見を聞いて審査計画をたて，当事者も含めて「適性かつ迅速な審査の実現」に努めなければならない（27条の6）．労働委員会は，事件に関係のある重要な帳簿書類その他の物件の提出を命じることができる（物件提出命令，27条の7）．

(2) 初審命令

　都道府県労働委員会は，審査の結果不当労働行為と認定されれば，全部または一部救済命令を発する．不当労働行為にあたらないと判断した場合には，棄却命令を出す．

　救済命令の内容は，不当労働行為の類型に応じて異なる．たとえば，労組法7条1号の不利益取扱いが解雇ならば，被解雇者の原職復帰と賃金遡及払い（バックペイ）を命じる．2号の団交拒否では「使用者は誠実に団交に応じなければならない」などの団交応諾命令となる．3号の支配介入は，その行為の禁止や今後同様の行為をしない旨の文書の掲示（ポスト・ノーティス）を命じることになる．救済命令に対し，使用者が再審査の申立てをしない場合または取消訴訟を提起しない場合には，救済命令等は確定する（27条の13第1項）．使用者が確定した救済命令に違反した場合には，50万円以下の過料に処せられる（32条後段）．

(3) 再審査手続

　労使の当事者は，初審命令に不服があれば，命令の交付を受けたときから

15日以内に中央労働委員会に再審査を申し立てることができる（27条の15第1項）．中央労働委員会は「完全な権限をもって再審査」を行い，都道府県労働委員会の処分を取り消し，承認し，もしくは変更し，または再審査の申立てを棄却することができる（25条2項）．なお，再審査の申立ては，初審救済命令等の効力に影響を及ぼさない（27条の15第1項ただし書）．

(4) **取消訴訟**

使用者は，都道府県労働委員会または中央労働委員会の救済命令等に不服のあるときは，命令交付の日から30日以内に救済命令等の取消しの訴えを提起することができる（27条の19）．この場合，被告は都道府県または国になるので，訴訟の性格は行政訴訟となる．

労働組合または労働者が取消訴訟を提起する場合には，行訴手続に従い出訴期間は処分を知った日から6か月である（行政事件訴訟法14条1項）．取消訴訟において訴訟当事者とならない労働組合，労働者または使用者は，補助参加人として訴訟に関わるのが一般的である（22条）．

(5) **緊急命令**

未確定の救済命令等は，効力は存続するが，確定判決によって支持されるまでは罰則付きで順守を強制することはできない（労組法28条）．そこで使用者が取消訴訟を提起した場合において，受訴裁判所は，労働委員会の申立てにより判決確定に至るまで救済命令等に従うよう使用者に命じることができる．これを緊急命令という（27条の20）．取消訴訟の提起により，長期にわたり不当労働行為の是正がなされない事態を避けるためである．緊急命令に違反した使用者は，50万円以下の過料に処せられる（32条前段）．

3　司法救済

労組法7条各号の規定は裁判規範としての性格を有しており，同条を根拠に仮処分や民事訴訟を提起することができる．たとえば，1号の不利益取扱いとしての解雇ならば当該解雇は不当労働行為として無効となり，地位確認及び賃金支払い請求等をすることができる．2号の団交拒否に対しては，団交に応ずべき地位の確認請求が可能である（国鉄団交拒否事件・最三小判平3.4.23労判589号6頁）．3号の支配介入については，不法行為（団結権侵害）に基づく損害賠償請求及び団結権に基づく妨害排除仮処分申請などが行われている．

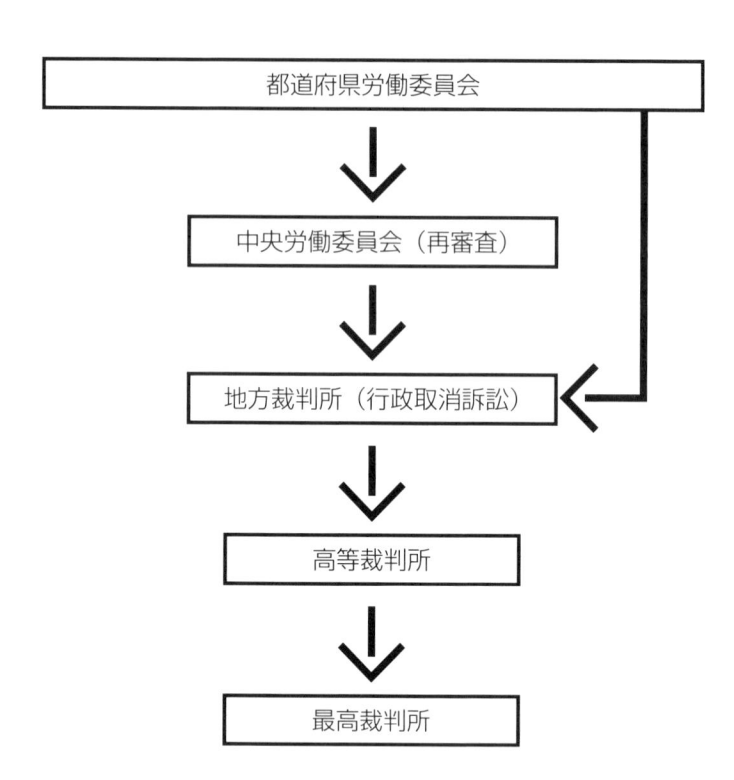

```
┌─────────────────────────┐
│     都道府県労働委員会      │
└─────────────────────────┘
            │
            ▼
   ┌──────────────────────┐
   │  中央労働委員会（再審査）  │
   └──────────────────────┘
            │
            ▼
   ┌──────────────────────┐         
   │ 地方裁判所（行政取消訴訟） │ ◄──────┐
   └──────────────────────┘
            │
            ▼
       ┌──────────┐
       │  高等裁判所  │
       └──────────┘
            │
            ▼
       ┌──────────┐
       │  最高裁判所  │
       └──────────┘
```

[図12.1] 不当労働行為の行政救済

第13章 労働組合の組織と活動

本章のポイント

　労働組合とは，労働者が主体となって，自主的に労働条件の維持改善その他経済的地位の向上を図ることを主たる目的として組織する団体またはその連合団体をいう．労働組合が不当労働行為制度を利用するためには，自主性のほか民主的な組合規約の存在など民主性を具備していることが必要である．労働組合は，対抗団体としての性格上，強固な組織強制（ユニオンショップ）と組合内部の統制権が承認されている．これらの法的根拠は憲法28条の団結権保障に求められる．ところで，企業別組合の組合活動は，必然的に企業内で行われることが多く，使用者の施設管理権との調整が問題となる．最高裁は，組合活動で企業施設を利用するには，原則として使用者の許諾が必要であるとしている．

第1節　労働組合の意義と組織

1　労働組合とは

(1) 労働組合の主体

　労働組合とは，労働者が主体となって，自主的に労働条件の維持改善その他経済的地位の向上を図ることを主たる目的として組織する団体またはその連合団体をいう（労組法2条本文）．労働者とは，職業の種類を問わず，賃金，給料その他これに準ずる収入によって生活する者をいう（3条）．労働組合の構成員は，労働者が「主体となって」いればよく，一般市民など労働者以外の者が加入していてもよい．

(2) 労働組合の自主性

　労働組合は，労働者が「自主的に」組織し活動するものでなければならない．これを労働組合の自主性という．労組法は，労働組合の自主性を確保するために，組織面と資金面の両方から規制している．

　まず，組織面の規制としては，①会社役員，②雇入れ，解雇，昇進または異動に関して直接の権限をもつ監督的地位にある労働者，③使用者の労働関係についての計画と方針に関する機密の事項に接し，そのためにその職務上の義務と責任とが当該労働組合の組合員としての誠意と責任とに直接抵触する監督的地位にある労働者，④その他使用者の利益を代表する者の参加を許すものは，労働組合の自主性がないとする（2条但し書き1号）．

　次に，資金面では，団体の運営のための経費の支出につき使用者の経理上の援助を受けるものは，自主性を否定される．ただし，次のものは経費援助にあたらない．①労働時間中の労使協議・交渉を有給とすること，②労働組合の福利厚生基金への使用者からの寄付，③最小限の広さの組合事務所の供与（2号）．なお，上記以外に使用者が労働組合に経費援助してこれを支配介入しようとすることは，不当労働行為として禁止されている（7条3号）．

　労働組合の自主性は，実質的に判断すべきである．たとえば，組合員に管理職が含まれていたとしても，実態として自主性が損なわれていなければその団体は労働組合といえる（管理職組合につき，中労委（セメダイン）事件・東

京高判平12.2.29労判807号7頁).また上記以外の経費援助を受けていたとしても,独自の組合会計が維持されていれば問題はない.そのような例として,チェックオフや在籍専従をあげることができる[*1].

(3) 労働組合の目的

労働組合の主たる目的は,労働条件の維持改善その他経済的地位の向上を図ることであるが（経済的機能），それ以外にもさまざまな組合活動を展開している.たとえば,政府の審議会や委員会に参加して政治的・社会的に発言したり（政治・社会的機能），企業経営をモニタリングしてコーポレートガバナンスの一翼を担ったり（経営参加機能），組合員の冠婚葬祭を援助したり（相互扶助機能），倒産・リストラなどから組合員の雇用を守る活動（雇用保障機能）を行っている.

これに対し,共済事業その他福利事業のみを目的とする団体及び主として政治運動または社会運動を目的とするものは,労働組合とはいえない（2条但し書き3,4号）.ただし,労働組合は一切の政治・社会活動が許されないわけではなく,主たる目的の達成に必要な限りで政治・社会活動を行うことができる.判例も「現実の政治・経済・社会機構のもとにおいて,労働者がその経済的地位の向上を図るにあたっては,単に対使用者との交渉においてのみこれを求めても,十分にはその目的を達成することができず,労働組合が右の目的をより十分に達成するための手段として,その目的達成に必要な政治活動や社会活動を行うことを妨げられるものではない」としている（三井美唄労組事件・最大判昭43.12.4労判74号8頁）.

(4) 組合民主主義

労働組合は,労働条件の維持改善その他経済的地位の向上を図るために,常に使用者,経済団体及び政府との対抗関係に置かれている.労働組合は,本質的に闘争団体であって,財産取引を目的とする民法上の社団とは性格が異なる.このことから,組合内部において強固な団結力と連帯性が要求され,それを担保するために組合民主主義が要請される.民主的な手続を通じて,多様な組合員の意見を集約し,統一した団体意思を形成したうえでさまざまな組合

[*1] チェックオフ check off とは,使用者が組合費を賃金から天引きして,一括して労働組合に引き渡すというものである.在籍専従とは,大企業などで従業員が一定期間,有給で組合活動に専念することをいう.

活動を展開するのである．憲法28条は，闘争団体としての労働組合を承認し，その団体行動権を保障するものであり，組合活動を支える組合民主主義の根拠も憲法28条の団結権に求められる．

組合民主主義の具体的内容は，組合規約の中で自主的に定めることができる．組合活動や争議行為は，しばしば迅速かつ臨機応変な対応が求められることから，組合民主主義といってもかならずしも議会制民主主義や直接民主主義の理念にとらわれる必要はない．ただし，労働委員会に不当労働行為の救済申立てを行う際には，資格審査の要件として労組法所定の民主的手続を組合規約の中に定めておかなければならない（5条2項）．

2　労働組合の組織形態

労働組合は，歴史的には職業別組合から一般組合ないし産業別組合へと発展してきたことは前述のとおりである（第11章第2節）．わが国では，企業別組合が主流となっているが，企業横断的な労働組合がないわけではない．たとえば，日本教職員組合（日教組）や全日本海員組合は職業別組合ないし産業別組合としての性格をもっているし，東京ユニオンなど個人加盟の地域ユニオンは一般組合といえる．労働者個人が加入する労働組合を単位組合といい，単位組合が集合した組織を連合団体という．わが国の産業別組織のほとんどは，単位組合を母体とした連合団体である[*2]．さらに，それらの産業別組織を統括するのが，ナショナルセンターとよばれる全国組織であり，これには日本労働組合総連合会（連合），全国労働組合総連合（全労連），全国労働組合連絡協議会（全労協）がある．単位組合も連合団体も，労働組合として団結権が保障される（2条本文参照）．

全労働者の何パーセントが労働組合に加入しているかを表す指標を推定組織率という．わが国の推定組織率は，年々減少して17.9％（2012年）である．主要国で日本より推定組織率が高いのは，スウェーデン85.1％（2007年），イギリス28.9％（2007年），ドイツ19.9％（2007年）などであり，低いのは，アメリカ11.8％（2011年），フランス7.9％（2005年）などである．これらの国々も，やはり推定組織率が年々低下する傾向にあるが，労働組合が各国の政治経

[*2] たとえば，UAゼンセン同盟，自動車総連，電機連合などがある．詳しくは，連合，全労連，全労協のホームページを参照．

済に及ぼす影響は，なお無視できないものがある．

column

労組法上の労働者

労組法3条は「この法律で『労働者』とは，職業の種類を問わず，賃金，給料その他これに準ずる収入によって生活する者をいう」と定める．近年，個人事業主や業務委託のような働き方が増えたことに伴い，同条をめぐって，労組法上の労働者とは何かが問われている．

この問題のリーディングケースとして，CBC（中日放送）管弦楽団事件（最一小判昭51.5.6民集30巻4号437頁）がある．判決は，放送局との自由出演契約を締結していた楽団員は「発注に応じて出演すべき義務」があり，その報酬も「演奏という労務の提供それ自体の対価」であると認定判断して，労働者性を肯定した．最近では，オペラの合唱団員が問題となった新国立劇場運営財団事件（最三小判平23.1.2労判1026号6頁），カスタマーエンジニアと称される業務委託契約者が争われたINAXメンテナンス事件（最三小判平23.4.12労判1026号27頁），同様に個人代行店の労働者性が問われたビクターサービスエンジニアリング事件（最三小判平24.2.21労判1043号5頁）があり，いずれも事業組織への組入れがあること等を理由に，労働者性が肯定されている．なお，上記4件とも，労働者らが労働組合を通じて使用者に団体交渉を申し入れたところ，使用者から団交を拒否されたという不当労働行為（労組法7条2号）の事案である

これらの最高裁判決を踏まえて，2013年7月25日「労組法上の労働者の判断基準」に関する労使関係研究会報告書が発表された．これによると，(1)基本的判断要素として「事業組織への組入れ」「契約内容の一方的・定型的決定」「報酬の労務対価性」，(2)補充的判断要素として「業務の依頼に応ずべき関係」「広い意味での指揮監督下の労務提供，一定の時間的場所的拘束」，(3)消極的判断要素として「顕著な事業者性」等が示されている．

この報告書により，労働者性の判断基準がかなり詳細に整理されたといえるが，一方あまりにも複雑で現実的でないような印象も否定できない．要は「賃金，給料その他これに準ずる収入」で生活せざるを得ず，団結の力で自らの生活を維持向上する立場にある者を集団的に保護することが労組法3条の趣旨であると解されよう．

第2節　団結権保障と労働組合

1　労働組合と団結権

　労働者は，団結する権利が保障されており，自由に労働組合を結成し，またはこれに加入することができる（憲法28条）．労働者の団結権保障の内容をより具体的に規定したのが労働組合法である．労働組合法の目的は，①労働者の一般的な地位の向上，②労働者が自主的に労働組合を組織し，団結することを擁護すること，③団体交渉とその手続を助成することである（労組法1条1項）．労働者は，団結することによってはじめて「使用者との交渉において対等の立場に立つこと」ができるのである（同）．

　労働組合の結成については，法的要件や行政官庁への届出などの規制は一切なく，労働者はいつでも自由に結成できる（自由設立主義）．ただ，労働組合は「団体」でなければならないので，2人以上の組合員が必要であり，1人組合は認められない．使用者が，労働組合を結成しまたはこれに加入しようとした労働者を不利益に取り扱うことや労働組合の結成・加入そのものを妨害することは，不当労働行為として禁止されている（7条1号，3号）

2　労働組合と団体交渉権

　労働組合が結成されると，労働者は「代表者を選出」（1条1項）して使用者に団体交渉を申し入れる．団体交渉権もまた労働基本権として保障されている（憲法28条）．労働組合法も「使用者と労働者との関係を規制する労働協約を締結するための団体交渉をすること及びその手続を助成すること」を目的として明示している（1条1項）．使用者は正当な理由なく団体交渉を拒否することはできず（団交応諾義務，7条2号），また誠実な態度で交渉しなければならない（誠実交渉義務）．

　団体交渉とは別に，わが国の労使関係では，かならずしも労働協約の締結を目的としない定期的な協議・話合いがもたれることが多い．これは労使協議制とよばれる．労使協議制は，労使コミュニケーションの重要な手段として円満な労使関係の維持形成に寄与しているが，労働協約の締結及び争議行為を背景

とする団体交渉とは明確に区別される．

3　労働組合と争議権

　以上のほか，労働組合には「その他の団体行動をする権利」が保障されている（憲法28条）．これには日常的な組合活動と，労働争議時の争議行為が含まれる．労働者は，労働組合を結成して使用者に団体交渉を申し込み，労働協約の締結をめざして団体交渉を行うが，交渉を有利にすすめるためのいわば武器として争議権が保障されているのである．労働基本権保障の効果として，労働者及び労働組合の諸活動には刑事免責・民事免責が承認されている．特に「同盟罷業（ストライキ）その他の争議行為であって正当なもの」については，明文で民事免責が保障されている（労組法8条）．

第3節　労働組合結成の自由と資格審査

1　労働組合の資格審査

　労働者は団結の自由が保障され，自由設立主義によりなんらの規制を受けることなく労働組合を結成することができる．しかし，労働組合が労働組合法上の手続に参与し，不当労働行為の救済を受けるためには「労働委員会に証拠を提出して第2条及び第2項の規定に適合することを立証」しなければならない（5条1項本文）．これを労働委員会による労働組合の資格審査という．

　資格審査をパスした労働組合は，労組法上の労働組合として同法の手続に参与し，また救済を求めることができる（法内組合，資格組合，法適合組合などとよばれる）．労組法上の手続とは，①労働組合の法人登記ができること（11条1項），②労働委員会の労働者側委員の推薦人になれること（19条の三2項，19条の一二3項），③地域的一般的拘束力の申立てができること（18条1項）である．また労組法上の救済とは，労働委員会による不当労働行為の救済をさす（7条，27条1項）．

　資格審査を受けていない労働組合や資格審査にパスしなかった労働組合は，これらの手続に参与できず，また救済を受けられないことになるが，そのよ

うな労働組合であっても憲法上の団結権，団体交渉権，争議権は保障され，民事刑事免責も認められる（法外組合，無資格組合，法不適合組合などとよばれる）．また使用者は，法外組合の組合員だからといって，組合活動を理由にその労働者を不利益に取り扱ってはならない（5条1項但し書き）．

2　資格審査の要件

(1) 目的及び自主性の要件

　資格審査では，労働組合はまず労組法2条の労働組合の定義に適合することを立証しなければならない（5条1項本文）．すなわち，当該団体は労働者が主体となっていること，主たる目的が「自主的に労働条件の維持改善その他経済的地位の向上を図ること」（2条本文）にあり「共済事業その他の福利事業のみを目的」（2条但し書き3号）としていないこと，及び「主として政治運動又は社会運動を目的」（4号）とするものでないことを証明する必要がある．次に，使用者のコントロールを受けない自主性をもった団体であることの指標として，会社役員，管理監督者その他使用者の利益代表者を参加させていないこと（1号）及び使用者の経費援助を受けていないこと（2号）を立証しなければならない．

(2) 民主性の要件

　さらに資格審査においては，労働組合は労組法5条2項に適合することが求められている（5条1項本文）．これは労働組合の規約に関する規定であって，労働組合の内部運営にあたって民主的手続が要請されることを定めたものである．これを労働組合の民主性の要件という．

　具体的には，労働組合の規約に記載すべき事項として，①労働組合の名称，②組合事務所の所在地，③組合員の参与権及び均等取扱い，④人種，宗教，性別，門地または身分を理由とする組合員資格の差別禁止[*3]，⑤組合役員選挙における直接無記名投票，⑥毎年1回の総会の開催，⑦公認会計士等による毎年1回の会計報告，⑧直接無記名投票の過半数によるストライキ開始手続，⑨直接無記名投票の過半数による規約改正手続が定められている（5条2項1～9号）．

[*3]　労組法5条2項4号は国籍及び信条差別を含んでいないが，憲法14条の法の下の平等及び労基法3条の均等待遇の原則等にてらし，これらの差別の禁止も民主性の要件に含まれると解される．

第4節 組合加入・脱退の自由と組織強制

1 組合加入・脱退の自由

(1) 加入

　労働者は，団結の自由が保障されており（憲法28条），自由に労働組合に加入することができる．一方，労働組合は，組合自治の観点から自主的に組合規約で一定の加入資格を制限することができる．たとえば，非組合員とすべき管理職の範囲や，パート・派遣労働者を組合員から除外することなどを定めることができる．ただし，組合民主主義の要請から，人種，宗教，性別，社会的身分を理由とする組合員資格の制限は許されない（5条2項1号）．労働者は，当該労働組合の加入資格を満たしていれば，自由にその労働組合に加入することができる．

(2) 脱退

　組合員は，原則として自由に労働組合を脱退することができる．脱退自体を禁止することや脱退には執行委員会等の許可・承認が必要とする組合規約は，脱退の自由を不当に制約するものとして無効となる（東芝労働組合小向支部・東芝事件・最二小判平19.2.2労判933号5項）．ただし，労働組合は強固な団結の維持が求められることから，組合員はいつでも理由なく脱退できるというわけにはいかない．労働組合が脱退希望者にその理由を問いただし，脱退を思いとどまるよう説得することは許されるであろう．

2 ユニオンショップ

(1) ユニオンショップの機能

　労働組合への加入に関連して，労使間でユニオンショップ協定（ユシ協定）が結ばれることがある．これは「従業員は組合員とする」「組合資格を失ったものは解雇する」という2つの内容を含む（完全ユニオン）．前段は，新規に雇い入れた従業員は本人の意思にかかわらず労働組合に加入しなければならないということを意味する．また後段は，労働組合による除名処分や脱退により組合員の資格を失った者は，使用者が解雇するというものである（ユシ解雇）．

このように，ユシ協定は労働者を労働組合に強制加入させ，また解雇の脅威をもって組合員の脱退の自由を間接的に規制することから，組織強制とよばれる．ユシ協定は「間接的に労働組合の組織の拡大強化をはかろうとする制度」であり，そのような正当な機能を果たすかぎりにおいて法的効力が承認される（日本食塩事件・最二小判昭50・4・25労判227号32頁）[*4]．また，ユシ協定は使用者が特定の労働組合への加入を奨励する結果となり，不当労働行為ではないかとの疑念が生じる余地があるが，組合員であることを雇用条件とする協定を締結することは不当労働行為には該当しないとの規定がある（労組法7条1号ただし書）．

もっとも，実際には解雇条項を設けないユシ協定が多い（不完全ユニオン）．組織強制としては，このほか欧米型の企業横断的な労働組合のように組合員資格を持つ労働者だけを雇い入れることとするクローズドショップ，非組合員に組合費相当額を拠出させることにより間接的に組合加入を促すエイジェンシーショップがある．

(2) 除名の無効と解雇の効力

ユシ協定をめぐっては，労働組合の除名処分が，規約上の除名事由に該当しないなどの理由により無効であった場合に，除名通知を受けた使用者は，ユシ協定に基づき解雇義務を負うかどうかが問題となる．判例は，使用者が解雇義務を負うのは「当該労働者が正当な理由がないのに労働組合に加入しないために組合員の資格を取得せず又は労働組合から有効に脱退若しくは除名されて組合員たる資格を喪失した場合に限定され，除名が無効な場合には，使用者は解雇義務を負わないものと解すべきである」とされている（日本食塩事件・前掲）．したがって，除名事由なくしてなされたユシ解雇は無効である．

(3) 組合併存とユシ協定

1つの事業所に2つ以上の労働組合が並存する場合に，そのうちの1つの労働組合が締結しているユシ協定の効力はどこまで及ぶか．ユシ協定は，労働者の組合選択の自由及び他の労働組合の団結権を侵害する場合には，公序良俗違反として無効となる（民法90条）．したがって，組合併存の場合に，新たに雇

[*4] 学説では，労働者の自己決定権や消極的団結権を論拠に，近年ユシ協定無効説が有力に主張されている．西谷敏『労働組合法第3版』101頁以下，大内伸也『労働者代表法制に関する研究』108頁以下（有斐閣，2007年）．

い入れられた労働者がユシ協定を締結していない労働組合に加入することは，組合選択の自由の行使として問題はない[*5]．また，ユシ協定の効力は，締結組合以外の労働組合の組合員，締結組合から脱退しまたは除名されて他の労働組合に加入しまたは新たな労働組合を結成した労働者には及ばず，使用者はこれらの労働者に対し解雇義務を負わない（牽連説．三井倉庫港運事件・最一小判平元・12・14労判552号6頁）．

第5節　組合員の権利義務

1　組合員の権利

　組合員は，組合民主主義の原則に基づき，その労働組合のすべての問題に参与する権利（参与権）及び均等の取扱いを受ける権利（均等処遇権）を有する（労組法5条2項3号参照）．参与権の主なものとしては，組合役員の選挙権及び被選挙権，組合大会への出席・発言・議決の権利，組合大会の開催要求の権利，組合文書の閲覧権，内部批判・意見表明の権利，統制処分に対する適正手続の権利などがある．また，均等処遇権は，人種，国籍，信条，宗教，性別，社会的身分によって差別されないことを意味する（同項4号参照）．これらの組合員としての権利は，組合民主主義からの要請であり，必ずしも組合規約に規定がなくても一般的に承認されるべきものである．

2　組合員の義務

　組合員は，組合規約を遵守する義務，労働組合の統制に服従する義務及び組合費納付義務が生じる　臨時組合費に関しては，それが団結の維持強化を目的とするものであるかぎり，月の途中で脱退した組合員は1ヵ月分の組合費を納付する義務があるとされている（国労広島地本事件・最三小判昭50.11.28労判240号22頁）．

[*5] ただし，その労働者が組合を選択しない場合には，ユシ協定締結組合に加入することになると解される．

第6節　労働組合の統制権

1　統制権の意義と根拠

　労働組合は，組合民主主義に基づいて統一した団結意思を形成し，強固な団結力を背景に組合活動や争議行為を展開する．労働組合は，一般市民団体とは異なり個々の組合員の行動を規制し団結意思に従わない者に対しては，除名，権利停止，罰金，戒告等の統制処分を行う権限を有する．これを労働組合の統制権という．

　統制権の根拠は，組合民主主義と同様憲法28条の団結権に求めることができる（団結権説）．判例も「憲法28条による労働者の団結権保障の効果として，労働組合は，その目的を達成するために必要であり，かつ，合理的な範囲内において，その組合員に対する統制権を有するものと解すべきである」としている（三井美唄労組事件・最大判昭43.12.4労判74号8頁）．

2　統制権の限界

　統制権の行使は，労働組合の目的達成に必要な範囲で許される．したがって，労働組合の主たる目的である「労働条件の維持改善その他経済的地位の向上」（2条本文）のほか，政治的・社会的・文化的活動であっても，それが「広く組合員の生活利益の擁護と向上に直接間接に関係する事項」であれば労働組合の目的の範囲に含まれ，これらに関する決議や指令に反する組合員の言動は，統制処分の対象とすることができる（国労広島地本事件・最三小判昭50.11.28労判240号22頁）．

　これに対し，純粋な政治的課題にかかわる市民的政治活動については，統制権は及ばない．たとえば核兵器廃絶問題，国際紛争，自衛隊海外派遣問題などがこれにあたるであろう．この場合は，個人としての思想信条の自由（憲法19条），政治活動の自由（憲法21条）という市民的権利が優先する．

　公職選挙の際に，労働組合が組合大会等において特定政党支持を決議したり，統一候補を決定したりすることがある．労働組合が組織として支持政党または統一候補を決定することは自由になしうるが，それは事実確認的な意味し

かもたず，組合員に対し統制力をもって決議に服従させることはできない（国労広島地本事件・前掲）．

組合員には立候補の自由が保障されており（憲法15条1項），労働組合が，統一候補の決定に反して自ら立候補しようとした組合員に対し「勧告または説得の域を超え，立候補を取りやめることを要求し，これに従わないことを理由に当該組合員を統制違反者として処分するがごときは，組合の統制権の限界を超えるものとして，違法といわなければならない」（三井美唄労組事件・前掲）．また，組合の推薦する特定候補以外の立候補者を支持する組合員の政治活動を一般的・包括的に禁止し，これに違反する行動を行った組合員は，統制違反者として処分する旨の決議は「組合の統制権の限界を超えるものとして無効」である（中里鉱業所労組事件・最二小判昭44.5.2集民95巻257頁）．

一部組合員による執行部批判活動は，組合民主主義の観点から原則として自由であるが，その時期や方法により組合の団結維持に重大な影響が生じる場合には，統制の対象となりうる．

3　適正手続の保障

統制権を行使することが可能な場合であっても，組合員に対し常にかつ当然に統制力を及ぼすことができると解するのは妥当ではない．統制権の行使は，個々の組合員の市民的自由や権利，たとえば言論の自由や人格権と抵触せざるをえず，両者の調整が必要となる．すなわち「組合活動の内容・性質，これについて組合員に求められる協力の内容・程度・態様等を比較考量し，多数決原理に基づく組合活動の実効性と組合員個人の基本的利益の調和」が図られなければならない（国労広島地本事件・前掲）．

また，統制手続に関しては，組合民主主義の要請から組合規約の中に適正手続が保障されていなければならない．第一に，統制事由と制裁の種類を明確に規定しておく必要がある．第二に，統制対象者の意見聴取，弁明の機会の提供などの権利を保障するべきである．第三に，統制処分の最終決定をどの機関で行うか，決定方法をどうするか（投票か挙手か，単純過半数か特別過半数かなど）を定める必要がある．これらの手続に違反する統制処分は，統制権の濫用として無効となる

第7節 組合活動の法理

1 就業時間中の組合活動

　憲法28条によって労働組合を結成する権利が保障されている以上，日常的な組合活動権もまた団結権保障と不即不離の関係にある．わが国労働組合の多くは企業別組合の形態をとっているため，組合活動は主に企業内で行わざるをえず，このことからさまざまな法的問題が生じている．

　労働協約や慣行で在籍専従が認められている場合，その専従役員が就業時間中に組合活動に専念することができることはいうまでもない．大企業の労働組合にとって，在籍専従制度の必要性は大きい[*6]．このほか，就業時間中に有給で労使協議・交渉を行うことは労働組合の自主性を損なうものではなく（2条2号但し書き），不当労働行為としての経費援助にもあたらない（7条3号ただし書き）．しかし，それ以外の組合活動は，原則として就業時間外に行わなければならない．

　組合活動として就業時間中にリボン・ワッペン等を着用することは，職務専念義務，誠実労働義務に違反し違法とされている（大成観光〔ホテルオークラ〕事件・最三小判昭57.4.13労判383号19頁）．このほか，どのような組合活動を就業時間中に行うことができるとするかは，労使自治にゆだねられており労働協約の組合活動条項に自由に定めることができる．たとえば，官公庁の行事，公的な委員会への参加，一定の組合集会・会合などは，就業時間中に行う必要性が高いであろう．なお，休憩時間中の組合活動については，他の労働者の休憩自由利用の原則（労基法34条3項）を侵害しない態様のものであれば許される．

2 組合活動と施設管理権

　わが国の企業別組合は，その性質上企業施設を利用することが多く，組合活動権と企業の施設管理権との調整が問題となる．具体的には，組合事務所の貸

[*6] 公務員は，所轄庁の長または任命権者の許可を要件として，在籍専従が法律で認められている（国公法108条の六，地公法55条の二）．

与，組合掲示板の供与，会議室の利用，企業施設へのビラ貼りなどが問題となりうる．

　学説は，かつては団結権保障と企業別組合の組合活動権を根拠に，労働組合は一定限度で企業施設を利用する権限があり，使用者はこのような組合活動を受忍する義務があるとする立場が支配的であった（受忍義務説）．しかし現在は，労働組合が企業施設を利用するには使用者の許諾が必要であり，組合活動上のやむをえない事情が認められる場合に限り，許諾を得ていないという違法性が阻却されるとする説が有力である（違法性阻却説）．

　判例は，企業施設であるロッカーへのビラ貼り活動の事案において次のように述べている．「労働組合又はその組合員が使用者の所有し管理する物的施設であって定立された企業秩序のもとに事業の運営の用に供されているものを使用者の許諾を得ることなく組合活動のために利用することは許されないものというべきである」．そして使用者が許諾を与えないことが使用者の権利の濫用にあたるような「特段の事情」がある場合を除いては，使用者の許諾を得ずに組合活動のために企業施設を利用することは「職場環境を適正良好に保持し規律のある業務の運営態勢を確保しうるように当該物的施設を管理利用する使用者の権限を侵し，企業秩序を乱すものであって，正当な組合活動として許容されるところであるということはできない」（国労札幌支部事件・最三小判昭54.10.30労判329号12頁）．

3　情宣活動

　労働組合の日常的な文書活動や街頭宣伝活動（情宣活動という）は，団結の維持強化，団結の誇示，外部へのアピール等の手段として重要である．具体的な方法としては，ビラ貼りやビラ配布，シュプレヒコール，街頭演説，プラカードの掲示，機関紙の発行，インターネット上のホームページでの意見表明，新聞・雑誌への寄稿などがある．

　情宣活動については，会社社長の私宅近隣における街宣活動及びビラ配布行為は，会社社長の住居の平穏を害し名誉・信用を毀損する不法行為に該当し，また会社本社前における街宣活動及びビラ配布行為は，会社の名誉・信用を毀損し平穏に営業活動を営む権利を侵害する不法行為にあたるとした判例がある（東京・中部地域労働者組合事件・東京高判平17.6.29労判927号67頁）．

第14章 団体交渉と労働協約

本章のポイント

　労働組合の団体交渉権は，憲法28条及び労組法で重要な位置づけを与えられている．たとえば，使用者が正当な理由なく団体交渉を拒否することは，不当労働行為として禁止されている．わが国では，団体交渉と並んで労使協議制が普及している．労使協議制は，交渉というよりは話合い・情報交換の意味合いが強く，現実の労使関係においては，労使コミュニケーションの重要な手段となっている．団体交渉で合意した事項は，労働協約として書面化される．労働協約の労働条件に関する部分は，強力な規範的効力が認められており，就業規則及び労働契約を規律する．

第1節 団体交渉の意義と形態

1 団体交渉の意義

　団体交渉とは，労働者の団結体が，使用者または使用者団体と，労働条件その他の事項について交渉することをいう．団体交渉は，英語ではcollective bargainingというが，これは単なる協議（consultation），話合い（talk）あるいは情報交換の場ではなく，合意形成に向けた集団的な取引を意味する．すなわち団体交渉は，労働組合が団結力とストライキを背景にして，使用者または使用者団体と対等な立場で交渉し，最終的に労働協約を締結することを目的としている．この労働協約は，労使ともに遵守義務があり，それぞれ誠実に義務を履行しなければならない（労基2条2項）．

　団体交渉は，労働組合の存在意義を最もよく発揮するものであるといっても過言ではない．団体交渉においてこそ，労働者の団結力が試される．労働者は，労働条件の維持改善を図るために労働組合を結成し，真っ先に使用者に団体交渉を申し込むのである．団体交渉の方法や内容については，労使自治にゆだねられている．しかし最低限の団体交渉のルールは，憲法及び労組法で規定されている．

2 憲法，労組法と団体交渉

　憲法28条は，労働基本権の1つとして団体交渉権を保障する．これを受けて労組法は，団結の擁護と並んで「団体交渉をすること及びその手続を助成すること」を法目的としている（1条1項）．団体交渉中の労働組合の正当な行為は刑事免責を受ける（1条2項）．民事免責も，憲法28条の団体交渉権保障の効果として発生する（通説）．労働組合の代表者またはその委任を受けた者は団体交渉を行う権限を法的に認められ（6条），使用者は，正当な理由なく団体交渉を拒否できない（7条2号）．このように団体交渉は，集団的労使関係において法政策上も重要な位置づけを与えられている．

3 団体交渉の形態

(1) 欧米の団体交渉

　欧米では，企業横断的な産業別労働組合と当該産業の使用者または使用者団体との間で，全国規模または地域ごとに，賃金，労働時間等の基本的な枠組みを団体交渉で定めるのが一般的である．たとえば，ドイツでは金属労組（IG Metal）という産業別組合が地域支部ごとに使用者団体と団体交渉を行い，労働協約を締結する．これに基づいて個別企業では，労働組合とは別の従業員代表と経営者が，具体的な運用について話し合い協定化する．アメリカでは，1つまたは複数の事業所ごとに交渉単位を定め，選挙により多数を得た労働組合が使用者と交渉するという排他的交渉代表制度がとられている．

(2) わが国の団体交渉

　これに対しわが国では，企業別組合が中心であり，団体交渉も個々の企業とその従業員で組織する労働組合との間で行われるのが一般的である．労働組合の産業別組織は，多くの場合企業別組合のゆるやかな連合体にすぎない．毎年の春闘では，産業別組織が「統一要求」を掲げ，経営者団体がこれに反論する現象がみられるが，統一要求が実現するかどうかは企業別交渉の結果にゆだねられている．

　しかし，例外的に産業別組織が重要な役割を果たす交渉形態もみられる．たとえば，産業別組織と使用者団体とが行う「統一交渉」，産業別組織と各個別企業とが交渉する「対角線交渉」，産業別組織と企業別組合とが共同で個別企業と交渉する「共同交渉」，産業別組織の指導の下に各企業別組合が使用者集団と同時に交渉する「集団交渉」などがある[*1]．また最近では，企業外に存在する個人加入の一般労組（ローカルユニオン）が，駆込み加入したパート，アルバイト，派遣労働者の使用者と団体交渉するケースが増えている．

[*1] わが国の使用者団体は，連絡組織としての性格をもつものか多く，団体交渉の当事者となることは少ない（西谷敏『労働組合法・第2版』295頁，有斐閣，2006年）．

第2節　団体交渉権の性格と内容

1　団体交渉権の性格

(1) 団交応諾義務の意義

すでに述べたように、憲法28条及び労働組合法の諸規定（特に7条2号）から、使用者の団交応諾義務及び誠実交渉義務が導かれる。使用者は、正当な理由なく団体交渉を拒否できないし、また交渉のテーブルについた後も誠実な交渉態度を要求されることになる。ここにいう「正当な理由」及び「誠実性」の有無は、一般的な団体交渉のルールにてらして具体的に判断される。以下に述べるルールに反するような団体交渉の態様は、不当労働行為などの違法評価を受ける。

(2) 団体交渉権の性格

団体交渉権の中心的な内容は団交応諾義務であるが、この義務は私法上の義務といえるかどうかが長年の争点であった。かつての判例は、私法上の団体交渉請求権を前提として団交応諾仮処分を認容してきたが、1975年以降は請求権としての給付内容の不明確性などを論拠に団体交渉請求権を否定する裁判例が現れた（新聞之新聞社事件・東京高決昭50.9.25労判238号52頁）。

学説も、団体交渉権は「団体交渉を求めうる基礎的な法的地位」の確認を求めることはできるが、私法上の権利義務には乗りにくいとして具体的団体交渉請求権を否定する説が唱えられ（菅野和夫『労働法・第8版』542頁、弘文堂、2008年）、最高裁も地位確認請求を認容している（国鉄団交拒否事件・最三小判平3.4.23労判589号6頁）。しかし、依然として団体交渉請求権肯定説も有力である（西谷敏『労働組合法・第2版』320頁、有斐閣、2006年）。

2　団交応諾義務・誠実交渉義務と団体交渉のルール

(1) 団体交渉の当事者

労働者側の当事者は、第一義的には労働組合である。労働委員会の資格審査をパスした労働組合（法適合組合）は団交拒否の不当労働行為の救済を受けることができる（労組法5条1項本文）。このほか、当該労働組合の上部団体及

び支部・分会，地域労組（ローカルユニオン）は原則として当事者性を認められる（組合支部の当事者性を認めたものとして，全逓都城郵便局事件・最一小判昭51.6.3労判275号11頁）.

しかし団体交渉権の主体は労働組合に限られるわけではなく，労働者の団結体であれば団体交渉権が保障されている（憲法28条）．たとえば，一時的な争議団，被解雇者の団体（守る会など），日雇い労働者の団体なども，団体としての一定の統制力を備えている限り団体交渉の当事者となりうる．ただしこれらの団体は，法適合組合とはいえない以上，団交拒否の不当労働行為の救済を受けることはできない.

なお，企業内に複数組合が併存する場合に，使用者が特定の労働組合と，当該組合とだけ団体交渉を行う旨の唯一交渉団体約款を締結する場合がある．この唯一交渉団体約款は，他の労働組合の団体交渉権を侵害するものであり，憲法28条に違反し無効と解される.

使用者側の当事者は，第一義的には労働者を「雇用する」使用者である（労組法7条2号）．具体的には，団体交渉の内容に応じて，対応する企業組織が職場レベル，事業所レベル，企業レベル，コンツェルンレベルなどのように異なりうる.

近年は，判例上も使用者概念が拡大される傾向にあり，直接の労働契約関係がなくても，労働条件について「雇用主と部分的とはいえ同視できる程度に現実的かつ具体的に支配，決定することができる地位にある」者は労組法上の使用者とみてさしつかえない（朝日放送事件・最三小判平7.2.28労判668号11頁）．たとえば，親会社，元請会社，派遣先会社などが団体交渉の当事者となることもありうる.

(2) **交渉担当者**

交渉担当者とは，実際に交渉のテーブルについて交渉する権限（交渉権限）をもっている者をいう．労働者側の交渉担当者は「労働組合の代表者又は労働組合の委任を受けた者」である（労組法6条）．労働組合の代表者とは，通常は委員長，副委員長，書記長の組合三役及び執行委員をさす．また労働組合の委任を受けた者とは，たとえば上部団体，被解雇者，弁護士などが考えられる．上部団体に委任する場合には，交渉権のほか争議権及び妥結権の三権委譲を行うことが多い.

交渉権限の委任をめぐっては，労働協約における第三者委任禁止条項の効力が問題となる．前述の唯一交渉団体約款とは異なり，交渉権限を誰に委任するか，あるいは委任しないかは組合自治の問題と考えられる．したがって第三者委任禁止条項を締結するかどうかも労働組合の自由であり，当該条項は原則として有効と解される．ただし，たとえば経験の浅い組合や中小企業の労働組合において，使用者の圧力の下に当該条項が締結されたような場合には，支配介入の不当労働行為として当該条項は無効とされる場合があろう．

使用者側の交渉担当者は「使用者又はその団体」であるが（6条），実際には交渉事項についてある程度の決定権限ないし職務上の責任をもつ者が窓口にならなければ団体交渉の意味がない．中間管理職で交渉事項につき直接の権限がなくても，いったん交渉に応じて組合の意向を上司に伝えるなどの措置をとるべきである．それらの者が権限がないこと理由に，初めから団体交渉を拒否することは許されない．

(3) 団体交渉の対象，誠実交渉義務ほか

団体交渉の対象として，義務的交渉事項に団交応諾義務が課せられていること，使用者の交渉態度として誠実交渉義務があること，その他使用者の中立保持義務，平等取扱い義務等については，第12章第3節の団交拒否の項で述べたとおりである．

3　団交拒否の救済

不当労働行為としての団交拒否の救済として行政救済と司法救済があることはすでに述べた（第12章第5節）．ここでは団体交渉請求権の肯定説と否定説について，法的救済との関連で補足しておく．

団体交渉請求権肯定説は，司法救済としても具体的に使用者に対し団体交渉のテーブルにつくことを請求できるとする．裁判所は日時と場所を特定したうえで「被告（使用者）は原告（労働組合）との団体交渉に応じなければならない」との命令を下すことになる．もしこの命令に違反した場合には，間接強制等の方法で履行を強制できる（西谷敏『労働組合法第3版』319頁）．

これに対し否定説は，私権としての団体交渉請求権の法的根拠がみあたらないこと，権利内容があいまいであることなどを理由に，司法救済としては請求権的性格まで認めることはできず「団交に応ずべき地位の確認」請求ができる

にとどまるとする．したがって司法救済として使用者に対し団体交渉の履行の強制まではすることができず，もしそれを望むのであれば行政救済の手続をとるべきであるとする（菅野和夫『労働法第8版』543頁）．

なお，いずれの立場であっても，団交拒否を団交権侵害の不法行為として損害賠償請求することは可能である（民法709条）．一般に団交拒否は，労働組合の団結力，組織的影響力の低下をもたらすと考えられるからである．

第3節 労使協議制の意義と実情

1 労使協議制の意義

労使協議制とは，企業内におけるインフォーマルな労使の話合いの場であって，実際には重要な労使コミュニケーションの手段となっている．「インフォーマル」とは法の規制がないという意味であり，この点で団体交渉と異なる．団体交渉は，憲法28条及び労働組合法で一定の保護を受けているのに対し，労使協議制は労使自治にゆだねられている．しかしインフォーマルとはいっても，当該企業の労使関係においては，毎月1回の定例的開催など労使協議会のルールが労働協約や労使協定で制度化されているのが一般的である．

なぜ団体交渉のほかに労使協議制が必要とされるのだろうか．最大の理由は，団体交渉が争議行為をバックとした緊張感を伴った交渉であるのに対し，労使協議制は肩肘の張らない日常的な協議，情報交換が可能となるからである．副次的な理由として，中小企業にみられる無組合企業であっても労使協議制により労使コミュニケーションを図ることができることがあげられる．労使協議制は，当事者が労働組合以外の従業員集団であっても機能しうるからである．さらに，非組合員や非正規労働者の問題も広く取り上げることが可能である．

2 労使協議制の実情

労使協議制には，団体交渉との関係において3つのタイプがみられる．第一に，団体交渉と労使協議の対象事項を明確に区別する分離型である．第二に，

労使協議を団体交渉の事前折衝と位置づける予備折衝型である．このタイプは，労使協議が整わなければ団体交渉に移行することになる．第三に，対象事項を限定せず広く経営・労働問題を扱う混合型がある．とはいえ，これらの類型は必ずしも明確なものではない．労使関係の流動性に応じて，当該企業における労使協議制の性格が変化することもありうるであろう．

　労働組合がある企業では，労使協議機関ありが49.5％，労使協議機関なしは3.1％である．労働組合がない企業で労使協議機関を設けているのは17.1％，労使協議機関なしは27.6％となっている．つまり労働組合の有無にかかわらず7割弱の企業が労使協議制を設けていることになる（JILPT Discussion Paper 08-06, 2008年4月）．

column

従業員代表制度

　企業横断的な産業別組合が主流のヨーロッパ諸国では，労働組合とは別に企業内に従業員代表制度を設けていることが多い．たとえばドイツでは，事業所委員会（Btriebsrat）とよばれる事業所ごとの従業員代表が存在する．職場の選挙で選ばれた従業員代表たちは，その企業や職場に固有の問題について，経営側と協議決定する権限が与えられている．

　わが国では，労働基準法36条1項にみられるように，いわゆる過半数代表制が規定されている．これは，過半数を組織する労働組合がない場合には過半数を代表する労働者を選出して，時間外労働協定その他法定の事項に関して協定締結権を与えるというものである．ところが近年はこの過半数代表制の役割が増大して，労基法はもとより高年齢者雇用安定法（9条2項），労働安全衛生法（17条4項など），はては破産法，会社更生法，民事再生法にまで登場するに至った．

　そこで諸法に散在する過半数代表の機能を単独立法にまとめて，従業員代表制を整備すべきだとの提言がなされている．これに対しては，企業別組合が中心のわが国では，従業員代表制を設けることは労働組合の団結権を侵害することになりかねないとの懸念から反対論も有力である．諸君はどう考えるだろうか．

第4節 労働協約の意義と機能

1 労働協約の意義

労働協約（collective agreement）とは，労働組合と使用者（団体）が，団体交渉を通じて労働条件その他労使関係に関する事項を合意し，その合意事項を文書にしたものをいう．労働組合は，団体交渉を申し入れた以上はその要求実現のために労働協約の締結をめざす．労働組合にとって，団体交渉と労働協約はワンセットになっている．労働協約は，労働者の団結力の結晶であり団結力の誇示ともいうべきものである．

欧米の初期の労働協約は，熟練工の組合と使用者との間の職業別賃率協定であった[*2]．その後，機械制大工業の時代になり大量の非熟練労働者が生み出されると，産業別協約が一般的となった．これは「一定の賃金以下では働かない」という最低基準の集団的取決めを意味した．労働組合は団結力によって個々の労働力を支配し，使用者も事実上，この取決めを守らざるをえなかったのである．

2 わが国の労働協約

わが国では，企業別組合中心の労使関係が一般的であり，労働協約も欧米と異なり企業別協約が広く締結されている．毎年の春闘では，賃金，一時金について産業別交渉が行われるものの，そこでは労使双方の方針を主張しあうにとどまり労働協約は締結されない．労働協約はあくまで個々の企業別に締結されるのである．また，秋には秋季協約闘争といわれる交渉が行われ，合理化問題，労働時間，休暇など賃金以外の事項について労働協約が締結されることが多い．

3 労働協約の機能

労働協約は，第一に労働条件の基準を設定する機能をもつ．欧米の産業別協約は一般に最低基準としての性格をもつが，わが国の企業別協約は，取り決め

[*2] ドイツ語のTarifvertrag（労働協約）はここからきている．

た基準は両面的効力をもち変動させることはできないと解されている（基準的効力）．第二に労働協約は，労使関係の平和と安定をもたらす．労働協約の有効期間中は労使に平和義務が生じ，原則として労働協約の内容につき争議行為を行うことができない．第三に，労働組合は労働協約を締結することにより組織の強化・拡大を図ることができる．未組織労働者に対して，労働組合のメリットをアピールするチャンスとなりうるからである．第四に，このようにして労使自治・協約自治が形成され，社会自主法により労働条件の決定及び労使関係のルールが設定される．このように労働協約は，団体交渉とワンセットになって労使関係秩序を形成する[*3]．

第5節　労働協約の締結

1　労働協約の当事者

　労働協約の当事者とは，労働協約の締結能力ないし締結権限を有するものという意味であり，具体的には「労働組合と使用者又はその団体」（労組法14条）である．ここでいう労働組合は，労組法2条の自主性を有していれば足り，必ずしも労組法5条2項の民主性を兼ね備えていることまでは要しない．労働協約の締結は「この法律に規定する手続」（5条1項）ではないからである．労働協約の当事者としての労働組合には，労使関係の実態に応じて労働組合の連合団体，組合支部・分会も含む．「使用者又はその団体」も，直接の雇用関係にある使用者に限らず，当該労働組合と対抗関係が認められ何らかの影響力を及ぼしうる地位にある者であれば，協約締結能力を認めてよいであろう．
　なお，協約当事者は，団体交渉の権限を有する者（6条）及び団体交渉担当者とは区別される．たとえば，ある企業別組合が上部団体に団体交渉権限を委譲し（交渉権限者），その上部団体の役員が交渉に臨んだ場合（交渉担当者），最終的に妥結して労働協約を締結するか否かは企業別組合が組合大会等の手続

[*3]　現行公務員法制が，一方で団体交渉を容認しておきながら他方で「団体協約」締結権を否定するのは，論理一貫性を欠くものといわざるをえない（国公法108条の五2項など）．この点は，近時の公務員制度改革の議論で改正が検討されている．

を経て決定することになる（協約当事者）．

2　労働協約の方式

　労働協約は，書面に作成し，両当事者が署名または記名押印しなければ効力を有しない（15条）．その趣旨は，労働協約の存在及び内容は明確なものでなければならず，後日の不必要な紛争を防止するために「労働協約として結実したものであることをその存在形式自体において明示する必要がある」からとされている（都南自動車教習所事件・最三小判平13.3.13労判805号23頁）．したがって「書面に作成され，かつ，両当事者がこれに署名し又は記名押印しない限り，仮に，労働組合と使用者との間に労働条件その他に関する合意が成立したとしても，これに労働協約としての規範的効力を付与することはできないと解すべきである」（同）．

3　労働協約の有効期間

　労働協約の有効期間を定める場合は，最長3年までである（15条1項）．3年を超える有効期間を定めた労働協約は，3年の有効期間を定めたものとみなす（2項）．

　有効期間の定めのない労働協約は，当事者の一方が90日前に予告して解約することができる（4項）．この予告は，解約しようとする当事者の署名または記名押印した文書によって行わなければならない（3項前段）．

　なお期間の定めのある労働協約は，自動更新することができる．この場合は，当該期間を有効期間とする労働協約が新たに締結されたことになる．これに対し，期間の定めのある労働協約を，期間を定めずに自動延長する場合がある．この場合は，期間の定めがない労働協約と同じく90日前に予告して解約することが可能となる（3項後段）．

第6節 労働協約の内容と効力

1 労働協約の法的性質と効力

(1) 労働協約の法的性質

　労働協約は，前述のように労働組合運動の歴史の中で事実上の拘束力をもつものとして登場した．労働協約の拘束力は，ドイツ労働協約法のように世界各国で法的にも承認されている．しかし，何ゆえに労働協約は法的にも拘束力を認められるのか，その理論的根拠については，今日でも学説の争いがある．

　かつては，当事者による社会規範の設定に法的効力を認める社会自主法説，社会自主法が当事者の法的確信に支えられていることを要するとする法的確信説，労働協約に法的効力を付与することが労働慣習となっていると説く白地慣習法説，国家が団結権を承認したことが労働協約に法的効力を与えたとする憲法28条説などがみられた．これらの学説は，労組法16条の規範的効力は確認規定であり，同条がなくても労働協約の法的効力は肯定されるとする点に特徴がある．

　これに対し現在は，労組法16条による授権説が多数となりつつある．すなわち労働協約の事実上の拘束力を法的効力として承認するためには，慣習法や憲法28条では足りず，明文の根拠規定が必要であるとする．その根拠規定が労組法16条であり，同条が労働協約の法的効力を創設したと説く．したがってこの説では，もし労組法16条がなければ労働協約の法的効力は認められないことになる．なお，労基法は労使双方に労働協約の遵守義務があることを注意的に規定している（労基法2条2項）．

(2) 労働協約の効力

　労働協約の内容は大きく3つの部分に分かれ，法的効力もそれらに応じて異なる．第一に，組合員の賃金その他の労働条件を定めた諸規定は規範的部分とよばれ，強行法規にも比すべき規範的効力ないし不可変的効力を有する．第二に，労働組合と使用者との間で集団的労使関係のルールを定めたものは債務的部分とよばれる．たとえば，組合活動条項，平和条項，争議条項，ユニオンショップ条項などがある．これらは当事者の約束事であり，債務的効力をも

つ．第三に，解雇同意条項，事前協議条項，チェックオフ協定など労働条件そのものではないが個々の労働者と密接なかかわりをもつ部分が存在する．これらは制度的部分ないし組織的部分といわれ，規範的効力が承認されている．

2　規範的効力

(1) 規範的効力の意義

労働協約に定める「労働条件その他の労働者の待遇に関する基準」に違反する労働契約の部分は無効となり，無効とされた部分は労働協約の基準が適用される（労組法16条）．これを規範的効力ないし不可変的効力という．このうち，労働契約を無効とする効力を強行的効力といい，労働協約の基準を適用する効力を直律的効力とよぶ．

規範的効力は労働協約の労働契約に対する効力であるが，労働協約と就業規則の関係では，就業規則は労働協約に反してはならないとされている（労基法92条1項）．なお，上述のように制度的部分も規範的効力があり，これに違反する解雇等は無効となる．このように労働協約は，職場の労使関係を規律する最高規範といってよい．

(2) 有利性原則と不利益変更の効力

欧米の労働協約は産業別協約であり，賃金その他の労働条件の定めは最低基準としての性格をもつ．したがって個々の企業及び労働契約において，労働協約基準よりも有利な労働条件を設定することは認められている（有利性原則）．これに対しわが国の労働協約は，企業別協約であることから両面的効力を有すると解されており，一般に有利性原則は認められない．労働協約の不利益変更の場合でも「特定の又は一部の組合員を殊更不利益に取り扱うことを目的として締結されたなど労働組合の目的を逸脱して締結」されたものでないかぎり，組合員は原則としてそれに拘束され，規範的効力により労働条件は引き下げられる（朝日火災海上保険（石堂）事件・最一小判平9.3.27労判713号27頁）．

(3) 協約自治の限界

労働協約の一般的限界として，強行法規違反，公序良俗違反の内容を定めることができないのは当然である．規範的効力に関する限界として，すでに確定した個人的な退職金請求権に規範的効力は及ばず，労働協約で事後的に変更することはできない（香港上海銀行事件・最一小判平元.9.7労判546号6頁）．ま

た労働協約において時間外労働義務，配転・出向義務など個々の労働者に関する労働義務を創設することはできない．仮にそのような義務規定を設けたとしても，労働組合として時間外労働等に協力するという姿勢を示したものにすぎず，これらの義務条項に個々の労働契約を規律するという意味での規範的効力を認めることはできない．

3　債務的効力

(1) 債務的効力の意義

　債務的効力とは，労働協約の当事者である労働組合と使用者との間の債権債務関係（契約関係）から発生する権利義務に基づく効力である．前述のように，組合活動条項，平和義務，ユニオンショップ条項などがこれにあたる．債務的部分に違反した当事者は，債務不履行責任すなわち損害賠償責任を負う（民法415条）．

(2) 平和義務・平和条項・争議条項

　労働協約には，有効期間中は紛争を蒸し返さないという相互の信義・信頼に基づく平和義務（Friedenspflicht）が内在している．これは，当該労働協約で定めた事項に関するかぎりで争議行為を行わないという相対的平和義務を意味する．これに対し，労働協約の有効期間中はいっさいの争議行為を行わないという絶対的平和義務を定める場合がある．絶対的平和義務は，労働組合の争議権を制約するものとして無効と解する立場もあるが，労使自治の範囲で労働組合の自主的判断の結果であれば有効と解してよいであろう．

　争議時のルールを定めたものに，平和条項，争議条項がある．平和条項とは，たとえば労働委員会の斡旋または調停が不調のときでなければ争議行為を開始しないというように，争議開始前のルールを定めたものである．また争議条項とは，争議の予告，安全設備の保全，スト破り禁止など争議開始時から終了までのルールをいう．

　労働協約の平和義務に違反する争議行為は，それが絶対的平和義務であれ相対的平和義務であれ「たんなる契約上の債務不履行であって」使用者は個々の組合員を懲戒処分にすることはできない（弘南バス事件・最三小判昭43.12.24民集22巻13号3194頁）．また労働組合自体の債務不履行責任の範囲は，精神的損害にとどまると解する立場が有力である．その理由は，労働協約の平和義

務の目的が労使関係秩序の維持という点にあり，必ずしも損害の填補を目的としていないこと，平和義務違反の争議行為が直ちに民事・刑事免責を失うほどの全面的違法性を帯びると解するのは団結権保障の趣旨から妥当ではないことなどがあげられる．ここには，労働法による民法理論の修正が働いているといってよい．

第7節 一般的拘束力

1 一般的拘束力の意義

　労働協約の一般的拘束力とは，規範的効力を非組合員にも拡張適用する効力であって，労働協約に本質的に内在するものということができる．団体交渉の成果である労働協約を非組合員にも拡張適用することによって，労働協約自体の安定化をもたらすとともに団結の維持強化を図ることができるからである．

　一般的拘束力をどのように制度化するかは，各国の事情により異なる．たとえばドイツでは，労働協約の適用範囲が一定の地域に拡大すれば連邦労働大臣が一般的拘束力宣言を発する（ドイツ労働協約法5条1項）．これに対し，わが国では企業別組合が一般的であるため，まず事業場単位の一般的拘束力を定めている（労組法17条）．そして付随的に，ドイツと同様に地域単位の一般的拘束力制度も用意されている（18条）．

2 事業場単位の一般的拘束力

(1) 要件

　1つの工場事業場に常時使用される同種の労働者の4分の3以上の数の労働者が1つの労働協約の適用を受けるに至ったときは，当該工場事業場における他の同種の労働者に関しても当該労働協約が自動的に拡張適用される（労組法17条）．これを労働協約の事業場単位の一般的拘束力という．この制度の趣旨は「当該事業場の労働条件を統一し，労働組合の団結権の維持強化と当該事業場における公正妥当な労働条件の実現を図ることにあると解される」とされている（朝日火災海上保険事件・最三小判平8.3.26労判691号16頁）．

　労組法17条の要件として，①「一の工場事業場」とは企業全体ではなく工

場，支店，支社，営業所等をさす．②「常時使用される同種の労働者」とは，作業内容がほぼ同じとみられる非組合員の労働者を意味し，パート，派遣等の雇用形態を問わない（多数説）．③「四分の三以上」とは，労働協約の適用を受ける組合員の数をいう．

(2) 効果

労組法17条の要件を満たすと，労働協約の全規範的部分が非組合員に対して自動的に拡張適用される．この場合，原則として有利性原則は認められないが「当該労働協約を特定の未組織労働者に適用することが著しく不合理と認められる特段の事情」があるときは拡張適用されない（朝日火災海上保険事件・前掲）．なお，拡張適用されるのは労働協約の規範的部分だけであって，債務的部分は拡張適用がない．また，少数組合に対しては，団結権保護の観点から拡張適用を認めるべきではない．

3 地域単位の一般的拘束力

地域単位の一般的拘束力とは，一定地域の同種の労働者の大部分が1つの労働協約の適用を受けるに至ったときに，他の同種の労働者に対して当該労働協約の効力が拡張適用される制度である（18条）．これは，当該労働協約の当事者の双方または一方の申立てにより労働委員会の決議を経て，厚生労働大臣または都道府県知事が拡張適用の決定をする．この制度は，ヨーロッパ諸国の一般的拘束力宣言に類似するが，企業別労働組合が主流のわが国ではほとんど機能していない．

第8節 労働協約の終了

1 終了原因

(1) 有効期間の満了

労働協約は有効期間の満了により終了する．有効期間の定めは最長3年までであること，3年を超える有効期間の定めは3年を定めたものとみなすことについては前述した（労組法15条1項，2項）．

(2) **解約**

　有効期間の定めがない労働協約及び自動延長条項により期間の定めがなくなった労働協約は，当事者の一方が，署名または記名押印した文書をもって90日前に予告することによって一方的に解約することができる（15条3，4項）．この場合，労働協約の一部だけを解約することは原則としてできないが，独立性の高い条項であって一部解約を認めるべき特段の事情がある場合には，例外的に許される（ソニー事件・東京高決平6.10.24労判679号67頁）．なお，労働協約に有効期間の定めがある場合，一方的の解約はできず当事者の合意が必要である．

(3) **当事者の組織変更，解散**

　企業組織の変動のうち，会社法上の会社分割（会社法第5編第3章及び第5章）の場合は，分割契約等において労働協約のうち承継する部分を定めることができる（労働契約承継法6条1項）．債務的部分についても合意により承継会社に承継させることができる（2項）．このほか詳細については，労働協約承継に関する指針に定められている（平12.12.27労働省告示127号）．会社解散の場合は，会社の清算手続中は会社自体は消滅せず労働協約も存続する．会社倒産の場合は，労働協約の解約に一定の法的保護が与えられている（民事再生法49条3項，会社更生法61条3項）．

　労働組合の分裂・統合など組合側の組織変更の場合は，労働組合の名称等の実態が同じであれば労働協約も存続する．労働組合の解散（労組法10条参照）の場合，清算手続が終了するまでは労働組合は存続するものとみなされることから（13条［平20.12.10施行］），それまでは労働協約も存続すると解される．

2　労働協約の余後効

　ドイツでは，労働協約の規範的部分につき労働協約の終了後も効力が存続する旨の立法がある（ドイツ労働協約法4条5項）．これを余後効という．わが国では余後効に関する明文規定がなく，当事者の意思解釈にゆだねられている．一般的には，労働協約の失効と同時に規範的部分もすべて無効となると解するのは妥当ではなく，新たに労働協約等で労働条件の基準が設定されるまでは旧労働協約の基準が適用されると解すべき場合が多いであろう．

第15章 争議行為と労働争議の調整

本章のポイント

　正当な争議行為には，刑事免責及び民事免責が保障される．ストライキ等の争議行為は，原則として威力業務妨害等の犯罪に問われないし，経営に損害を与えても使用者から損害賠償を請求されることはない．争議行為の正当性は，目的と手段の両面から判断される．労働条件の維持改善などの経済目的のストライキは正当であるが，政治目的のものは違法とされる．また，暴力の行使を伴う争議行為は，正当な行為とはいえない．争議行為の態様としては，ストライキ以外にもピケッティング，怠業，職場占拠など多様なものがある．また，使用者の争議行為として，ロックアウトが判例上承認されている．争議行為がこじれた場合，労働委員会には，争議行為の斡旋・調停・仲裁の調整的機能が与えられている．

第1節　争議権の内容と構成

1　争議権保障の意義

　憲法28条は，団結権，団体交渉権と並んで団体行動権を保障する．この団体行動権の中心となるのが争議権であり，とりわけストライキ権である．労働組合を結成し団体交渉を申し入れても，使用者が団結否認的態度に終始して団交拒否を繰り返すばかりだとしたらどうであろうか．使用者は労働者に「嫌ならやめろ」と言えるが，労働者は失業するわけにはいかない．このままでは労働者は労働条件を改善することができず，経済的地位の向上も望めないであろう．

　労働運動の歴史において，労働者らは団結力を背景にストライキに訴えて，要求を実現しようとしてきた．この歴史的事実を法的権利として承認したのが争議権である．争議権は「労働者が使用者との交渉において対等の対場に立つことを促進」（労組法1条1項）するために必要不可欠な権利であるといってよい．労働者に争議権が保障されているからこそ，使用者は労働者の要求を無視できないし，団体交渉においても誠実に対応しようとするのである．

　労働基本権の1つとして争議権が保障されているということは，ストライキに対して一定の法的保護を与えること意味する．その第一は，争議行為の刑事免責である．たとえばストライキは，いわば集団的な威力をもって使用者に回答を迫るものであり，刑法上の威力業務妨害罪に該当するおそれがあるが，正当なストライキは正当行為として処罰されない（1条2項，刑法35条）．第二に，正当なストライキには民事免責が与えられる（労組法8条）．ストライキは，多かれ少なかれ使用者に損害を与えずにはおかないが，使用者は労働組合または組合員に対し損害賠償を請求することができないのである．第三に，争議権保障の効果として，不当労働行為制度をあげることができる．使用者は，正当な争議行為を行った組合員を解雇その他不利益に取り扱ってはならない（7条1号）．

2　労働争議と争議行為

　「労働争議」「争議行為」の概念については，労調法に一応の定義規定があ

る．すなわち，労調法上の「労働争議」とは，労使間の主張の不一致により争議行為が発生している状態または発生するおそれがある状態をいう（6条）．また同法上の「争議行為」とは「同盟罷業，怠業，作業所閉鎖その他労働関係の当事者がその主張を貫徹することを目的として行ふ行為及びこれに対抗する行為であって，業務の正常な運営を阻害するものをいふ」とされている（7条）．これらの定義は，争議調整という労調法の目的に即して規定されたものであって（1条），必ずしも一般的な定義規定ではない．しかし現実の「労働争議」「争議行為」が最大公約数的に表現されており，法的概念として参考にされてよい．

3　企業別組合と労働争議

　欧米の産業別労働組合は，多くの組合員をかかえ，また比較的組合財政も豊かなため，いったんストライキに入ると使用者の譲歩を引き出すまで長期間継続されるのが普通である．これに対しわが国の企業別組合は，概して組合組織が小規模で財政基盤も弱いことから，半日ストなど短期間の争議行為にとどまることが多い．また，ストライキの方針をめぐって組合内部に対立が生じ，しばしば第二組合が発生しやすいこともわが国労働争議の特徴といえよう．

第2節　争議行為の正当性

1　争議目的の正当性

(1) 正当性の意味

　正当な争議行為は，刑事免責（労組法1条2項），民事免責（8条）及び不利益取り扱いの禁止（7条1号）などの法的保護を受ける．争議行為の正当性は，争議権保障の趣旨にてらして，争議行為の目的及び方法・態様の両面から判断される．

(2) 目的の正当性

　一般に争議行為の目的は，行き詰まった団体交渉を打開して「労働条件の維持改善その他経済的地位の向上を図る」ことにある（1条1項，2条本文）．し

たがって，通常の賃金引上げ等を目的とする争議行為は，目的面では正当である．

問題は政治目的の争議行為（政治スト）の正当性をどう考えるかである．学説は大きく3つに分かれる．第一は，争議権は団体交渉を促進するために保障された権利であるから，労使間で解決できない政治的事項を目的とするストライキは正当ではないとする説である（全面的違法説，団交中心論）．第二に，政治ストを純粋政治ストと経済的政治ストに分け，たとえば自衛隊問題など純粋な政治的事項に関するストライキは正当性がないが，年金・雇用問題など労働者の経済的地位の向上に関わるストライキは正当性を失わないとする立場である（二分説）．第三に，労働者の立場からの政治的要求は労働者の生活に関連しており，政治ストは原則として合法であるとする説がある（全面的合法説）．判例は「とくに勤労者なるがゆえに，本来経済的地位の向上のための手段として認められた争議行為をその政治的主張貫徹のための手段として使用しうる特権をもつものとはいえない」として第一説の全面的違法説をとる（全農林警職法事件・最大判昭48.4.25刑集27巻4号547頁）．

政治ストのほか目的の正当性が問題とされるものに「同情スト」がある．同情ストとは，他企業のストライキ（原スト）を支援する目的で行われるストライキをいう．多数説は，原ストの労働者と同情スト参加労働者との間に利害の共通性があれば，同情ストは正当性を有すると解している．これに対し，前記団交中心論の立場では政治ストと同様，同情ストも違法とされる（杵島炭礦事件・東京地判昭50.10.21労判237号29頁）．

2　争議手段・態様の正当性

(1) ストライキ

争議行為は，目的の正当性のほか手段・態様の正当性が問題となる．労働争議では，しばしばエキサイトする場面が生じるが「いかなる場合においても，暴力の行使は，労働組合の正当な行為と解釈されてはならない」とされている（労組法1条2項但し書）．しかし一切の有形力の行使が違法とされるわけではなく，当該労使関係における諸般の事情を考慮して個別具体的に慎重に判断されることになる（三友炭坑事件・最三小判昭31.12.11刑集10巻12号1605頁）．

争議行為の手段のうち，もっとも典型的かつ重要なものがストライキ

(strike, 同盟罷業) である．ストライキには，全国的規模で行われるゼネラルストライキ（ゼネスト），複数組合の一部の組合が行う一部スト，1つの労働組合の一部組合員による部分スト，少数の組合員を指名する指名ストなどがある．これらは，労働者による集団的な労務の不提供であるが，単なる不作為を超えて本質的に業務の正常な運営の阻害をもたらすことは否定しえない．しかし労務の不提供にとどまるかぎり，正当な争議行為として刑事免責（1条2項但し書）及び民事免責（8条）を受ける．

(2) 怠業

怠業はサボタージュともいわれ，不完全な労務提供を行うことによって業務の正常な運営を阻害する争議行為である．たとえば意図的に作業のスピードを遅くするスローダウン，ことさら交通ルールを遵守する順法闘争などがあり，これらは消極的サボタージュといわれる．これに対し，工場の設備を損壊したり故意に不良品を生産したりするような行為を積極的サボタージュという．消極的サボタージュが正当な争議行為であることは異論がないが，積極的サボタージュについては違法とされる余地がある．

なお，ボイコットという用語は，労働争議の場面では，消費者に特定の会社の商品を買わないように訴える不買運動をさす．ボイコットは，わが国ではあまりみられないが，欧米では比較的多い争議手段である．

(3) 職場占拠

わが国では，しばしば職場に座り込んでストライキの効果を高めようとする戦術がとられる．これが職場占拠（シットダウン）である．職場占拠は，平穏に職場に滞留するかぎり，企業別組合のストライキに付随する争議行為として正当である．なお欧米では，スト参加者は工場・事業場の外に出てプラカード等によりストライキ中であることを市民にアピールするのが一般的である（ウォークアウト）．

(4) ピケッティング

ピケッティング（picketing，ピケ）とは，もともとはスト破り労働者（スキャッブ，代替労働者）が就労しないように組合員が「見張る」ことを意味する．しかしわが国では，労働争議の過程で分裂した第二組合員が就労しようとしたり，使用者が非組合員を雇って操業を継続しようとしたりするのを阻止するために，スト組合員らがスクラムを組んで気勢をあげ，ときには実力でス

キャブを排除することを含めてピケッティングと称することがある．

ピケッティングは，刑事・民事の両面で法的責任が生じやすい．それだけに憲法28条の団結権保障に本質的に内在する刑事免責・民事免責の意義をどう考えるかが問われることになる．判例は，ピケッティングがスキャブらに対する平和的説得にとどまるかぎりは正当であるという原則を示しつつ，刑事事件では「当該行為の具体的状況その他諸般の事情を考慮に入れ，それが法秩序全体の見地から許容されるべきものであるか否かを判定しなければならない」としている（国鉄久留米駅事件・最大判昭48.4.25刑集27巻3号418頁）．

また民事事件では，組合員らがタクシー車両の前に座り込むなどして操業を妨害したケースにつき「説得活動の範囲を超えて，当該自動車等を労働者側の排他的占有下に置いてしまうなどの行為をすることは許されず，右のような自動車運行阻止の行為を正当な争議行為とすることはできない」とされている（御國ハイヤー事件・最二小判平4.10.2労判619号8頁）．このように判例は，ピケッティングに関し比較的厳格な平和的説得論を維持する傾向にあるといってよい．

(5) ロックアウト―使用者の争議行為

ロックアウト（lock-out，作業所閉鎖）とは，使用者が工場・事業所を閉鎖してストライキ及び職場占拠している労働者を追い出し，ストライキに打撃を与え，かつ賃金支払い義務を免れることを狙いとする使用者側の争議行為である．使用者は，労働者と異なり争議権が保障されておらず，使用者の争議行為が許される法的根拠及びその正当性が問題となる．

判例は「労使間の勢力の均衡が破れ，使用者が著しく不利な圧力を受けることになるような場合には，衡平の原則に照らし」対抗防衛手段として相当性を認められる限りにおいて「使用者の争議行為も正当なものとして是認されるべきである」とする（丸島水門製作所事件・最三小判昭50.4.25労判227号12頁）．ロックアウトの正当性も，あくまでも「衡平の見地から見て労働者側の争議行為に対する対抗防衛手段として相当と認められるかどうか」によって判断され，相当性が認められれば使用者は賃金支払い義務を免れる（同判決，安威川生コンクリート工業事件・最三小判平18.4.18労判915号6頁）．反対に，先制的・攻撃的ロックアウトは，衡平の原則にてらし正当性を失うことになる．

第3節　争議行為と賃金

1　争議参加者に対する賃金カット

　正当な争議行為は，民事免責として債務不履行責任（民法415条）及び不法行為責任（715条）に基づく損害賠償責任を免れる．しかし，ストライキは労務の提供がなされないのであるから，使用者は労務の不提供に対応する部分につき個々の労働者の賃金をカットすることができると解される（カットされた部分は，一般に労働組合の闘争資金等から補填される）．

　争議参加者の家族手当をカットすることができるかについて，判例は「当該労働協約等の定め又は労働慣行の趣旨に照らし個別的に判断するのを相当」として，労働との結びつきが薄い家族手当をカットすることは労基法37条2項の趣旨に直ちに反しないとしている（三菱重工長崎造船所事件・最二小判昭56.9.18労判370号16頁）．

2　争議不参加者の賃金請求権

(1) 部分ストの場合

　部分ストとは，1つの労働組合の中で部分的に行われるストライキのことである．部分ストの結果，同じ労働組合に所属するスト不参加者の労働が不能になったり無価値になったりした場合に，これらの労働者に対する使用者の賃金支払い義務はどうなるかという問題が生じる．

　この点につき判例は，個別労働契約における危険負担の問題として処理し，ストライキは争議権の行使であって使用者がこれに介入・制御することはできないのであるから「債権者の責めに帰すべき事由」（民法536条2項）には当らず，スト不参加労働者は賃金請求権を失うと解している（ノース・ウエスト航空事件・最二小判昭62.7.17労判499号6頁）．また，労基法26条の休業手当における「使用者の責に帰すべき事由」の解釈についても，本件ストライキは使用者側に起因する経営，管理上の障害によるものということはできず，スト不参加者らは休業手当を請求することはできないとされている（同判決）．

(2) 一部ストの場合

一部ストは部分ストと異なり，スト不参加者が他の労働組合の組合員または未組織労働者の場合である．この場合のスト不参加者は，ストライキ組合とはなんら関わりをもたないことから，危険負担及び休業手当の解釈も部分ストの場合とは異なると解される．すなわち，スト不参加者らの立場からは，就労不能の原因は不可抗力というよりも労使関係という「経営，管理上の障害」にあるとみるべきであり，原則として賃金請求権は失わないと解すべきであろう．

第4節　違法争議行為の責任

1　刑事責任

　公務員は争議行為が禁止されており「違法」なストライキをあおりそそのかしまたは企てた者に対しては刑事責任が問われる（国公法98条2項，3項，110条1項17号，地公法37条，61条4号）．これらの争議行為禁止規定の合憲性に関しては最高裁判例も変遷しているが，現在は「国民全体の共同利益の見地からするやむをえない制約」というべきであり合憲とされ（全農林警職法事件・最大判昭48.4.25刑集27巻4号547頁），厳格に刑罰が科されている．

　民間企業でも違法争議行為について教唆，幇助など同様の刑事責任が発生しうるが，労働組合の機関である闘争委員会として指令を発したような場合には，争議行為に通常随伴する行為として犯罪構成要件に該当しないと解すべきである．また争議行為の過程で個々に発生した住居侵入，脅迫・強要，威力業務妨害，器物損壊等の刑事責任は，諸般の事情を考慮して違法性の程度により違法性が阻却される場合がある．

2　民事責任

　違法争議行為で民事責任が問われるのは，主として不法行為に基づく損害賠償責任である（民法709条）．問題は，責任主体が労働組合に限られるのかそれとも組合役員個人も責任を負うのかという点である．判例は，社団たる労働組合とその機関である役員個人の両方に損害賠償責任を肯定している（唯一の判例として，みすず豆腐事件・長野地判昭42.3.28労民集18巻2号237頁）．

違法争議行為では，債務不履行に基づく労働者個人の損害賠償責任も問題となりうる（415条）．しかし集団的労使関係の特質から，各個人ごとに損害賠償の範囲を確定するのは事実上困難であり，この点が争点となった裁判例も存在しない．

3　幹部責任

ここでいう幹部責任とは，使用者による組合幹部に対する懲戒処分のことである．組合幹部に対する懲戒処分は，損害賠償請求の代替的手段となりうること，報復的要素を加味できること，見せしめとして効果的であることなどの理由から，現実にはしばしば行われている．下級審判例は幹部責任を肯定するものが多いが，学説では，違法争議行為であっても組合幹部はその任務に従ったにすぎず，法的責任とは異なり使用者が懲戒処分をもって制裁を加えることはできないとする見解が有力である（西谷敏『労働組合法第2版』455頁）．

第5節　争議行為と第三者

1　労働組合と第三者

労組法8条は「使用者は……労働組合又はその組合員に対し賠償を請求することができない」と規定するが，使用者の取引先や一般市民のような第三者がストライキにより損害を受けた場合はどうであろうか．これについては，第三者からみれば労働者は使用者の履行補助者にすぎないこと，第三者の損害は間接的に生じたものであること等の理由から，争議行為の正当性にかかわらず，原則として労働組合に不法行為責任は生じないとするのが多数説である．鉄道，バスなどの交通産業におけるストライキによって一般利用者がこうむった損害も，たんなる期待的利益にすぎず不法行為責任の対象にはならない．

2　使用者と第三者

使用者と取引関係にある第三者が，ストライキにより損害をこうむった場合，使用者は取引先に対して債務不履行責任（民法415条）を負うか．学説は

肯定説と否定説が対立している．ストライキにより取引先が損害を受ける場合があることは，資本主義社会において当然想定される事態であり，争議権の行使としてのストライキは法秩序に組み込まれていると考えられる．取引先が使用者の債務不履行責任を追及することは，使用者がストライキを阻止できなかったことの責任を問うことにもなりかねず，団結権保障に抵触する行為といえよう．したがって，取引先は使用者に対してストライキによる債務不履行責任を追及することはできないと解すべきであろう．いいかえると，ストライキによる損害は，通常の市場取引から生じる損害とは性格を異にし，民法上の損害賠償法理がストレートには妥当しない領域であると考えられる．

第6節　争議行為の制限と調整

1　法律による争議行為の制限・禁止

(1) 労調法による制限・禁止

　争議行為は，労調法等の法令により制限・禁止が設けられているが，争議権そのものを否定する趣旨ではないので，これらの制限は合憲と解されている．

　第一に，労調法は，工場・事業場における安全保持施設の正常な維持・運行を停廃させまたは妨害するような争議行為を禁止している（36条）．安全保持施設とは「直接人命に対する危害予防のため若しくは衛生上欠くことのできない物的施設」をいい，病院の労働者による争議行為は本条の対象にはならない（新潟精神病院事件・最三小判昭39.8.4民集18巻7号1263頁）．本条違反の争議行為に罰則はないが，民事・刑事免責は適用されないと解されている．

　第二に，公益事業の争議行為については，少なくとも10日前までに労働委員会及び厚生労働大臣または都道府県知事に予告をしなければならない（37条1項）．労調法にいう公益事業とは，公衆の日常生活に欠くことのできない運輸（鉄道・バスなど），郵便・信書便・電気通信（電信電話），水道・電気・ガス，医療・公衆衛生（病院など）をさす（8条1項）．

　本条違反の争議行為には，10万円以下の罰金が科せられる（39条1項）．しかし，目的・手段において正当な争議行為であるかぎり，民事・刑事免責は失

わないと解される．このほか，調停及び緊急調整に関連して争議行為の制限規定があるが，後述する．

(2) スト規制法

スト規制法の正式名称は「電気事業及び石炭鉱業における争議行為の方法の規制に関する法律」という．まず，電気事業（電力産業）については，争議行為として「電気の正常な供給を停止する行為その他電気の正常な供給に直接障害を生ぜしめる行為」をすることを禁止している（2条）．次に石炭鉱業については，争議行為として鉱山保安法上の保安業務の正常な運営を停廃する行為をしてはならない（3条）．

本法は，戦後間もない1953年に制定施行されているが，その背景には当時の電源ストや停電ストを伴った電産争議，炭労による激しい炭鉱争議があった．しかし21世紀のIT社会を迎えた現代において，電気事業と石炭鉱業の2つの産業における争議行為だけを規制することに合理的理由があるのかは疑問である．本法はすでにその役割を終えており，早期の改廃が望まれる．

(3) 船員法

船員の争議行為は，船舶が外国の港にあるとき，または人命・船舶に危険が及ぶときには禁止される（船員法30条）．

2　労働争議の調整

(1) 争議調整の意義

労働争議の調整とは，第三者が労使紛争の当事者に解決案を示すなどして，当該労働争議を終了させる努力をすることである．労調法は，労働委員会による争議調整システムを整備している．労働委員会は，不当労働行為事件に関する判定的機能のほかに，争議調整という調整的機能を有しているのである（労組法20条，労委則64条以下）．

しかし同時に，労使関係の当事者は任意の第三者調整機関を設置するなど自主的解決への努力が求められ（労調法2条），また労働委員会の調整制度があるからといって自主的解決の努力を怠ってはならない（3条）．労調法による争議調整の方法としては，斡旋，調停，仲裁のほか，特殊なものとして緊急調整がある．

(2) 斡旋

斡旋（あっせん）とは，労働委員会の会長が斡旋員を指名し，斡旋員が労使双方の主張の要点を確かめ，斡旋案を提示するなどして事件の解決に努力する調整方法である（12条，13条）．当事者は，斡旋に応じる義務はない．斡旋員は，事件解決の見込みがないときはその事件から手を引き，事件の要点を労働委員会に報告しなければならない（14条）．

(3) 調停

　調停は，斡旋よりも厳格な争議調整の方法である．調停の申請等がなされると，労働委員会の会長が使用者委員，労働者委員及び公益委員の中から調停員を指名し，公・労・使の三者構成による調停委員会を設置する（19条，21条1項）．調停委員会は，当事者の出頭を求めて意見を徴し，調停案を作成してその受諾を当事者に勧告する．当事者は，調停案を受諾する義務はない．なお，当事者双方が調停案を受諾した後に，調停案の解釈・履行について意見の不一致が生じたときは，調停委員会は15日以内に当該事項について見解を示さなければならず，この見解が示されるまでは，当事者は当該調停案の解釈・履行に関して争議行為を行うことができない（26条3項，4項）．

(4) 仲裁

　仲裁は，当事者双方に対して強制力をもつ仲裁裁定をもって争議調整を行うもので，最も強力な争議調整の手段である．当事者の申請等により，労働委員会の会長は，公益委員または特別調整委員（8条の2）の中から3名の仲裁委員を指名し仲裁委員会を設ける．仲裁裁定は，効力発生の期日を記した書面によって行い，労働協約と同一の効力を有する（33条，34条）．

(5) 緊急調整

　緊急調整は，ゼネストなど国民経済の運行を著しく阻害し，または国民の日常生活を著しく危うくするおそれが現実に存在する場合に，内閣総理大臣の決定をもって行われる争議調整である（35条の2）．緊急調整の決定をなした旨の公表があったときは，関係当事者は公表の日から50日間は争議行為を禁止される（38条）．これに違反したときは，20万円以下の罰金に処せられる（40条1項）．

INDEX

索 引

あ

ILO（国際労働機関）	6, 17
安全・衛生委員会	151
安全衛生管理体制	150-2
安全衛生教育	155, 156
安全配慮義務	56
育児介護休業法	15, 23, 68, 199
育児休業	201, 213
育児休業給付	200
育児休業法	23
育児時間	196-7, 213
意思必要説	279
移籍出向（→転籍）	69
1年単位の変形労働時間制	123, 196
一部スト	327
1か月単位の変形労働時間制	122, 196
1週間単位の非定型変形労働時間制	124, 196
一斉付与の原則	132
一般組合	269, 292
一般事業主行動計画	214
一般女性保護	173, 191-3
一般的拘束力	77
一般労働者派遣事業	231
違法性阻却説	303
違法争議行為	330
ウォークアウト	327
請負労働者	218, 229
得べかりし賃金	249
エイジェンシーショップ	298
黄犬契約	276, 280

か

解雇回避措置	245
介護休暇	210
介護休業	208, 212
解雇権	241
解雇権制限の法理	34, 250
解雇権濫用論	34, 37, 49
解雇の自由	241
解雇予告	242, 251
解雇予告手当	90
解約権留保付労働契約説	33, 37
過失責任主義	102
家族手当	52, 94
家内労働法	54
過労死	161-2
過労自殺	161-2
環境型セクハラ	186
官公労働法	19, 21
看護休暇	205, 212
監視・断続労働	141
間接強制	310
間接差別	175-6
間接性差別	178, 181-2
完全ユニオン	297
管理監督者	206, 296
義務的交渉事項	281-2
機会均等調停委員会	174-5
企画業務型裁量労働制	131
期間の定めのある労働契約(有期労働契約)	39, 218

企業秩序遵守義務	56, 84
企業秩序論	84
企業別組合	269
危険有害業務	191, 193, 195
疑似パート	97
基準的効力	314
規制緩和立法	22, 23
偽装請負	228
偽装解散	78
基本手当	253
機密の事務を扱う者	140
客観的因果関係説	280
休暇闘争	145
休業手当	101
休憩	131
休日	132-3
休日の振替	133
教育訓練	165, 225
教員給与特別措置法	135
強行法規	66, 68
教職調整給	135
行政監督制度	47, 158, 256
行政救済	96, 276, 285
強制貯金	42, 53
行政的な紛争解決手段（ADR）	174
強制労働の禁止	52
業務委託契約	49, 238
業務請負契約	49
業務起因性	160-3
業務災害	161-2, 242
緊急調整	333-4
緊急命令	287
均衡待遇調停会議	226
均等待遇	51-2
均等待遇の原則	51, 91, 296
均等法（→男女雇用機会均等法）	172-6
勤労者	268
勤労婦人福祉法	173
苦情処理機関	188, 226
苦情処理手続	187-8
組合活動条項	302, 316
組合加入・脱退の自由	297
組合民主主義	291, 300
クローズドショップ	298
形骸化論	78, 110
計画年休	145
刑事免責	265, 267, 325
経費援助	277, 296, 302
減給	83, 103, 212
現業（公務員）	272-3
健康保険	29
健康保持増進	157
原状回復主義	277
コアタイム	126
合意解約	240, 251
公益通報者保護法	243
公益保護に関する法律	243
降格	212
公共職業安定所（ハローワーク）	28
交渉担当者	309-10, 314
工場法	5-6, 16
厚生年金保険	29
行動計画策定指針（次世代法）	214
合同労組	220
坑内業務	193
高年齢者雇用安定法	14, 250, 252
公民権の行使	53
コース別人事制度（コース別雇用管理）	94-5, 179
個人情報保護法	29
国家公務員法	15, 20, 48
個別的合意説	70
個別的紛争	256
個別的労使関係	24, 26
個別的労働関係	2
個別的労働紛争	23, 256-7
個別的労働法	3, 23, 46
個別労働関係民事紛争	258, 260
個別労働関係紛争解決促進法	23, 256
雇用確保措置	252
雇用管理区分	95
雇用均等・児童家庭局	178, 197

雇用継続給付	200
雇用契約	4, 31
雇用承継	78-83
雇用対策法	14, 21
雇用調整措置	245
雇用保険法	21
雇用保障法（労働市場法）	13, 21

さ

在籍者支給条項	112
在籍出向	69-70
在籍専従	291, 302
最低賃金法	99-100
最低労働条件基準	47
採用内定	32-5
採用内定承諾説	32
採用内定取消	34
採用の自由	28, 36
裁量労働制	128-31
詐欺・強迫	240
錯誤	240
差違え条件	283
三六協定	135-7
サボタージュ（→怠業）	327
産業安全専門官	158
産業医	151
産業別組合	269, 307
3公社	21
時間外・休日労働	133, 196
時間外労働の限度基準	136, 139
時間外労働の制限	207, 211
時季指定権	143
時季変更権	143
指揮命令下説	119
指揮命令権（→労務指揮権）	66
次世代育成支援対策推進法	23, 214
下請け就業者	49
自宅待機	86
失業保険法	18
実労働時間	118-9
支配介入	276-7

司法救済	96
指名解雇	241, 245
指名スト	327
社会自主法説	316
社会保障法	13
従業員兼務取締役	115
従業員代表制度	312
就業規則	59-63
就業規則の記載事項	61
就業規則の規範的効力	58, 60
就業規則の効力	62
就業規則の届出・周知義務	58, 62
従属労働	2, 31
集団交渉	307
集団的労使関係	24, 26, 284
集団的労働法（→団結法）	3, 15
自由利用の原則	132, 144
就労請求権	56
授権説	316
出向	180, 245
受忍義務説	303
春闘	307
順法闘争	327
障害者	30, 157
障害者雇用促進法	14, 30
紹介予定派遣	236
試用	36
少子化社会対策基本法	214
使用者	2, 49, 50, 285, 309
使用従属関係	48-9
昇進	71, 92
情宣活動	303
賞与	111-2
職業安定法	14, 18, 28
職業紹介	28, 230
職業紹介法	16
職業性疾病	161
職業能力開発促進法	14
職業別組合	17, 269, 292
職種別定年制	251
職場環境配慮義務	56

職務専念義務	302
職務評価	91
女性差別撤廃条約	173
所定外労働時間	206
所定外労働の制限	206
所定労働時間短縮措置	205
白地慣習法説	316
人事考課制度	71-2
深夜業	6, 16
スキャブ	327
スト規制法	15, 19, 333
スト権スト	21
ストライキ（同盟罷業）	326, 330
スローダウン	327
成果主義賃金	98
性差別禁止指針	178-180
清算期間	125
政治スト	326
誠実交渉義務	308
誠実労働義務	302
整理解雇	241
生理休暇	193, 197-8
セクシュアル・ハラスメント	186, 189
セクハラ措置指針	178, 186
セクハラ防止措置義務	56, 190
是正勧告	47, 54
ゼネラルストライキ（ゼネスト）	19, 327
全額払の原則	105-6
前借金相殺の禁止	41
選択定年制	251
全面的違法説	326
専門職型裁量労働制	128-9
争議権	267
争議行為	145, 326-8
争議条項	316, 318
早期退職優遇制	251
争議調整	333-4
相当因果関係説	160, 280
組織強制	278
損害賠償訴訟	166

た

対価型セクハラ	186
対角線交渉	307
代休	133
怠業（サボタージュ）	327
第三者委任禁止条項	310
退職勧奨（肩たたき）	251
退職金	112-5
退職金請求権	113
大量観察方式	93, 280
団結権	8, 12, 15, 266
団結法	15
団交応諾義務	266, 281, 308
団交拒否	276, 281-2, 310-1
団交中心論	326
短時間労働者	40, 92
短時間労働者の雇用管理の改善等に関する法律（→パート労働法）	15, 40, 46, 221
男女雇用機会均等法	24, 30, 242
男女別定年制	251
団体交渉（団交）	7, 25, 306-7
団体交渉権	12, 266, 308
団体行動権	267, 324
治安警察法	17
地域別最低賃金	99-100
チェックオフ	106, 291
地方公営企業労働関係法	15, 20, 271
地方公務員法	15, 20, 272
中央労働委員会	24, 286
中間搾取の排除	53
中間利益	249
仲裁	334
中立保持義務	266, 282, 310
懲戒解雇	83,114, 241
懲戒権	83-5
懲戒権の濫用	84-5
調停	174, 188, 258, 333
調停委員会	17, 334
直接性差別	178
直接払の原則	105
賃金カット	103

賃金差別	52, 92-7
賃金の差押え	110
賃金の支払確保等に関する法律（賃確法）	15, 46
賃金の先取特権	109
通貨払の原則	104
通勤災害	165
定年解雇制	251
定年制	250-1
定年退職制	251
手待時間	119, 141
転籍（→移籍出向）	69
同一価値労働同一賃金原則	91, 97
統一交渉	307
同情スト	326
統制処分	301
闘争委員会	330
同盟罷業（→ストライキ）	325
特定最低賃金	99
特定事業主行動計画	214
特定独立行政法人等の労働関係に関する法律（特労法）	15, 271
特定元方事業者	152
特定労働者派遣事業	231
特別加入制度	160
特例労働時間	118

な

内定通知申込説	32
内々定	33, 35
内部告発	243
ナショナルセンター	18, 22
二重派遣	232
26業務	233
二分説	143, 326
日本的雇用慣行	20, 22, 250
任意退職（辞職）	240
ネガティブリスト方式	22
年休権	142
年休手当	90
年休手当請求権	146

年休付与義務	143
年功賃金	99
年次有給休暇（年休）	142
年俸制	98
年齢制限	29
ノーワークノーペイの原則	196

は

パート労働法	15, 22, 29, 40
賠償予定の禁止	41
排他的交渉代表制度	307
配転	66-7
配転命令権	67
派遣労働者	21
バックペイ	286
パパ・ママ育休プラス	204
ピケッティング	327
非現業（公務員）	134, 159
非常時払	107
非定型変形労働時間制	124
日雇派遣	227, 234
標準労働時間	126
平等取扱い義務	282, 310
ビラ貼り，ビラ配布	265
不完全ユニオン	298
復職	85
服務規律	25, 60, 83
普通解雇	54
不当労働行為意思	11, 279
不当労働行為の保護	265
不買運動	327
部分スト	329
プライバシー	329
プラスファクター	283
不利益変更	74-5
フルタイムパート（労働者）	97, 222
フレキシブルタイム	126
フレックスタイム制	125
紛争調整委員会	188, 258
平均賃金	90-1
平和義務	318

平和条項………………………………	318
変形週休制…………………………	133
変形労働時間制……………………	121
変更解約告知………………………	73-4
ボイコット…………………………	327
包括的合意説………………………	67, 70, 137
法人格否認の法理…………………	78, 81, 110
法定休日労働………………………	134
法的確信説…………………………	316
ポジティブ・アクション…………	182
ポジティブリスト方式……………	227
保障給………………………………	101
ポスト・ノーティス………………	286

ま

毎月1回以上・一定期日払の原則	107
窓口拒否……………………………	282
みなし労働時間……………………	120, 129-131
未払賃金の立替払…………………	108
身元保証契約………………………	43
民事免責……………………………	295, 324-5
無料職業紹介………………………	18, 28
免罰的効力…………………………	137
黙示の労働契約……………………	50
元方事業者…………………………	152, 155

や

唯一交渉団体約款…………………	309
有期労働契約………………………	39, 201, 247
有利性原則…………………………	76, 317
有料職業紹介………………………	28, 53
ユシ解雇……………………………	297
ユニオンショップ協定（ユシ協定）…	281, 297-8
予告手当……………………………	242
余後効………………………………	321
予備折衝型…………………………	312

ら

連合団体……………………………	292, 314
労基法の規範的効力………………	59
労災上積み補償協定………………	169

労災の休業補償……………………	90
労災保険……………………………	20, 159
労使委員会…………………………	130
労使協議機関………………………	312
労使協議制…………………………	294, 311, 312
労使協定……………………………	105, 132, 311
労働安全衛生法……………………	15, 20, 24, 46, 54
労働委員会…………………………	24, 96
労働衛生専門官……………………	158
労働関係調整法（労調法）………	15, 18
労働基準監督制度…………………	54
労働基準法…………………………	46, 50
労働基本権…………………………	13, 24, 266-8
労働協約……………………………	24, 25, 38, 58, 59, 76
労働協約の規範的効力……………	317
労働協約の債務的効力……………	318
労働協約の承継……………………	83
労働協約の締結能力………………	314
労働協約の有効期間………………	315
労働協約の拡張適用………………	76
労働組合規約………………………	26
労働組合の資格審査………………	295
労働組合の推定組織率……………	292
労働組合の統制権…………………	300
労働契約……………………………	26, 30, 38, 56
労働契約承継法……………………	15, 81
労働契約法…………………………	15, 23, 46, 50, 75
労働災害……………………………	150
労働三権……………………………	8, 12, 13, 264
労働時間……………………………	118
労働時間短縮促進法………………	147
労働時間等設定改善法……………	15, 147
労働時間の貸借……………………	127
労働時間のみなし制………………	120
労働者………………………………	48-9
労働者災害補償保険法（労災保険法）	15, 18, 24
労働者派遣契約……………………	229
労働者派遣法………………………	14, 22, 46, 243
労働受領義務………………………	56
労働条件……………………………	28, 46, 51, 104

労働条件対等決定の原則……………………… 51
労働条件の不利益変更……………………… 74-7
労働条件明示義務……………………… 28-9
労働審判委員会……………………… 23, 260
労働審判手続……………………… 23, 256-8, 260
労働審判法……………………… 15, 23
労働争議……………………… 324-5
労働争議調整制度……………………… 18, 256, 333
労務指揮権……………………… 10, 56, 66, 71, 87
ローカルユニオン……………………… 307
ロックアウト……………………… 267, 328

わ

ワークライフバランス……………………… 23, 68
割増賃金……………………… 138-9
割増賃金代替休暇……………………… 139

【編著者】

林　和彦（はやし　かずひこ）

早稲田大学法学部卒業
日本大学法科大学院客員教授
(序章, 1～6章, 9～10章執筆)

［著者］

神尾　真知子（かみお　まちこ）

慶應義塾大学法学部卒業
日本大学法学部教授
(7章, 8章執筆)

新谷　眞人（あらや　まさと）

中央大学法学部卒業
日本大学法学部教授
(11章～15章執筆)

労　働　法　［第2版］

2010年6月 1日　第1版第1刷発行
2013年5月31日　第2版第1刷発行

編著者　　林　　和　彦
　　　　　　©2013 Kazuhiko Hayashi
発行者　　高　橋　　考
発　行　　三　和　書　籍

〒112-0013　東京都文京区音羽2-2-2
電話 03-5395-4630　FAX 03-5395-4632
info@sanwa-co.com
http://www.sanwa-co.com/
印刷／製本　日本ハイコム株式会社

乱丁、落丁本はお取替えいたします。定価はカバーに表示しています。
本書の一部または全部を無断で複写、複製転載することを禁じます。

ISBN978-4-86251-081-5 C3032

三和書籍の好評図書
Sanwa co.,Ltd.

災害と住民保護
（東日本大震災が残した課題、諸外国の災害対処・危機管理法制）
浜谷英博／松浦一夫［編著］
A5判　並製　274頁　定価3500円＋税

●災害対策においてわが国が抱える実態面と法制面からの徹底した現状分析と対処措置の是非を論じ、さらに欧米各国の災害対策制度の特徴を詳細に論じる。

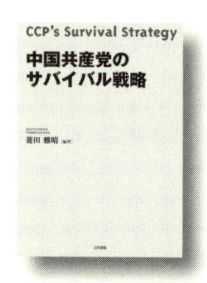

中国共産党のサバイバル戦略
法政大学法学部教授・菱田雅晴［編著］
A5判　上製　520頁　定価：6000円＋税

●中国共産党は1970年代末の改革開放政策着手によってもたらされた環境の激変から危機的様相を強め、今や存続が危殆に瀕しているのか。それとも逆に危機を好機としてその存在基盤を再鋳造し組織を強固にしているのか…。中国共産党の戦略を鋭く分析する。

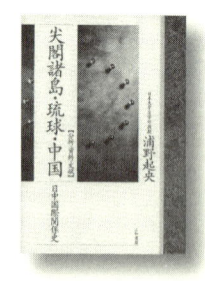

増補版　尖閣諸島・琉球・中国
【分析・資料・文献】
日本大学名誉教授・浦野起央 著
A5判 290頁　上製本　定価：10,000円＋税

●日本、中国、台湾が互いに領有権を争う尖閣諸島問題……。筆者は、尖閣諸島をめぐる国際関係史に着目し、各当事者の主張をめぐって比較検討してきた。本書は客観的立場で記述されており、特定のイデオロギー的な立場を代弁していない。当事者それぞれの立場を明確に理解できるように十分配慮した記述がとられている。

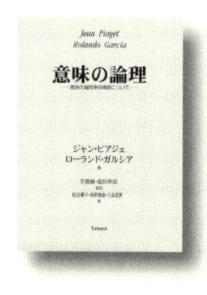

意味の論理
ジャン・ピアジェ/ローランド・ガルシア 著 芳賀純/能田伸彦 監訳
A5判 238頁 上製本 3,000円＋税

●意味の問題は、心理学と人間諸科学にとって緊急の重要性をもっている。本書では、発生的心理学と論理学から出発して、この問題にアプローチしている。